Daniel Bergner

Die dunkle Seite
der Lust

Vier Fallgeschichten

Aus dem Amerikanischen
von Henriette Zeltner

Knaus

Das Original erschien 2009 unter dem Titel *The Other Side of Desire*
bei HarperCollins Publishers, New York.

Der Verlag weist ausdrücklich darauf hin, dass im Text enthaltene externe
Links vom Verlag nur bis zum Zeitpunkt der Buchveröffentlichung
eingesehen werden konnten. Auf spätere Veränderungen hat der
Verlag keinerlei Einfluss. Eine Haftung des Verlags für externe Links
ist stets ausgeschlossen.

Verlagsgruppe Random House FSC® N001967
Das für dieses Buch verwendete FSC®-zertifizierte Papier
Super Snowbright liefert Hellefoss AS, Hokksund, Norwegen.

1. Auflage
Copyright der Originalausgabe © HarperCollins Publishers
Copyright der deutschsprachigen Ausgabe © 2015
beim Albrecht Knaus Verlag, München,
in der Verlagsgruppe Random House GmbH
Lektorat: Antje Steinhäuser
Satz: Uhl + Massopust, Aalen
Druck und Einband: GGP Media GmbH, Pößneck
Printed in Germany
ISBN 978-3-8135-0630-3

www.knaus-verlag.de

Inhalt

Einführung

Die Menschen, über die ich schreibe, fragen oft: »Was tun Sie eigentlich hier bei mir?« Ich habe die Frage schon im Angola Prison gehört, dem Hochsicherheitsgefängnis von Louisiana, wo ich über das Leben von Männern recherchierte, die ohne Chance auf Begnadigung bis zu ihrem Tod dort eingesperrt sind. Ich hörte sie im westafrikanischen Sierra Leone, wo ich mich mitten im brutalsten Krieg der jüngeren Vergangenheit Missionaren, Söldnern und Kindersoldaten an die Fersen heftete. Ich hörte die Frage, als ich nach den Geschichten von Eros, Obsession, Anarchie und Liebe suchte, die die dunkle Seite der Lust ausmachen.

Vor vier Jahren begab ich mich erstmals in die Welt der Menschen, deren Lebensgeschichten das Rückgrat dieses Buchs bilden. Da gab es einen Mann aus der Werbebranche, der auf den Plakaten, die er entwarf, weiblicher Schönheit in ihrer konventionellsten Form huldigte, sich jedoch erotisch in keinster Weise zu den Models hingezogen fühlte, die er castete, sondern ausschließlich zu Amputierten. Dann begegnete ich einer Modedesignerin, die zu den seltenen weiblichen Sadistinnen gehört und auf der Suche nach transzendenter Bindung zu denjenigen war, die sie verletzte und versklavte. Ich lernte auch einen Handelsvertreter und treu sorgenden Ehemann kennen, dessen Fetischismus ihm einerseits Ekstase und andererseits lähmende Erniedrigung brachte. Schließlich beschäftigte mich noch ein Bandleader, der geradezu besessen von seiner jungen Stieftochter war.

Wie kommt es, dass wir spezielle Begierden ausprägen, die uns antreiben? Wie entwickelt sich unsere sexuelle Identität? Was bewirkt, dass wir ein übliches oder aber ein fast unmögliches Verlangen verspüren? Inwieweit werden wir damit geboren, und wie viel lernen und übernehmen wir von all dem, was uns umgibt? Wie sehr können wir uns ändern, und wie viel bleibt unerreichbar in uns verschlossen? Diese Fragen waren von zentraler Bedeutung bei der Annäherung an meine vier Hauptcharaktere – und an eine Reihe von Wissenschaftlern, die sich dem Studium des Eros verschrieben haben. Und dann stellte sich noch die Frage, wie wir mit unserem Verlangen leben. Eine auf Schlaganfallpatienten spezialisierte Logopädin mit Puppengesicht und einem intensiven Blick erzählte mir, wenn ein dominanter Liebhaber ihr das Richtige ins Ohr flüstere, komme sie ohne jegliche Berührung zum Orgasmus. Sie wollte verletzt werden. Gequält wurde sie allerdings von ihrem Verlangen. Sie war orthodoxe Jüdin. Ihre Großeltern waren im Holocaust ermordet worden. Und es gelang ihr nicht, ihre erotischen Vorlieben mit den Grausamkeiten zu vereinbaren, die ihre Familie erlitten hatte. Was tun wir mit uns unerträglichen Wünschen, mit Begierden, die wir oder die Gesellschaft nach Kräften zu drosseln oder zu ersticken versuchen? Dabei spielt es keine Rolle, ob das Verlangen ungewöhnlich oder so normal ist wie die Sehnsucht nach neuen Geliebten, welche aus ansonsten glücklichen Ehen Arrangements machen, die man als ähnlich leidvoll empfindet wie Kerkerhaft. Und wie verhalten sich Physis und Transzendenz zueinander?

Die Körperoberfläche und der Wunsch, die Grenzen unseres Selbsts aufzulösen, zwischen den Kräften der Lust und unserer Sehnsucht nach Liebe?

Manche der Menschen in den folgenden Geschichten fürchteten, von ihrer Umgebung verstoßen zu werden, wenn ihre bislang privaten Neigungen bekannt würden. Daher habe ich zu ihrem Schutz einige Namen und sehr wenige Details, anhand derer man sie hätte identifizieren können, geändert. Meine Antwort auf die von vielen gestellte Frage lautet jedoch stets: Ich bin hier bei Ihnen, an den äußersten Grenzen der Erfahrung, in der Hoffnung, dass Ihre Geschichten die Wahrheiten beleuchten, die wir alle miteinander teilen.

I.

Das Phantom der Oper

Jacob Miller liebte Toronto. In Gedanken war er jeden Tag dort. Er war zwar Amerikaner und lebte in einer schneereichen Stadt in den USA, aber in seinem Büro zu Hause hing eine kanadische Flagge mit den breiten roten Streifen und dem roten Ahornblatt. Und ein Papierausdruck der Flagge war an die Wand zwischen Küche und Esszimmer geklebt. Auch an der Heckscheibe seines Wagens war eine Flagge befestigt, die seine Vorliebe verriet. Wenn er sich im Winter sportlich kleidete, zog er am liebsten eine Jacke an, auf deren Rücken groß und unübersehbar das Blatt genäht war.

Hätte er im Lotto gewonnen, hätte er sich zur Ruhe gesetzt und wäre nach Toronto gezogen. Und hätte er seine eigene Welt erfinden dürfen, wäre der gesamte Planet von dieser Stadt beherrscht gewesen. »Als unser Sohn zur Welt kam, wollte ich ihm gern einen Namen mit T und R am Anfang geben«, erzählte er und musste über sich selbst lachen. »Tristan, Troy, Trice. Den Grund dafür verriet ich meiner Frau nicht. Ich sagte also nicht: ›Weil mich das an Toronto erinnert.‹ Sie erklärte: ›Wir werden ihn nicht Tristan nennen, denn dann würden ihn die anderen Kinder auslachen. Und auch nicht Troy. Und was für ein Name soll Trice denn bitte sein?‹«

Toronto war ein Ort, an dem jeder akzeptiert wurde. Als

er während der Neunziger mit gut zwanzig einmal dort gewesen und über die Yonge Street spaziert war, hatte er jugendliche Punker gesehen, Eltern mit Kinderwagen, Bettler mit Bechern in der Hand, Prostituierte in hautengen Klamotten, händchenhaltende Schwule, alles mischte sich, alle liefen auf den Bürgersteigen aneinander vorüber, tolerierten sich, ja, aber da war noch mehr als das: Sie schienen sich stillschweigend willkommen zu heißen. Er hatte den Bettlern etwas in die Becher geworfen. Toronto, so schien es ihm, war sogar ein Ort für Monster. Eine Stadt für Männer wie ihn.

Jacob besaß ein adrettes Holzhaus nicht weit vom Zentrum der Stadt, in der er aufgewachsen war. Im Wohnzimmer rankten sich Zimmerpflanzen vom Kaminsims. Über dem Grün hing ein Flachbildfernseher an der Wand. Die Möbel waren gemütlich und zugleich stilvoll. Ein kleiner weißer Hund trippelte über den Teppich, während die Asche eines Terrier-Beagle-Mischlings, um den er nach einem Jahrzehnt immer noch trauerte, in einem goldfarbenen Kistchen im Regal stand.

In der Einfahrt spielte er während der schneefreien Monate mit seinem Achtjährigen Basketball. Ben war ein Einzelkind. Dunkelhaarig und zart. Sie warfen auf einen höhenverstellbaren Korb, den Jacob gekauft und so aufgestellt hatte, dass der Junge gut damit zurechtkam. Jacob war selbst nie sehr sportlich gewesen, aber Ben hatte ihm kürzlich beigebracht, wie man mit dem Basketball PIG spielte. (Jeder Fehlwurf bedeutet einen Buchstaben, und wer als Erster drei Fehlwürfe hat, hat verloren.) »Das ist leicht, Pop!«, rief er. »Ganz leicht!« Und so warfen und plauderten sie, plauderten und warfen. Ben hatte im fünften Monat noch im Mutterleib einen Schlaganfall erlitten und war mit einer zerebralen Bewegungsstörung zur Welt gekommen. In den Wintermonaten übte Jacob mit ihm das Skifahren.

Seit sechzehn Jahren war er mit Bens Mutter verheiratet. Er fand sie wunderschön, als sie sich kennenlernten, und daran hatte sich bis heute nichts geändert. »Männer sagen zu mir: ›Du bist ein Glückspilz.‹« Sie hatte volles schwarzes Haar, eine olivfarbene, glatte Haut und große dunkle Augen. Sie war zierlich und dennoch sehr weiblich gebaut. Sie stammte aus einer Kleinstadt, und bei ihrer ersten Verabredung hatte er sie in ein Restaurant ausgeführt, das ihr umwerfend erschien. Bei einem Abendessen, das viel teurer war, als sie es gewohnt war, und bei dem er ihr von seinen Erfolgen als Vertreter erzählte, hatte sie ihm von ihrer Arbeit am Ticketschalter einer Fluglinie erzählt. Als Mitarbeiterin durfte sie gratis fliegen, was er wiederum glamourös fand. »Diese hinreißende Frau«, erinnerte er sich, »stellte mich auf einen Sockel, genau wie ich sie.«

Er hielt sie beide nach wie vor für ein wunderbares Paar. »Wir sind sehr häuslich«, sagte er und zählte die Dinge auf, die sie gern gemeinsam taten: auf der Veranda sitzen und Ben beim Radfahren oder Herumkurven mit seinem Elektroscooter zusehen, auf Handwerksausstellungen gehen und für den Südwesten typische Keramik mit dem Motiv einer flötespielenden Figur namens Kokopelli darauf sammeln. Nach sechzehn Jahren riefen sie sich während der Arbeit immer noch drei- oder viermal täglich gegenseitig an.

Jacob hatte sich mindestens zwei erheblichen Hindernissen zum Trotz ein angenehmes, liebevolles Leben eingerichtet. Das eine war seine Lernbehinderung von so hohem

Grad, dass er mit Mitte vierzig kaum besser lesen und rechnen konnte als die meisten Viertklässler. Als Kind hatte er eine dicke Spezialbrille mit verschiedenfarbigen Gläsern bekommen. Dieses clowneske Ding hatte er fast den ganzen Schultag lang tragen müssen.

Doch das Hilfsmittel nützte nichts. Das Einzige, was ihm half, im Unterricht mitzukommen, war, dass Klassenkameraden ihm Texte und Aufgaben auf Tonband aufnahmen. Abends im Bett hörte er sich die Bänder an. Als Jacob Ende dreißig war, diente er dem Chef der Psychiatrischen Klinik an der Johns Hopkins University als Anschauungspatient für seine Studenten. Mit Jacobs Zustimmung setzte der Psychiater ihn in eine Gruppe von sechzig Schulkindern und forderte ihn auf, sich vorzustellen, er habe siebzehn Äpfel, von denen er fünf verschenke – wie viele blieben ihm übrig? Jacob konnte die Frage nicht beantworten. Es gab noch weitere ähnliche Aufgaben, und er las einen kurzen, einfachen Text stockend vor, verstand ihn aber nicht. Nachdem die Studierenden darauf mit kaum verhohlenem Entsetzen reagierten, hielt der Psychiater ihnen einen Vortrag über Bewältigungsstrategien. Denn Jacob kam bestens zurecht und war in seinem Job erfolgreich. Er versorgte seine Kundschaft in einem riesigen Gebiet entlang der Großen Seen tadellos mit den von ihm gehandelten Waren und hatte ein ganzes Team von Juniorvertrieblern unter sich. Gewissenhaft sorgte er dafür, dass seine Buchhaltung nie in Unordnung geriet. Er hätte sein Geschäft inzwischen fast ausschließlich über Telefon und Internet betreiben können, aber weil er sich stets sorgte, dass jemand unzufrieden mit ihm sein könnte, fuhr er jeden Tag stundenlang herum, um persönlich zu erscheinen – ein etwas kleinwüchsiger Mann, von kräftiger Statur, ordentlich angezogen mit Jackett und Rollkragenpulli oder Krawatte. Er schüttelte Hände und plauderte ein paar Minuten, fragte die Kunden, ob es irgendwelche Beschwerden gebe, und versicherte ihnen, er würde sich um alles kümmern.

Das zweite Hindernis hatte mit Sex zu tun. Jacob war gemäß dem psychologischen Fachausdruck paraphil. Der Begriff Paraphilie setzt sich aus den griechischen Wörtern für »abseits« (pará) und »Liebe« (philía) zusammen. Seine Liebe oder sein Verlangen war auf etwas gerichtet, das außerhalb der Normalität lag. Er fühlte sich zu Frauenfüßen hingezogen. Sie waren für ihn wie Brüste, Beine, Po und Genitalien zusammen. Er wollte sie unbedingt berühren, halten, betrachten, lecken, an ihnen saugen, seinen Penis gegen sie pressen, daran reiben. Schließlich sollte die Frau sie so aneinanderlegen, dass die Fußgewölbe eine Art Möse bildeten – damit er sie vögeln konnte.

Ich möchte zwei Dinge im Hinblick auf die Terminologie klarstellen. Erstens würden einige psychiatrische Experten zum Thema Sex – Sexologen, wie man die Nachfolger Kinseys nennt – darauf beharren, dass Jacob kein Paraphiler war, sondern eine Paraphilie hatte. Der Unterschied bezieht sich auf Identität im Gegensatz zu einer Erkrankung. Entweder wurde er durch die Paraphilie definiert oder sie war etwas, das ihn heimsuchte, ihn nicht losließ, ihn diktatorisch unterwarf, aber ihn nicht stärker als Person ausmachte als jeden Patienten mit einer beliebigen Krankheit.

Zweitens hätte Jacob Ausdrücke wie »ficken« oder »Möse« niemals benutzt. Er war ein irgendwie schüchterner und sehr auf Anstand bedachter Mann. Wenn er den Vorgang schon in Worte fassen musste, sagte er »Verkehr«.

15

Anständig und lüstern zugleich, schämte er sich für sein Verlangen. Eine seltsame und fast vollständige Substitution war da vor sich gegangen, und jetzt, zumindest kam es ihm so vor, war er ganz und gar anders als andere Männer. Gesichter interessierten ihn zwar, und auch die Figur einer Frau war für ihn nicht bedeutungslos. Sprach er von der Schönheit seiner Frau, meinte er das, was andere Männer auch meinten. Doch ohne die Füße gab es kein konkretes Verlangen. Wenn er sich an das erste Date mit seiner Frau erinnerte, vermochte er sich nicht daran zu erinnern, welche Kleider sie getragen hatte, auch wenn alles vom Knöchel aufwärts durchaus attraktiv gewesen sein muss. Woran er sich jedoch ganz genau erinnerte, das waren die vorne offenen Schuhe mit halbhohem Absatz und einem cremefarbenen Lederstreifen oberhalb der Stelle, wo ihre Zehen ansetzten.

Diese erotische Deformation machte ihn in seinen eigenen Augen abscheulich. Er klammerte sich an die Vorstellung von einer Erkrankung, während er in den Strudel der Identitätsfindung stürzte. Trotzdem gab es Psychiater und Psychologen, Kliniker und Wissenschaftler, die ihm eine Gabe attestierten. Sie erklärten mir, was die erlebte Intensität anginge, gebe es keinen Vergleich zwischen der Erfahrung von jemand wie Jacob und denjenigen, die sie »normophil« nannten. Über das schiere Verlangen, den gierigen und exaltierten erotischen Hunger, den nie ganz vollständigen Bewusstseinsverlust (durchschnittliches Verlangen und durchschnittlicher Sex führen so gut wie nie dazu, nicht einmal im Augenblick des Orgasmus, wenn der Verstand benebelt ist und es zu unwillkürlichen Schreien kommen kann), über Kontrollverlust und Selbstvergessenheit hinaus, war

Jacob etwas Außergewöhnliches vergönnt: Jacob hatte die Gabe der Ekstase.

Als Jacob noch ein Kind war und in die zweite Klasse ging, befand sich neben dem Klassenzimmer eine Kammer, in der die Schüler ihre Schneestiefel ausziehen sollten. Manchmal rutschten ihnen dabei auch die Socken von den Füßen. Das ist seine früheste Erinnerung an diese Sehnsucht, die ihm als Kind natürlich nicht seltsam erschien. Die einzige Berührung, die ihm damals gelang, war die eines Jungen, der ihn zum Spielen zu Hause besuchte. An jenem Nachmittag überlegte er fieberhaft, wie er etwas, irgendetwas, hoch hinauf auf seinen Schrank befördern könnte, während sein Freund gerade nicht im Zimmer war. Schließlich warf er einen Ball auf ein Regalbrett und sagte seinem Freund danach, er käme nicht an ihn heran. Der Junge erklärte sich bereit, es zu versuchen. Da bat Jacob ihn, die Schuhe auszuziehen, damit er mit seinen Händen für ihn eine Räuberleiter machen könnte.

Ein paar Jahre lang war er auf Jungenfüße fixiert; ab der Pubertät ging diese Faszination auf Mädchenfüße über.

Seine Eigenart bemerkte Jacob, als er später Bilder nackter Frauen betrachtete, die andere Jungs erregten, während er nichts spürte. Der Rückzug von der Umwelt, die Isolation, die mit den rot-grünen Brillengläsern begonnen hatte, verstärkte sich. Das Haus der Großmutter war immer seine Zuflucht. Wenn ihm die Schultage mit dem albernen Sehgerät unerträglich wurden, sprang er manchmal von seinem Stuhl auf, rannte durchs Klassenzimmer, zum Seiteneingang hinaus und stolperte durch den Schnee der abschüssigen Schulwiese bis zur Straße und von dort weiter den läng-

17

lichen Hügel hinauf bis zu ihr. Sie war selbst eine seltsame Frau. Eine alte Dame, die einen roten Cadillac fuhr, aber ihr Haus kaum heizte und lieber im Dunkeln saß, um zu sparen. Sie verteidigte ihn vehement und weigerte sich trotz der Bitten seiner Eltern, ihn zurück in die Schule zu schicken.

Später, als er schon ein Teenager war, bestellte sie ihn dauernd zu sich nach Hause, damit er irgendwelche Reparaturen ausführte. So zeigte sie etwa auf einen Sprung im Putz an der Zimmerdecke, wies ihn an, ihre Leiter zu holen, und reichte ihm eine Rolle Klebeband. Er fand sie zwar verrückt, aber er klebte den Riss so, wie sie es wünschte. »Diese Decke hätte niemand so reparieren können wie du!«, rief sie aus. Das Gleiche galt für den Sturmschutz, den er jeden Herbst an den Fenstern anbrachte: »Niemand kann einen Sturmschutz einsetzen wie du!« Und fürs Rasenmähen: »Du bist der Einzige, der diesen Rasen mähen kann!«

Das erste Mädchen, in das er sich verliebte, kam zusammen mit ihrer Großmutter in sein Leben. Er jobbte damals in einem Sportgeschäft, nachdem er das College geschmissen hatte, weil ihn jeder Arbeitsauftrag überforderte. Neben ihrer Großmutter stehend, bat das Mädchen, das Sportschuhmodell Nike Cortez anprobieren zu dürfen. Den gleichen Schuh hatte er an, denn das war sein Lieblingsmodell: niedrig geschnitten, schlicht und schmal, mit einer dünnen, geriffelten Sohle, die an eine lange Reihe winziger Zähne erinnerte. Und sie wollte auch noch die gleiche Farbkombination wie er: weiß mit einem roten Nike-Swoosh. Er war zwar kein Schuhfetischist, aber ihre Wahl erschien ihm wie ein Zeichen. Er war ein romantischer, sentimentaler Typ. Ihrer beider Geschmack in Sachen Schuhe kam ihm vor wie ein Wink des Schicksals.

Er erfuhr auch gleich Größe und Breite ihrer Füße. Große Füße mochte er schon immer. Allein die Worte »Größe acht« oder »Größe neun« zu hören, konnte ihn hart werden lassen. Sie hatte nur sieben Komma fünf, aber dafür einen breiten Fuß. Er setzte sich auf den niedrigen Hocker des Verkäufers und stellte ihre Füße nacheinander auf die schräge Fläche zwischen seinen Beinen. Er schob die Ferse über ihre weißen Sportsocken, zog die Schuhbänder straff und band sie zur Schleife. Sie ging darin herum, erklärte, dass sie passten, probierte noch andere Modelle, kam aber zu ihrer ersten Wahl zurück, dann trödelte sie plaudernd noch ein wenig herum, bis sie sich entschuldigte: »Ich weiß, dass du weiterarbeiten musst.« Ihr blasses, hübsches, schüchternes Gesicht verhieß ihm Zärtlichkeit und Mitgefühl. Er versicherte ihr, überhaupt nicht in Eile zu sein, und im weiteren Verlauf ihrer Unterhaltung erwähnte sie, dass sie bei ihrer Großmutter lebe.

»Ich wohne auch bei meiner Großmutter.« Erst kürzlich war er in das kalte, aber trotzdem tröstliche Haus gezogen.

»Nicht dein Ernst!«

»Doch, doch! Das ist die Wahrheit!« Aber als sie schließlich mit den Turnschuhen den Laden verließ, war er sich sicher, sie – ihr Name war Sara – nie wiederzusehen.

Er erinnerte sich: »Ihre Großmutter und sie waren wie an der Hüfte zusammengewachsen. Genau wie meine Großmutter und ich. Ihre Großmutter war klein und zierlich, genau wie meine. Und sie war extrem sparsam, auch wie meine.«

Diese Details waren ihm jedoch noch nicht bekannt, als er sie eine Woche später erneut im Laden entdeckte, wiederum in Begleitung der alten Dame. »Du bist wieder da.«

»Ich bin gekommen, um dich zu treffen.«

Da wandte er sich sofort an die Großmutter, bat um die Telefonnummer und platzte gleich mit einer Einladung heraus, indem er vorschlug, die beiden zum Abendessen auszuführen. Stattdessen luden sie ihn zu sich nach Hause ein. Sein erstes Date mit Sara – sie war damals fünfzehn, er einundzwanzig – war also genau genommen eine Art Dreier. Die Großmutter kochte Fleisch und Kartoffelbrei, während er mit der Enkelin auf der Veranda saß, sie barfuß. »Schnabeltierfüße«, sagte er, »du hast Schnabeltierfüße.« Und sie lachten und kicherten beide. Ihre Zehen bildeten eine perfekte Treppe, denn vom großen bis zum kleinen Zeh war jeder ein wenig kleiner als der nächste.

Als die Großmutter sie zum Essen rief, raste er durch die Flure seines Verstands, schaute in jeden Winkel, auf der Suche nach etwas, das ihn von seinem Verlangen ablenken oder es verringern konnte. Die Stimme der alten Frau hatte sich wie ein flüchtiges Auge, das seine Perversion zu durchschauen drohte, in seinen Kopf gebohrt. Doch er fand keinerlei Ablenkung. Sein Kopf war leer bis auf diese eine Sache, der er so gern entgehen wollte.

Am Tisch gelang es ihm trotzdem zu funktionieren, und als er hinterher mit Sara fernsah, legte sie ihre Füße auf einen Hocker. In ihren Zehen, Gelenken, Fußgewölben und Fersen konzentrierte sich die ganze Macht, die all die geläufigeren erotischen Körperteile auf die meisten Männer ausüben. Die Treppe ihrer Zehen war sein Ideal, und die Schnabeltierbreite machte sie zu seiner Version eines Bikinimodels. So nahm er zögernd nacheinander ihre Füße in die Hand und begann sie zu massieren – zart und liebevoll –, während sie vorgab, sich auf das Programm zu konzentrieren.

Jacob war Jude, und als er seiner Großmutter von seiner Liebe erzählte, fragte sie nach der Religion des Mädchens. Die Antwort war nicht die gewünschte. Doch schon bald liebte die Großmutter, die Hunde eigentlich nicht ausstehen konnte und in ihrer Umgebung nicht duldete, den Mischling – ein Terrier-Beagle-Mix, dessen Asche jetzt auf Jacobs Kaminsims steht –, den er und Sara bei einem Bummel durch die Mall im Käfig einer Tierhandlung entdeckt hatten. Damals war er bereits in eine eigene Wohnung gezogen. Eines Morgens hatte die Großmutter ihn angerufen und verlangt, dass er sofort vorbeikomme. Sie hatte eine Maus gesehen und war nach eigenem Bekunden zu Tode erschrocken. »Bring den *Hunt* mit!«, befahl sie und benutzte dabei den jiddischen Ausdruck.

»Er heißt Max«, sagte Jacob.

»Bring einfach den *Hunt* mit!«

Das tat er, die Maus verschwand, und von da an wünschte sie, dass der Hund dauernd zu Besuch kam, und hielt Jacob und Sara für Helden, weil sie ihn besaßen. »Keiner kann Mäuse so abschrecken wie dieser *Hunt*!«

Saras Großmutter war dankbar für die Stabilität, die Jacob bot. Saras Freunde von der Highschool waren ihr viel zu wild. Ihre Großmutter wollte nur sicher wissen, dass er sich wie ein Gentleman benehmen würde und die beiden im Fernsehzimmer nach den von ihr zubereiteten Mahlzeiten nichts Unerlaubtes taten. Er gab ihr sein Wort und hielt es auch drei Jahre lang. Seine Hände und Finger, Lippen und Zunge wanderten von ihren Füßen zu den Brüsten und wieder zurück, wobei die Reise nach oben nur sein Verlangen, nach unten zu gelangen, kaschieren sollte. Ihre Jungfräulichkeit zu bewahren war für ihn kein Problem. Er kam heimlich und explosionsartig, auf der Toilette und ohne seine Lust zu gestehen. Aber durch die ganze Aufmerksamkeit für ihren Körper, all die Signale, die er durch ihre Waden, Schenkel und Brüste sandte, wurde Keuschheit für sie zum Problem. Sie bettelte um Sex. Er hielt sich zurück, bis sie achtzehn war, dann nahm er sie mit ihren Füßen in der Hand, im Augenwinkel oder zumindest – das war das Mindeste – in seiner Vorstellung.

Sie besuchte noch die Highschool, als sie vom Heiraten anfing. Er beharrte darauf, dass sie vorher zusammenleben müssten, um zu sehen, ob die Beziehung hielt. Als sie mit dem College anfing, legte sie sich neue Freunde zu, begann Hasch zu rauchen und entfernte sich von ihm. »Ich begann mich zu fühlen wie ein Sugardaddy«, erinnerte er sich. Eines Tages bog er um eine Straßenecke und sah sie mit einem anderen Händchen halten. Saras Großmutter war genauso verzweifelt wie er, als sie sich trennten. Sie schlug ihm sogar vor, bei ihr einzuziehen. Und so aß er einige Wochen lang bei ihr zu Abend, schaute dort fern und schlief unter ihrem Dach.

Über zwanzig Jahre später saß ich in seinem Wohnzimmer, und er fragte mich, ob ich ein Foto von Sara sehen wolle. Schon schoss er die Treppe hinauf, um es aus welchem Versteck auch immer hervorzuholen. Es war ein kleiner Abzug mit dem gestellten und süßlichen Ausdruck eines Jahrbuchporträts. Ihr schulterlanges braunes Haar war schlicht, aber sorgsam frisiert. Ihre helle Haut sah so makellos aus, dass es fast unscharf wirkte. Sie lächelte strahlend, aber auch so, als könnte sie es nicht mehr lange durchhalten. Wie so viele Teenager unter dem prüfenden Blick eines Fotografen und der Aussicht auf die Permanenz eines Jahrbuchs. Mir fiel nicht viel ein, das ich hätte sagen können, als wir ihr Gesicht gemeinsam betrachteten, aber dann brach er das Schweigen. »Es vergeht kein Tag, an dem ich nicht an sie denke. Ich hatte mal eine Psychologin, die zu mir sagte: ›Jacob, für jeden Topf gibt es einen Deckel.‹ Das hier ist mein Deckel.« Es fiel ihm schwer zu erklären, warum das so war, und er kam wieder und wieder auf ihre gemeinsame Liebe zu den jeweiligen Großmüttern zurück. Als wäre Sara so eng mit dem Trost verbunden, den seine Großmutter ihm als Kind gespendet hatte, dass er sonst nichts brauchte, außer ihrer Attraktivität – und die Perfektion ihrer Füße hatte genau das für ihn dargestellt. »Das ist mein Deckel«, wiederholte er und bat dann: »Bringen Sie mich jetzt bloß nicht zum Weinen.«

An wen genau dieser Appell gerichtet war, ließ sich nicht bestimmen. Ich sagte nichts, und das Foto wirkte auf mich viel zu ausdruckslos, um Tränen hervorzurufen. Doch er sah Dinge, die mir verborgen blieben. Empfand etwas, was er nicht kommunizieren konnte. Seine Großmutter war in höchstem Maße verständnisvoll gewesen. Intuitiv hatte sie seine Scham begriffen und ihn vor der Welt, die dieses Gefühl auslöste, beschützt. Die Defizite in seinem Denkvermögen hatten ihn schon in der Grundschule ein Jahr zurückgeworfen, und seine Versetzungen danach waren immer reine Gnadenakte gewesen. Sie hatte ihm ein Reich geboten, in dem das keine Rolle spielte und in dem seine Fähigkeit, einen Riss in der Decke mit Klebeband zu reparieren, eine geradezu prinzliche Tugend war. Nie hatte er ihr von der zweiten Absonderlichkeit erzählt, mit der sein Gehirn ihn strafte: Dass es ihn nie danach verlangte, in eine Vagina einzudringen, sondern er sich verzweifelt danach sehnte, zwischen zwei Füßen zu sein, dass sein Verstand seinem Penis auch eine Art rot-grüner Brille aufgesetzt zu haben schien, dass Sex bei ihm Selbsthass auslöste. Er hatte keinen Grund zu vermuten, sie hätte auch nur etwas davon geahnt. Doch ihre Akzeptanz und Bewunderung waren immer so bedingungslos und umfassend gewesen, dass vermutlich sogar dieses Geheimnis ihnen nichts hätte anhaben können. In den viereinhalb Jahren, in denen er und Sara zusammen gewesen waren, hatte sie, wenn er wieder einmal ihre Füße leckte und massierte, scherzhaft geflüstert: »Ich glaube, du magst meine Füße lieber als alles andere.«

»Was redest du denn da?«

»Ich glaube«, hauchte sie, »du hast da ein Problem.« Aber sie hatte es so liebevoll geflüstert, als wollte sie ihm damit zu verstehen geben, dass es ihr nichts ausmache. Dadurch war der Selbsthass von einer Welle der Dankbarkeit verdrängt worden.

»Bringen Sie mich jetzt bloß nicht zum Weinen«, wiederholte Jacob an mich gewandt in seinem Wohnzimmer. Dann lief er an dem Ausdruck der kanadischen Flagge vorbei wieder die Treppe hinauf und legte das Porträt in sein ehrwürdiges Versteck zurück.

Im Winter versuchte Jacob, den Wetterbericht zu ignorieren. Ein Schneesturm konnte leicht einen Fuß Schnee bedeuten oder bei heftigen Blizzards auch zwei oder drei Fuß. Die Schneestürme kamen unvermeidlich, und er konnte das Wort nicht ertragen. »Stellen Sie sich vor, die Schneehöhe würde in Brüsten gemessen, und Sie wären der einzige Mann mit diesem krankhaften Verlangen«, versuchte er es mir zu erklären. »Und wenn Sie dann die Wetterleute ständig sagen hören müssten *Brüste, Brüste, Brüste*, aber der

Einzige wären, der darüber Bescheid weiß. Wenn Sie diese Neigung schon seit Ihrer Kindheit verbergen würden.« Zwischen Ende zwanzig und Mitte dreißig wurde das Bedürfnis, verschlimmert durch die Geheimhaltung, mit jedem Jahr größer.»Das ist zum Lachen«, sagte er und tat es selbst.»Den Leuten ist das nicht bewusst. Wie oft dieses Wort verwendet wird. Wenn Sie sagen: ›Jacob, ich baue mein Haus um. Was meinst du, wie viele Quadratfuß sollte das Arbeitszimmer haben?‹ Dann denke ich: Quadratfuß, ich hätte nichts dagegen, mir ein paar Quadratfüße anzusehen.«

Der Winter war auch problematisch, weil Gäste bei ihm zu Hause meinten, Schuhe oder Stiefel ausziehen zu müssen. Aus purer Höflichkeit.»›Nein, bei uns nicht‹, pflege ich dann zu sagen. ›Ist bei uns nicht üblich.‹

›Ach, wir wollen euren Boden nicht dreckig machen.‹

›Macht euch darüber keine Gedanken.‹

›Aber das ist doch wirklich kein Problem. Sonst habt ihr lauter Dreckspuren auf dem Teppich.‹

»Nein, nein, bitte, wir machen das schon sauber. Es stört uns nicht. Wir putzen eh andauernd und saugen den Teppich später. Bitte.‹«

Am schlimmsten war jedoch das späte Frühjahr, wenn plötzlich Sandalen und Flipflops getragen wurden. Dieses abrupte Zurschaustellen von Füßen, die winterweiß besonders nackt wirkten. Als es einmal im Straßenverkehr wegen einer Baustelle zu Stau kam, hielt neben ihm ein Auto. Die junge Frau auf dem Beifahrersitz hatte ihre Füße aufs Armaturenbrett gestellt, und er kam innerhalb von Sekunden, kaum dass er sich angefasst hatte. Manchmal brauchte er seinen Penis nicht mal zu berühren. Er konnte schon zum Orgasmus kommen, wenn er Füße nur in der Hand hielt, mit der Zunge berührte oder auch nur einen hohen Spann oder breiten Fußrücken sah.

Das Fernsehen bedrängte ihn. In einer Krimiserie warnte eine toughe Ermittlerin einen Verdächtigen:»Sonst stecke ich meine Größe acht dahin, wo keine Sonne scheint.« Jeder Film schien eine Barfußszene zu haben. Als er einmal im Wartezimmer eines Arztes saß, fand er in einer Zeitschrift eine Liste von Hollywoodstars, sortiert nach ihren körperlichen Vorzügen.»Jeder Körperteil kam vor, bis auf einen«, erinnerte er sich und fühlte sich schrecklich allein. Ihm war zwar klar, dass die Existenz von Pornoseiten im Netz, die seinen Neigungen entsprachen, nur bedeuten konnte, dass es auch noch andere Männer wie ihn gab, doch er war sich sicher, dass es sich bei den anderen um schwächer ausgeprägte und eher flüchtige Interessen handelte. Kein anderer war so komplett verdreht wie er.»Meiner Ansicht nach«, sagte er, nachdem er beschrieben hatte, dass diese Zeitschrift nicht den Fuß eines einzigen Filmstars gepriesen hatte, »ist es offenbar inakzeptabel.« Er überlegte kurz, dann fragte er mich:»Meinen Sie, Ihre Frau würde das akzeptieren?«

»Ich will ehrlich zu Ihnen sein«, antwortete er selbst.»Ich würde gar nicht *wollen*, dass meine Frau es akzeptiert.«

Er vertraute sich niemandem an. Dafür machte er Umfragen. Sie wurden durch ein Foto im Sportteil ausgelöst, wenn dort ein Mädchen einer College- oder Highschool-Mannschaft beim Softball oder Basketball zu sehen war, denn die Vorstellung von athletischen Füßen hatte ihn schon immer fasziniert. Mithilfe der Bildunterschrift besorgte er sich über die Auskunft die Telefonnummer des Mädchens. Seine Umfragen liefen nach einem festen Schema ab:»Hallo, ich rufe von Nike an. Wir bringen einen neuen Turnschuh auf den Markt. Heute führen wir Sechzig-Sekunden-Umfragen durch. Würden Sie uns ein paar Fragen beantworten?... Tragen Sie Sportschuhe?... Treiben Sie Sport?... Können Sie mir Ihre Schuhgröße nennen?... Haben Sie eher schmale oder breite Füße?... Wenn Sie zwei Mädchen sehen würden, die sich gegenseitig die Zehen lutschen, fänden Sie das eklig oder eher lustig?« Er bedankte sich höflich, sobald er gekommen war. Und nachdem er aufgelegt hatte, überfiel ihn das schlechte Gewissen.

In Restaurants stieß er manchmal, wenn er zwischen Tischen durchging, absichtlich einer Frau, die ihren Schuh nur an den Zehen baumeln ließ, den Schuh vom Fuß. Nachdem er sich dafür entschuldigt hatte, hörte er oft: »Keine Sorge, das war doch nichts.« Aber es war eben nicht nichts. »Egal, wo Sie hingehen«, sagte er, »überall sind Menschen, und alle haben Füße. Außer ich würde in einem Heim für Amputierte leben. Dort hätte ich meinen Frieden.«

Anzeigen für Massagesalons füllten die Rückseiten alternativer Stadtmagazine, und er hatte sie schon unzählige Male angestarrt. Doch er ermahnte sich selbst: »Das kannst du nicht machen. Du kannst nicht einfach Geld dafür bezahlen, den Körper eines Mädchens zur Verfügung zu haben. Das kannst du nicht.« Doch mit Ende dreißig stand er schließlich doch in einem schummrig beleuchteten Empfangsraum. Vor ihm sechs junge Frauen – in Stilettos, flacheren Absätzen, Sandalen. Er sollte sich eine aussuchen. Seine Augen scannten erst die Gesichter, dann senkte er den Blick Richtung Fußboden. Er suchte sich eine Frau aus, deren Zehen die Treppe seiner Fantasie bildeten.

Er folgte ihr durch einen Flur in ihr eigenes kleines Zimmer. »Okay«, sagte sie und drehte sich zu ihm um, »was immer du möchtest.«

Er antwortete nicht.

»Ich gebe dir mal ein Kondom.«

Er blieb stumm.

»Bist du an einem Blowjob interessiert?«

»Nein, das interessiert mich nicht.«

»Ach, nicht?«, fragte sie mit leicht schriller Stimme.

»Nein.«

»Na, was interessiert dich denn dann?«

Er konnte nicht reden. Sie hielt ihm das Kondom erneut hin.

»Das werden wir nicht brauchen.«

In ihrem Blick veränderte sich etwas. »Du hast mir sechzig Dollar bezahlt, also, was machen wir?«

»Zieh deine Schuhe aus.«

»Was?«

»Mach dir keine Sorgen.«

Sie tat, wie ihr geheißen, und stand barfuß vor ihm.

»Und jetzt leg dich aufs Bett.«

Er ließ die Hose runter. Sie fragte, ob sie sich ausziehen solle. Er flüsterte ihr zu, das sei nicht nötig. Seine Hände und sein Mund hatten schon begonnen.

»Das muss doch ein Witz sein«, sagte sie. »Dafür bezahlst du mich?«

Er konnte sich nicht dazu bringen, sie aus dem Mund zu nehmen, um ihr zu antworten. Das tat er erst, als er seinen Penis an die Stelle schob, von der er schon immer geträumt hatte. Das Gefühl überwältigte ihn und raubte ihm fast das Bewusstsein.

»Ich gebe dir meine Visitenkarte mit«, sagte sie hinterher.

»Bitte sag mir jederzeit Bescheid, wenn du wiederkommen willst. Du wirst mein Lieblingskunde.«

Das schlechte Gewissen, weil er ihren Körper gekauft hatte; die Demütigung ihrer Aussage: »Du wirst mein Lieblingskunde«; das unablässige Verlangen, sie noch einmal zu besitzen; die Panikattacke, als er einige Wochen später erfuhr, dass es in dem Etablissement eine Razzia gegeben hatte und er unter den dort aufgegriffenen Männern hätte sein können – all das bewog ihn dazu, sich in Behandlung zu begeben. Er war schon früher in Therapie gewesen, bei diesen üblichen Gesprächssitzungen. Dadurch hatte sich nichts geändert, außer dass er versucht hatte, es seiner Frau zu sagen. Das hatte die Therapeutin verlangt. Sie sagte, sonst könne sie nicht mit ihm arbeiten. Und so hatte er sich eines Abends im Oktober, als sie nach einem Abendessen mit Freunden über den leeren Highway nach Hause fuhren, gezwungen, es auszusprechen. Er war froh gewesen, dass dabei wenigstens sein Gesicht im Dunkeln lag und er den Blick auf die Straße richten musste. Aber er hatte vage Phrasen benutzt: »Ich habe ein sexuelles Problem«, »ich bin sexuell abhängig«. Daraufhin hatte seine Frau zu weinen begonnen und gefragt, ob er eine Affäre habe. Diese Befürchtung war nicht unberechtigt. Er vermied Sex mit ihr, wie er es schon immer getan hatte, aus Angst, er könne dabei sein verstecktes Verlangen offenbaren. Er versicherte ihr, niemand anderen zu haben. Dafür erwähnte er Internet und Telefon, jedoch nur am Rand das Wort »Füße«. Schniefend meinte sie, sie verstehe ihn nicht. Daraufhin erklärte er, dass er es selbst nicht begreife. Er schlug ihr vor, ihn zu seiner Therapeutin zu begleiten, aber das lehnte sie ab. Außerdem sprach sie zwei Tage lang nicht mit ihm. Danach jedoch war es fast so, als hätte jenes Gespräch auf dem Highway nie stattgefunden.

Nach seinem Erlebnis mit der Prostituierten flog Jacob nach Baltimore, um Hilfe bei einem Psychiater zu suchen, der, wie er gelesen hatte, zu den bedeutendsten Experten des Landes im Bereich sexuelle Störungen galt. Fred Berlin arbeitete in einem riesigen, herrschaftlichen Haus im viktorianischen Stil mit Backsteinfassade und Türmchen an den Ecken. Das Anwesen befand sich auf einem Hügel oberhalb des Hafens. Die Treppe war lang, das Vestibül turmhoch und düster, die Eingangstüren waren aus massivem Holz und mit kunstvollen Schnitzereien verziert. Weder an einer der Mauern noch an den Türen, noch an der Klingel befand sich ein Schild. Einst hatte Berlin fast alle seine Patienten in seinem Büro im Krankenhaus der Johns Hopkins University empfangen. Er lehrte auch nach wie vor an der Hopkins und machte die Runde in der Klinik (wo sich Jacob, nachdem er sein Patient geworden war, für den Unterricht der Studenten zur Verfügung stellte). Aber da die Universität, nach Berlins Empfinden, mit seiner Praxis – in der er sich nicht nur mit Aberrationen, sondern auch mit Kriminellen beschäftigte – zunehmend Probleme hatte, verlegte er den Großteil seiner Arbeit vom Campus in sein Privathaus.

Drinnen schimmerten die Holzböden in einem warmen Ton, ebenso die Treppengeländer, die auf jedem Absatz mit einer kunstvollen Holzkugel verziert waren. Alles war dämmrig, ruhig und poliert. Im riesigen Wartezimmer standen Pflanzen, sogar kleine Bäume, mit Blättern so groß wie Servierplatten. Die breiteten ihre Zweige anarchisch in jede

Richtung aus, auch über die Lehnen der Plüschsofas. Ein gläserner Beistelltisch ruhte nicht auf Beinen, sondern auf einem abgesägten, knorrigen Baumstumpf. Das verstärkte noch den Eindruck, man befände sich in einem gewachsenen Dschungel.

Außerdem gab es dort in einer Ecke eine riesige Standuhr. Das Messingpendel in dem verglasten Kasten schwang sanft, aber unaufhaltsam. Auf dem Zifferblatt prangte das Hopkins-Siegel. Manchmal wirkte es, als würden diese Beharrlichkeit und das prestigeträchtige Emblem die Flora bändigen. Wenn jedoch einer der wartenden Patienten den großen Fernseher einschaltete und die Lautstärke entsprechend aufdrehte, wurde der Kampf zwischen Dschungel und Uhr rasch unerheblich. Dann stand das menschliche Bedürfnis im Vordergrund, die inneren Stimmen durch das Plärren des Fernsehers zu übertönen.

Die Praxisräume, die Berlin sich mit einigen Partnern teilte, waren mit Antiquitäten möbliert. Stattliche Schreibtische und bequeme, prachtvolle Sessel prägten die Zimmer. Einen Großteil der Einrichtung hatte er selbst ausgesucht, und er war stolz auf das altertümliche, großbürgerliche Ambiente. Nur ein Objekt passte nicht dazu. Ein detailgetreues Modell eines Sportstadions aus Holz und Metall, das auf einem Tisch in einem Raum stand, der für Evaluationssitzungen genutzt wurde. Es handelte sich um das Stadion der University of Pittsburgh, wo er in seinem ersten Jahr in einem Footballteam gespielt hatte, das einen späteren Star der NFL Hall of Fame hervorbrachte und das die Saison als landesweit zweitbeste Mannschaft abschloss. Berlin hatte zwar nur als Linebacker auf der Bank gesessen, aber die Erinnerung daran, vor vierzig Jahren für das Team aufs

Feld zu gehen und diese Herausforderung anzunehmen, gab ihm immer noch Kraft und die nötige Entschlossenheit, den Menschen freundlich zu begegnen, die andere nur verurteilt hätten.

Etwas von dem Linebacker steckte immer noch in seinem Körper, in der kompakten Statur, auch wenn diese im Lauf der Jahre weicher und rundlicher geworden war. Im zweiten Studienjahr hatte er ein Forschungsstipendium in Psychologie erhalten und nie mehr ernsthaft Football gespielt. Doch die Energie, die ihn angetrieben hatte, sich für sein Team zu engagieren, strahlten seine breiten Schultern und sein rundlicher Kopf mit dem kurz geschorenen, lichten Haar immer noch aus.

Er hätte mit Jacob verwandt sein können. Vielleicht wären sie sogar als Brüder durchgegangen, denn beide waren klein, kompakt, mit kurzem Hals und stämmig. Beide hatten volle Wangen, die sich schon ein bisschen in Richtung ihrer gestärkten Hemdkragen senkten. Auch Jacobs Kopf wurde von seinem kurz geschorenen Haar nur noch unzureichend bedeckt. Selbst die Stimmen ähnelten sich, beide etwas hoch und leicht rau.

Es gab allerdings auch unübersehbare Unterschiede. Berlins Statur wirkte solider, sein Gesicht entschlossener. Seine ganze Erscheinung war eine Mischung aus Sensitivität und stoischem Kampfgeist, während Jacob fürsorglich, aber nicht unerschütterlich wirkte. Das war ein bisschen so, als hätten sie sich vom selben Ausgangspunkt aus in unterschiedliche Richtungen bewegt, der eine in heikles Gelände, der andere auf festen Grund.

Berlin betrachtete die menschliche Erotik gern aus der Perspektive eines Wissenschaftlers vom Mars, der die Erde von außen sah. »Er würde sehen, dass es unter den Menschen auf diesem Planeten eine Vielzahl verschiedener sexueller Vorlieben gibt. Er würde bemerken, dass Leute sich zu Erwachsenen des anderen oder zu solchen des gleichen Geschlechts hingezogen fühlen, ein gewisser Prozentsatz sogar zu Kindern; außerdem dass Menschen von vielen anderen Dingen oder Tätigkeiten erregt werden. Aber dieser Forscher vom Mars würde diese irdischen Begierden nur beobachten und ihre Unterschiede definieren, sie jedoch weder verurteilen noch bewerten.«

Er hatte mit Jeffrey Dahmer gearbeitet, der siebzehn Jungen und junge Männer ermordet, mit ihnen kopuliert und von ihren toten Körpern gegessen hatte. Vor Gericht hatte er bestätigt, dass Dahmer an Nekrophilie litt und von einer lebenden Person praktisch nicht erregt werden konnte. Berlin hatte sich auch mit Michael Ross beschäftigt, der gestanden hatte, acht Mädchen und junge Frauen vergewaltigt und erwürgt zu haben. Nach zwanzig Jahren Ermittlungen, Prozessen und Gesuchen wollte Ross sterben. Er wies seine Anwälte an, keine Schriftsätze mehr zu verfassen und nicht mehr in seinem Namen zu streiten, sondern aufzugeben. Da der Exekutionstermin näher rückte, hoffte Berlin, der Häftling würde ihm noch einen Besuch gestatten, um sich zu verabschieden und vielleicht um in seinen letzten Augenblicken für ihn da zu sein.

Ross war, gemäß Berlins Diagnose, ein sexueller Sadist. »Gott oder die Natur stattet jeden von uns mit einer Sexualität aus«, sagte Berlin, als wir in den reich verzierten roten Sesseln in einer Ecke seines geräumigen Büros saßen.

»Wenn wir nicht essen, sterben wir. Wenn wir aufhören, Sex zu haben, verschwindet unsere Spezies. Wir reden hier von einem machtvollen, biologisch begründeten Appetit. Und wenn dieser Antrieb in die falsche Richtung geht, möchte er dennoch befriedigt werden. Wie Sie wissen, ist Schlaf ein weiteres biologisch begründetes Bedürfnis – Sie können sich selbst hoch und heilig versprechen, diesem Verlangen nicht nachzugeben, aber ich versichere Ihnen, irgendwann werden Sie es tun. So einen Kampf führen manche Menschen mit ihrer Sexualität.«

Und so betrachtete er selbst einen derart extremen Fall. Da war dieser Mann, dessen sexuelle Erlösung davon abhing, Angst und Todesqualen über andere zu bringen. Ein Mann, der sich – natürlich ein ungeheurer, rein theoretischer Gedanke – in gewisser Weise »zurückgehalten« hatte – bis auf diese acht Male, acht Akte der primären Befriedigung –, was für eine winzige Menge im Vergleich zu den Zahlen, die die meisten Erwachsenen anstrebten und erreichten.

»Letztlich«, erklärte Berlin und dachte an die Phase mit den Morden, »steckte in ihm ein Mann, der darum kämpfte, das Rechte zu tun. Er sagt, er habe versucht, sich dazu zu bringen, das Haus nicht mehr zu verlassen, überhaupt nicht mehr rauszugehen, um nicht zu töten. Die Leute wollen das nicht glauben. Sie können mit Humanität in einem Mann wie Ross nicht umgehen. Er wollte niemals so ein Mensch sein. Wir können leicht sagen: ›Na, dann hätte er sich doch stellen können.‹ Aber Leute« – an dieser Stelle wird Berlin lauter, als würde er zu einer unsichtbaren, wütenden Menge sprechen –, »nehmen wir doch nur etwas so Simples wie einen Strafzettel im Straßenverkehr. Da sagt doch auch keiner zum Polizisten: ›Ach, übrigens fahre ich oft zu schnell.‹

Und man stellt sich nicht wegen etwas, für das man exekutiert wird. Was er sich selbst gesagt hat, war: ›Ich werde es nie wieder tun, und wenn ich mich jetzt stelle, macht das die Toten auch nicht wieder lebendig.‹«

Berlins braune Augen schauten plötzlich steil nach oben. Er beugte sich vor und hielt die geballten Fäuste dicht vor seine gesenkte Stirn. »Ich weiß, dass sich das für die Familien der Opfer wie Irrsinn anhören muss, aber zu sagen, Michael Ross sei böse, trifft einfach nicht zu, wenn ich meine Kenntnisse über sexuelle Störungen und die Beeinträchtigung von Wahrnehmung und Willensentscheidung berücksichtige. Die Gesellschaft kann diese Komplexität nicht nachvollziehen. Da liest man beispielsweise von einem sexuell sadistischen Serienmörder, und die Nachbarn äußern sich: ›Du meine Güte, wir haben ihn gekannt und können nicht glauben, dass er dazu imstande war. Wenn man eine Reifenpanne hatte, kam er rüber und half beim Räderwechsel.‹ Doch das kriminelle Verhalten war nie ein Spiegel der Persönlichkeit, der sichtbare Aspekt davon – es war stattdessen Teil der Privatheit der sexuellen Grundstruktur. Sie und ich, wir können zusammensitzen, und ich frage Sie nicht nach Ihrer Sexualität und Sie mich nicht nach meiner. Wenn also das Einzige, was mich gefährlich macht, das ist, was mich sexuell erregt, dann könnten Sie mein Nachbar oder meine Ehefrau sein und würden nie etwas bemerken. Ich hatte mal einen Serienvergewaltiger als Patienten, der seine Freundin heiraten wollte. Doch das Verlangen nach erzwungenem Sex war so viel stärker als die Erregung durch einvernehmlichen Sex, dass er die Beziehung beendete, um loszuziehen und erzwungenen Sex zu haben. Die Freundin hatte, bis er eingesperrt wurde, keine Ahnung davon.«

Im Todestrakt hatte Ross auf Berlins Rat und Ermutigung hin mit Injektionen des Antiandrogens Depo Lupron begonnen. Bei den meisten Patienten sorgt eine ausreichende Dosis dafür, die Testosteronbildung so stark zu drosseln, dass das sexuelle Verlangen erheblich geschwächt wird. Den Effekt bezeichnet man, obwohl er reversibel ist, indem man das Medikament wieder absetzt, als chemische Kastration. Bevor er diese »Medizin« bekam, bereute Ross, laut Berlin, seine Verbrechen zwar, aber sein Bedauern hatte etwas Roboterhaftes. »Er gestand alles, aber er erklärte selbst, dass er wisse, wie er hinsichtlich seiner Taten empfinden solle, doch dass diese Gefühle sich in ihm einfach nicht entwickelten. Intellektuell hatte er Mitleid, fühlte mit den Familien, aber er wusste, dass er eigentlich von Reue überwältigt hätte sein müssen.«

Durch das Lupron in seinem Organismus trat an die Stelle des zwanghaften Triebs eine Flut des Bedauerns, ein Sturm von Reue. Das war, als hätte das so selten befriedigte Verlangen alles andere blockiert. Nun saß er, laut Berlin, nicht mehr masturbierend im Gefängnis und fantasierte darüber, jemand zu erwürgen. Gemäß der Vorstellung des Psychiaters erlaubte die Medikation der Persönlichkeit, sich zu entfalten, sie gestattete Ross eine eigene Menschlichkeit. Daraufhin überwältigte ihn die Trauer. Er ertrug es nicht mehr, was er getan hatte. Die Vorstellung, was die Mütter und Väter der Ermordeten durchmachten, wenn sie weiter warten, Aussagen machen und sich erinnern mussten, war ihm unerträglich. Deshalb begann er, die Beschleunigung seiner eigenen Exekution zu betreiben. Nachdem man den Geschlechtstrieb eliminiert hatte, wurde Ross der Mensch, der er wirklich war.

Berlin schien zeitweise Ross' neue Entschlossenheit als Beweis dafür zu erachten, dass Sexualtrieb und Persönlichkeit im Gegensatz zueinander stehen. Erotisches Verlangen war nicht der Inbegriff des Selbst. Eros war nicht einmal von essenzieller Bedeutung für die Persönlichkeit. Freud lag schon lange zurück. Indem es die Libido auslöschte, hatte Lupron Ross' eigentliches Sein, seine Seele befreit, ihm quälende Schuldgefühle ermöglicht und ihm die Idee eingegeben, er könne Sühne leisten, indem er den Tod suchte. Das war eine medizinische, aber auch religiöse Vision, und Berlin war beides, medizinisch und religiös ausgerichtet. Die sexuellen Abweichungen waren Erkrankungen mit fast sicheren biologischen Ursachen. Er empfand die von ihm oft verschriebene Behandlung mit Depo Lupron oder einem anderen Antiandrogen namens Depo Provera als schrecklich unpräzise. »Das ist wie ein Knüppel«, sagte er. Die Antiandrogene knüppelten eher die hormonelle Basis des Verlangens anstatt sich gegen spezifische Aberrationen zu richten. Doch er glaubte, dass es vorläufig, bis zur besseren Erforschung des Gehirns und der Entwicklung gezielterer Medikamente, oft keine andere Möglichkeit gab. Und sobald das Medikament sich im Körper verteilt hatte, setzte die Wirkung rasch ein. So konnte der sexuelle Sadist zum guten Samariter werden, der beim Reifenwechseln half, und Michael Ross konnte sich in einen Mann verwandeln, der bestrebt war, sich selbst zu opfern, und darum bat, für das, was er getan hatte, zu sterben.

»Ich bete zu einem Gott, den ich nicht sehe. Ich verlasse mich auf einen Gott, der vielleicht nicht existiert«, sagte Berlin und lächelte leicht verlegen. Diese Aussage stammte von einem Patienten vor langer Zeit, an dessen Namen er sich nicht mehr erinnerte. Doch diese Worte hatte er nie vergessen, sie waren für ihn zu einer Art Credo geworden. Das leichte Unbehagen, als er sich zu seinem Glauben bekannte, schien dem Gefühl zu entspringen, nirgends dazuzugehören. Denn sowohl streng religiöse Menschen als auch inbrünstige Wissenschaftler würden sein Bekenntnis verurteilen. Die Religiösen, weil es zu zaghaft wäre, und die Wissenschaftler, weil er sich damit von etwas abhängig machte, das sich jeglichem Beweis entzog. »Ich wünsche mir, dass es eine höhere Macht gibt. Ich sehe darin keine Bedrohung oder Alternative zur Wissenschaft. Ich werde nicht in der Lage sein, einen Gott zu finden, aber als menschliches Wesen kann ich mich doch danach sehnen. Ich möchte verzweifelt gern glauben, aber wenn ich ganz ehrlich mit mir selbst bin, dann hoffe ich nur, dass er da ist.«

Berlin bestätigte und bewies, was er bestätigen und beweisen konnte. Die verkommensten Leute waren moralische Wesen. Mithilfe der Medikation wurde Gott durch einen Patienten wie Michael Ross beinahe sichtbar. Berlin arbeitete mit einem Nekrophilen, der bei einem Bestattungsunternehmen angestellt war, oder behandelte einen voyeuristischen Gynäkologen. Er begrüßte unzählige Pädophile und Kinderschänder in seiner Praxis und lud sie in seine Gruppentherapiesitzungen ein. Dann bot er ihnen Medikation an oder drängte sie auf seine ruhige Art dazu. Diese meistgeschmähten Sexualstraftäter machten den Großteil seiner Patienten aus. Auch wenn er als Gutachter vor Gericht auftrat, kämpfte er gegen ein Gesetz, das in der Psychiatrie arbeitenden Menschen vorschreiben sollte, dass sie Patienten, die sich freiwillig in Behandlung begeben und von denen keine Sexualstraftaten aktenkundig sind, die aber Missbrauchsfälle gestehen, der Polizei melden. Berlin wollte kein Gesetz, das bis dahin unentdeckte Täter davon abhalten würde, sich hilfesuchend an ihn zu wenden. Auf diese Weise verteidigte er seine Rolle als Beichtvater, seine Fähigkeit zur Erlösung vom und sein Eintauchen ins Chaos des Eros.

Aus diesem Chaos brauchte auch er selbst eine Zuflucht. Und so stand in seinem Büro ein riesiges, majestätisches Salzwasseraquarium, das den ganzen Raum dominierte, denn die leuchtend bunten Fische fielen stärker ins Auge als die weinrot gepolsterten Antiquitäten. Ein Seeapfel, der aussah wie ein violett-gelber Ballon mit Tentakeln an der Oberseite, bewegte sich langsam auf der Suche nach unsichtbaren Nahrungspartikeln. Ein Doktorfisch, dessen blaue Schuppen durch pechschwarze Streifen hervorgehoben wurden, schwamm über eine pinkfarbene Koralle. Ein gelber Doktorfisch schoss an einem flammend roten Segelflosser vorbei. Kuhfische mit ihren seltsamen Hörnern und breiten grauen Bäuchen schwebten über einer Krabbe, einer Venusmuschel. »Sogar die Muschel kann hier existieren«, sagte Berlin und amüsierte sich zugleich über seine eigenen verwunderten Gedanken zur Lebensrealität einer Muschel. »Und dieser Seeapfel – er bewegt sich zur Vorderseite des Aquariums, wo er die beste Nahrung findet. Ich weiß ja nicht, was bei nichtmenschlichen Wesen ein Gefühl oder einen Gedanken erzeugt, aber es wäre doch sehr vermessen von uns zu glauben, wir wären die einzigen Lebewesen, die zu einer Art subjektiver Existenz in der Lagen sind. Wenn man so etwas beobachtet, das fast wie ein Ballon aussieht und sich absichtsvoll bewegt und ein Leben hat, dann bringt einen das doch zum Nachdenken. Ich finde das sehr entspannend und faszinierend zugleich.«

Er liebte es, einfach dazusitzen, in das Aquarium zu schauen und sich eine Welt subjektiver Erfahrung vorzustellen, in der es keine Qual gab. Ihn faszinierte auch die Kompatibilität der Unterwasserwesen, der Koralle und der Krabbe, der einsamen Muschel und all der verschiedenen Fischarten. »Alles da drin ist lebendig, da gibt es nichts Künstliches, und es gibt eine Symbiose, die sie alle zusammen überleben lässt.«

Bei jedem einzelnen Geschöpf und bei allen zusammen beobachtete er eine Ruhe, die Menschen nicht vergönnt war. »Diese Spezies«, fügte er noch hinzu, »paaren sich in Gefangenschaft selten.«

Als Jacob zu ihm kam, gab Berlin ihm den »Multiphasic Sex Inventory« und den »Million Clinical Multiaxial Inventory«, zwei lange Fragebogen, die erstellt wurden, um etwas über die sexuellen Vorlieben und die geistigen oder seelischen Störungen eines Patienten herauszufinden. Der Sexualtest umfasste dreihundert Aussagen, bei denen man jeweils richtig oder falsch ankreuzen musste: »Gelegentlich denke ich an Dinge, die zu schlimm sind, um mit anderen darüber zu sprechen ... Ich habe mich schon hundertmal entblößt ... Es interessiert mich nicht zu erfahren, dass eine Frau vielleicht keine Unterwäsche trägt ... Es würde mein Interesse erregen zu erfahren, dass ein Kind neugierig auf Sex ist ... Ich würde gern gefesselt und zum Sex gezwungen werden.« Der Multiaxial-Bogen bestand aus weiteren 175 Fragen. Wegen seiner Leseschwäche brauchte Jacob mehrere Stunden, um sich da durchzuarbeiten. »Ich erinnere mich daran, dass es bei einer Frage um Interesse an Tieren ging«, erzählte er. »Und da dachte ich mir, *wie bitte?* Das ist ja ekelhaft. Geradezu lächerlich. Und als Nächstes dachte ich mir, ich bin doch ein Heuchler.«

In Berlins Villa verspürte er einen gewissen Trost. Zum einen, weil an der Fassade kein Schild hing. Nichts, das von den Perversionen kündete, wegen denen die Leute herkamen. Zum anderen, weil er es sich jetzt zum ersten Mal in seinem Leben an einem Ort bequem machen konnte, der für Abnorme wie ihn eingerichtet worden war. Und letztlich auch, weil er Berlin bewunderte und vertraute, auch wenn die beiden Männer wegen der Mühsal mit den Fragebogen noch kaum miteinander gesprochen hatten. Jacob hatte sich seine Meinung allein aufgrund des einzigen Textes gebildet, den er je über Fußfetischismus gelesen hatte: ein kurzer Artikel in *Psychology Today*. Der Autor hatte darin Berlin zitiert, der erklärt hatte, ohne seine Aufmerksamkeit auf die Füße zu richten, könne der Fetischist »üblicherweise nicht erregt werden«. Aufgrund dieser und weniger anderer Bemerkungen hatte Jacob das Gefühl, der Psychiater sei in der Lage, in seine Seele zu blicken. Bald hielt er Berlin für »gottgleich«. Er hörte sogar auf, in die Synagoge zu gehen, weil er sich von einem Gott, der ihn zu einem solchen Alien gemacht hatte, verraten fühlte. Berlin wurde zu seiner Gottheit, beruhigenderweise einer jüdischen, denn auf einem der Bücherschränke in seinem Büro stand eine Thorarolle. Der Psychiater erschien ihm allwissend, seine Vergebung und sein Mitgefühl wirkten bedingungslos. Seine Villa war wie Toronto, ein sicherer Hafen.

Berlin prüfte die Tests und rief Jacob in sein Büro, um mit ihm zu sprechen. Jacob zeigte ihm die Kopie des Artikels aus *Psychology Today*, die er aufgehoben hatte: eine Opfergabe. Die Schneestiefel und Socken und die ersten Erinnerungen an Verlangen im Alter von sieben Jahren, die Telefonumfragen, die er manchmal an einem Tag mehrmals durchgeführt hatte, die elektrisierende Wirkung der Füße auf dem Armaturenbrett, der Horror in jedem Frühling, die ewige Demütigung – Jacob gab seine ganze Geschichte preis.

»Ich denke, ich kann Ihnen helfen«, sagte Berlin.

»Meinen Sie?«

Der Arzt erzählte ihm von einem Patienten, der auf Ohrläppchen fixiert gewesen war, und versicherte ihm, er sei gar nicht so eigenartig. »Ich denke, ich kann Ihnen helfen«, wiederholte er noch mal.

»Das glaube ich nicht«, sagte Jacob.

»Ich kann Sie nicht heilen. Ich will keine falschen Erwartungen bei Ihnen wecken, denn das wird nie vergehen. Aber ich kann Ihnen helfen.« Berlin erklärte ihm das Prinzip der Antiandrogene, ihre Wirkung auf den Sexualtrieb, auf körperliche Erregung und auch die Nebenwirkungen, die Möglichkeit, Brüste zu entwickeln, und dass seine Knochenstruktur schwächer und krummer werden könnte.

Jacob war zu verzweifelt, um lange zu überlegen. »Sie können vielleicht das Körperliche kontrollieren, aber nicht das Mentale«, beharrte er und versuchte, gar nicht erst zu hoffen, um sich gegen eine Enttäuschung zu wappnen. »Sie können meine Gedanken nicht kontrollieren.« Denn es waren seine Gedanken, die er mehr als alles andere eliminieren wollte. Er wollte die Quelle dessen vergiften, was er als Zentrum seines scheußlichen Daseins empfand.

»Sie irren sich«, sagte Berlin.

»Ich hoffe, dass ich mich irre.«

»Das tun Sie. Es wird mental einen Unterschied bewirken.«

Jacob dachte, was für ein Blödsinn. Sie wissen ja nicht, wie stark das ist. Er sagte jedoch: »Ich werde tun, was immer Sie mir sagen. Ich werde Ihnen bezahlen, was immer es kostet. Ich halte das nur einfach nicht mehr aus, ich kann einfach nicht mehr so sein. Sagen Sie mir nur, was ich zu tun habe.« »Ich bin noch nie jemandem begegnet, der so zugänglich war.« Berlin lachte freundlich. »Normalerweise muss ich mit den Leuten ringen.«

»Mit mir werden Sie nicht ringen müssen.«

Berlin wusste eigentlich selbst nicht so genau, warum er am College in den Sechzigerjahren von der Psychologie zur Psychiatrie gewechselt hatte – zu einer Vision, die den Fokus stärker auf das Biologische richtete und sich von der Natur mehr Aufschluss über das Verständnis der sexuellen Neigung versprach als von der Prägung durch die Umwelt. Er erinnerte sich daran, im Grundstudium von einem Wissenschaftler gehört zu haben, der Bedürfnisse wie Durst beeinflusste, indem er Elektroden ins Gehirn implantierte. Und er erinnerte sich an das Experiment von Heinrich Klüver und Paul Bucy mit Affengehirnen: Nach der Läsion der vorderen Schläfenlappen beobachteten sie eine total übersteigerte sexuelle Aktivität, nicht nur mit Artgenossen, sondern mit einer Vielzahl unbelebter Gegenstände. Eine Verletzung dieser Hirnregion kann auch beim Menschen zu einer Art wahllosem und ungezügeltem Verlangen führen.

Nach Berlins eigener Aussage gab es jedoch keinen Moment, auch keine Reihe von Momenten, in dem oder in denen eine Entscheidung oder Eingebung seine Vision erzeugt hat. In solchen Termini schien er nicht zu denken. Eher war es so, dass seine Sichtweise sich aus unerfindlichen Grün-

43

den ergab – genau wie er das von den erotischen Vorlieben seiner Patienten annahm. All die Gespräche und die ganze Innenschau konnten die Ursachen nicht zutage fördern. Als Jacob ihn bei ihrer ersten Begegnung fragte: »Warum bin ich so?«, antwortete Berlin: »Weil Sie so gepolt sind.« Und als Jacob bei jedem weiteren Termin fragte: »Warum? Warum? Ich möchte eine Antwort auf das Warum. Ich brauche eine Antwort darauf«, entgegnete Berlin jedes Mal das Gleiche, manchmal fügte er noch die rhetorische Frage hinzu: »Warum sind Menschen homosexuell?« Dann berichtete Jacob Berlin von der Theorie, die sein erster Therapeut entwickelt hatte: Dass er damals in der zweiten Klasse, als er wegen seiner Leseschwäche unbedingt vermeiden wollte, aufgerufen zu werden, den Blick immer auf den Boden gerichtet hatte; irgendwie hätte er dann in diesen emotionalen Momenten der Sehnsucht nach Entkommen damit begonnen, die Füße seiner Mitschüler zu erotisieren. Berlin verwarf diese Idee.

Die meisten seiner Kollegen hatten inzwischen Zweifel an erfahrungsbezogenen Erklärungen. Der Sexualforscher Greg Lehne jedoch, sein Kollege an der Hopkins und in der Villa, sagte mir, dass der Zusammenhang mit Jacobs Klassenzimmer im zweiten Schuljahr »vollkommen schlüssig ist. Die sexuellen Vorlieben der Leute sind sehr spezifisch. Wissenschaftler neigen heute dazu, nach genetischen oder pränatalen Ursachen zu suchen, aber warum Leute auf bestimmte Eigenschaften verliebt reagieren, warum eine Statur, die Form eines Mundes, die Nase oder auch ein warmherziger oder sadistischer Zug uns ansprechen – woher kommen diese Neigungen? Sie müssen von Erfahrung, von Sinneseindrücken geprägt sein«.

Lehne, ein Mann mit rundlichem Gesicht und streng zurückgekämmtem, ergrautem Haar, erzählte mir, wie die Verbreitung bestimmter Fetische sich auf Veränderungen in der jeweils bestimmenden Gesellschaftsschicht auswirkte. Fetische aus Gummi erlebten einen Rückgang, nachdem die Zeit der Gummihosen für Kinder vorbei war. Haarfetischismus ging zurück, nachdem Mütter und ältere Schwestern kein Ritual mehr daraus machten, abends ihre Zöpfe zu lösen und das Haar mit einer vorgeschriebenen Anzahl von Bürstenstrichen zu kämmen. Es sei zwar unmöglich, solche Veränderungen präzise zu quantifizieren und Zahlen bezüglich bestimmter Paraphilien zu nennen, erklärte er, aber die Veränderungen ließen sich anhand von Pornografie und der Bedürfnisse, auf die diese zugeschnitten sei, nachvollziehen.

Lehne tat die genetische, pränatale Variante nicht komplett ab, aber er vermutete, dass die Physiologie des Gehirns zutiefst davon beeinflusst sei, was der Verstand aufnehme. Er untersuchte Paraphilien als eine Möglichkeit, Einblick in die Funktionsweise jeglichen Verlangens zu gewinnen. Und größtenteils betrachtete er die Richtung, die der Eros einschlug, als erlernt und nicht angeboren. Das von ihm verfasste kartografische System einer *lovemap*, einer Liebeskarte, hat er sich von dem legendären Hopkins-Psychologen John Money abgeschaut. »Es funktioniert wie eine multisensorische Kamera, die in Abständen Bilder von der unmittelbaren Umgebung macht und sie als Abbildungen des sexuellen Terrains speichert.«

Ein junges verheiratetes Paar hatte Berlin zu seiner Karriere im Bereich Sexualkunde verholfen. Als er Mitte der Siebzigerjahre noch als Facharzt in Ausbildung an der allgemeinen

Psychiatrie der Hopkins tätig war, kamen der Mann und die Frau auf seine Station. Der Mann hatte einen etwa 40 Zentimeter langen Holzprügel bei sich, an dem eine schwere Eisenkette befestigt war. Sie erzählten ihm von einem Guillotine-ähnlichen Loch, dass er in ihre Schlafzimmertür geschnitten hatte. Noch war niemand ernstlich verletzt worden, aber seine Fantasien waren brutal, und Berlin erinnert sich daran, dass beide fürchteten, »die Sache könne bald total außer Kontrolle geraten. Er hatte Angst, seine Frau zu töten, und sie fürchtete dasselbe. Das waren einfache Leute. Sie hatten keine Vorstellung davon, wie viele Paare so etwas machten oder auch nicht«.

Als er versuchte, den Fall mit seinen Vorgesetzten und Kollegen zu besprechen, geriet Berlin in Schwierigkeiten. Das Thema schien sie abzustoßen, und Berlin wurde schon dafür kritisiert, die ordinäre Sprache des Mannes wiederzugeben, wie er sie in seinen Notizen zu dem Fall festgehalten hatte. Konkret ging es um »wichsen«. Er registrierte den Makel, der selbst unter lauter Psychologen und Psychiatern jemandem anhaftete, dessen sexuelle Konstitution nach eigener Einschätzung etwas anders war. Er spürte ein instinktives Unbehagen gegenüber Sex im Allgemeinen.

Als Berlin mir diese Geschichte erzählte, erinnerte ich mich an ein Interview, das ich mit einer Paartherapeutin in Manhattan geführt hatte. Sie berichtete mir, dass sie und eine Gruppe von Kollegen sich oft über die Tatsache unterhielten, dass nicht nur in Einzelgesprächen, sondern auch in der Paarberatung Sex vom Therapeuten oft als Letztes angesprochen wird – und manchmal sogar überhaupt nicht.

Berlin hatte den Prügel, den der Ehemann ihm ausgehändigt hatte, aufbewahrt. Er lag in einem sperrigen alten Safe im Keller seiner Villa. Den Mann hatte er mit Antiandrogenen behandelt. Daraufhin berichtete der Patient, seine sadistischen Fantasien seien verschwunden, seine Erektionsfähigkeit und Sexualfunktion jedoch erhalten geblieben. Das war nun schon lange her, und man konnte unmöglich überprüfen, ob und in welchem Ausmaß es stimmte. Diese Antiandrogene konnten den Sexualtrieb insofern angreifen, als sie eine Paraphilie neutralisierten, während sie ein gewisses Maß an konventionellem Verlangen und Potenz bestehen ließen. Das war zwar ungewöhnlich, aber bekanntermaßen möglich. Doch weder damals noch heute wusste beziehungsweise weiß man über das System der Erregung im Gehirn und im Körper gut genug Bescheid, um die Auswirkung vorhersagen zu können. Niemand vermochte es zu erklären. Die Kräfte des Eros zu begreifen, das war so unausgegoren wie die Erkenntnisse über Testosteron hundertfünfzig Jahre zuvor. Damals hatte ein deutscher Zoologe jungen Hähnen die Hoden abgeschnitten und dann beobachtet, dass ihre leuchtend roten Kämme genauso verkümmerten wie das Interesse an den Hühnern in ihrer Umgebung. Wenn er daraufhin die abgetrennten Hoden wieder in den Bauch eines Hahns implantierte, wurde alles wieder normal, woraus man schließen konnte, dass die Hoden eine Substanz enthielten, die für die Sexualität entscheidend war. Das Hormon wurde erst neunzig Jahre später von einem holländischen Wissenschaftler entdeckt, der aus fast einer Tonne Stiertestikeln weniger als ein Drittel Gramm Testosteron gewann.

Nach zwei oder drei Jahren Behandlung meldete sich das Paar mit dem Holzknüppel nicht mehr. Berlin hörte nie wieder von ihm. Ihm blieb nur die Waffe als Erinnerung an diesen Fall, der seine Faszination geweckt hatte und den Beginn seiner beruflichen Laufbahn bedeutete. An der Hopkins wurde John Money früh zu seinem Mentor. Money hatte ein Jahrzehnt zuvor den Fall eines Babys übernommen, dessen Penis bei einer missglückten Beschneidung versengt worden war. Die Eltern waren in Sorge, dass ihr Sohn nie als normaler Mann würde leben können, und Money, Pionier in seiner Arbeit mit Hermaphroditen und überzeugt, dass Geschlecht und sexuelle Orientierung durch soziales Lernen in der frühen Kindheit geprägt werden, überredete die Eltern, den Jungen Bruce als Mädchen Brenda großzuziehen. Seine Hoden wurden entfernt und eine rudimentäre Vagina konstruiert. Brenda erhielt auch Östrogene, damit ihre Brüste sich entwickelten. Money verfolgte die Entwicklung seiner Patientin und schrieb darüber, wie sie als Mädchen gedieh. Der Fall wurde im *Time Magazine* und in der *New York Times* gefeiert.

Er schrieb auch über Paraphilien, katalogisierte alle Typen und prägte auch die Bezeichnungen für einige. Von Acrotomophilie – einer Form, bei der sexualerotische Erregung und die Erleichterung oder Ermöglichung des Orgasmus die Reaktion auf einen amputierten Partner sind oder sogar von diesem abhängen – bis zur Zoophilie, dem Verlangen nach Tieren. Paraphilien wurden nach Moneys Ansicht in der Kindheit angelegt; sie waren eher ein Produkt des Lernens als der Biologie, eher anerzogen als angeboren. In der Frage nach dem Warum sexueller Abweichungen, die sich, soweit die Wissenschaft weiß, größtenteils auf die menschliche Spezies beschränken, verwies er auf die Differenziertheit des menschlichen Gehirns. Erotische »Diversität«, so erklärte er, »sei vielleicht der unvermeidliche Ausgleich der Evolution – der Preis, der für die Befreiung des Primatengehirns bezahlt werden musste, damit die einzigartige humane Entstehung der syntaktischen Sprache und der kreativen Intelligenz möglich war.«

Moneys Denkweise war provozierend human. Er sprach von Männern wie Jacob, aber auch von Sadisten, Nekrophilen und Pädophilen, als Menschen, die nicht nur ein abnormes Verlangen hätten, sondern an »Liebeserkrankungen« (*disorders of love*) litten. Er war bereit, auch Paraphilen die üblichen Abläufe wie anfängliches Verlangen, sich Verlieben und längerfristige »Paarbeziehung« zuzugestehen. Er hätte vielleicht argumentiert, dass − verdammt durch seine Verfassung − ein Mann wie Michael Ross nicht nur nach Sex, sondern nach Liebe suchte, wenn auch auf seine mörderische Weise. Er sprach von der Zärtlichkeit und Liebe, die Pädophile oft ihren Opfern gegenüber empfänden; er bestand sogar darauf, dass diese Gefühle echt seien und erwidert werden könnten. »Wenn ich den Fall eines Jungen mit zehn oder elf erleben würde, der sich intensiv erotisch zu einem Mann in den Zwanzigern oder Dreißigern hingezogen fühlte, wenn die Beziehung total einvernehmlich und die Bindung völlig einvernehmlich wäre, dann würde ich das in keinster Weise pathologisch nennen.«

Berlin war verblüfft von der Komplexität und Gewagtheit der Ideen seines Mentors, aber seine Denkweise war gemäßigter, und nie teilte er Moneys Ansicht, wonach Anerzogenes wichtiger sei als Angeborenes. Inzwischen hatte er den Eindruck, dass die Zeit ihm recht gegeben hatte. Moneys publizierten Berichten zum Trotz hatte Brenda, mit ihrer künstlichen Vagina und den durch Hormone gewachsenen Brüsten, nie die Psyche eines Mädchens entwickelt, obwohl ihre Eltern sie wie ein Mädchen erzogen und ihr nie von dem ärztlichen Kunstfehler bei der Beschneidung und dem psychologischen Experiment, das über ihr Geschlecht entschied, erzählt hatten. Sie verweigerte dennoch weitere Operationen an ihren Genitalien. Sie fühlte sich fremd und gewalttätig und verstört, bis ihr Vater ihr, als sie 14 war, endlich gestand, was man mit ihr gemacht hatte. Bald machte Brenda sich daran, wie ein Mann zu werden, so wie die Natur es für sie vorgesehen hatte. Sie unterzog sich einer beidseitigen Mastektomie und bekam einen Penis und Hoden aus Gewebe und Kunststoff. Sie injizierte sich Testosteron, um männlichere Muskeln zu entwickeln, und sie nannte sich fortan David. Am Ende nahm David sich das Leben.

Berlin sprach von diesem Scheitern und auch von anderen gescheiterten Fällen – mit Pädophilen. »Money war der Erste, der Medikamente einsetzte, um das Testosteron zu senken. Seine damalige Theorie, und ich hoffe, ihm damit gerecht zu werden, beruhte darauf, den Leuten eine Auszeit von ihrer Sexualität zu gewähren und damit der Psychotherapie Zeit zu geben, um zu wirken. Einige andere Wissenschaftler und ich durften, mit seiner Erlaubnis, die Ergebnisse ansehen. Wir fanden heraus, dass die Leute nicht rückfällig wurden, solange sie die Medikamente nahmen, allerdings wurde ein sehr großer Prozentsatz, der sich auch einer Psychotherapie unterzog, rückfällig – sobald die Patienten die Medikamente absetzten. Inzwischen betrachten wir die Medikation nicht mehr als Behandlung, während man darauf wartet, dass die Psychotherapie anschlägt, sondern eher wie Insulin bei Diabetes. Das brauchen Betroffene langfristig, um sich unter Kontrolle zu halten.«

Wenn er an die Ursachen bestimmter Triebe dachte –

Michael Ross' Sadismus, Jacobs Fußfetischismus oder die harmlosesten erotischen Vorlieben der harmlosesten Heterosexuellen –, ließ Berlin zwar die potenzielle Rolle kindlicher Erfahrung gelten, maß ihr aber nicht viel Bedeutung bei. Die Verbindungen schienen zu vage und ein schlüssiger Nachweis unwahrscheinlich. Er glaubte, dass die Ursachen primär in der Biologie angesiedelt wären, dass sie sich als »einprogrammiert« herausstellen würden, sobald der technische Fortschritt es erlaubte, das Gehirn besser zu durchleuchten. Er klagte über den Verlust des freien Willens, den diese Prophezeiung zu implizieren schien. Er machte sich Sorgen, dass ein solcher biologischer Determinismus die Vorstellung vom Geist im Unterschied zum Gehirn verdrängen würde. Er befürchtete, eine Orwell'sche Welt, in der neurologische Kenntnisse präzise genug wären, um die sexuellen Regionen des Gehirns zu manipulieren, um abweichende Triebe zu eliminieren oder auch um sexuelle Anomalien schon im Mutterleib zu diagnostizieren und Feten entsprechend abzutreiben. Doch vor der angeborenen Macht der Biologie gab es kein Entrinnen.

Für Berlin bestand bei jemand wie Jacob die einzige Lösung darin, die Biologie mit ihren eigenen Waffen zu schlagen, egal, wie primitiv diese auch sein mochten: also Antiandrogene zu verschreiben und zu hoffen, dass Jacob, auch wenn die Lust ausgelöscht wäre, in sich selbst zumindest eine schwache Ausprägung der konventionellen Triebe entdecken würde. Das hatte nicht nur bei dem Sadisten funktioniert, der Berlin seinen Knüppel ausgehändigt hatte, sondern kürzlich auch bei einem anderen Patienten. Der voyeuristische Gynäkologe, der seine Praxis verloren hatte und strafrechtlicher Verfolgung nur knapp entgangen war, bevor er sich hilfesuchend an Berlin wandte, berichtete mir, dass der blanke Trieb durch Lupron komplett verschwände, aber dass andere Sehnsüchte – die Partnerin zu befriedigen, der allgemeinen Erwartung zu entsprechen, wonach ein verheiratetes Paar Sex haben sollte – ihn weiterhin motivierten. »Der Hautkontakt«, fügte er hinzu. »Das Gefühl, jemand nahe zu sein. Und der Orgasmus fühlt sich immer noch gut an. Man wird nicht mehr von der primitiven Seite des eigenen Gehirns angefeuert. Sex kann dann als sehr vertrackte Sache erscheinen, mehr Aufwand als sich lohnt, im Sinne von ›wozu das Ganze‹.« Er erwähnte, dass er Viagra benutzte, was Berlin einigen seiner Patienten auf Antiandrogen verschrieb. Und zwar bei solchen, die relativ harmlose Paraphilien in den Griff bekommen hatten, damit sie, auch ohne drängendes Verlangen, noch erektionsfähig und in der Lage wären, ihre zarteren Sehnsüchte auszuleben. Er erwähnte auch, dass sein Penis leicht geschrumpft sei, seit er begonnen habe, Lupron zu nehmen. Dann lachte er: »Ich frage mich, was passieren würde, wenn alle Männer es sechs Monate lang schluckten. Denken Sie nur an die Werbebranche. All die Spots, die auf den primitiven Sexualtrieb ausgerichtet sind. Dann müsste man eine neue Form finden, um Geländewagen und Bier zu verkaufen.«

Berlin sagte mir hinsichtlich seiner Erfahrung mit Männern wie diesem Gynäkologen: »Ich würde da zwischen Essen, um heftigen Hunger zu stillen, und Essen, um den Geschmack von Speisen zu genießen, unterscheiden. Diese Typen auf Lupron reagieren nicht auf einen Hunger nach Sex, aber dennoch kann der Sex sich gut anfühlen; den Geschmack können sie immer noch genießen.«

Er konnte nicht sagen, ob Jacob auf Lupron überhaupt

noch sexuelles Verlangen empfinden würde, eine Neigung zum Essen um des Geschmacks willen, während der Hunger verschwunden war. Aber er fühlte sich veranlasst, das Medikament zu verschreiben. Er war sich sicher, dass er den Hunger besser auslöschen sollte, obwohl Jacob niemand ein Leid zugefügt hatte.

Eines Abends, ein paar Jahre nachdem er Berlin kennengelernt und mit Lupron begonnen hatte, leitete Jacob eine Selbsthilfegruppe für Menschen mit bipolarer Störung und Depressionen. Er hatte die Gruppe mithilfe des Bunds für seelische Gesundheit in seiner Heimatstadt gegründet und war inzwischen Vorsitzender im Vorstand der Organisation. An diesem Abend im März, als die Schneewände entlang der Straßen richtig hoch waren, legte er kleine Pizzen und Cookies und Broschüren auf einem Resopaltisch aus. Zu den Gruppentreffen zweimal im Monat verließ er das Haus immer früh, um genug Zeit zu haben, etwas zum Naschen zu kaufen und alles nett herzurichten, bevor die Mitglieder kamen. Die ungefähr dreißig Broschüren, Büchlein und Flyer erläuterten eine Vielzahl emotionaler Störungen und deren Behandlungsmöglichkeiten, von Aromatherapie bis hin zu Elektroschocks. In den Jahren, seit er die Gruppe gegründet hatte, hatte Jacob kein einziges Treffen versäumt. Noch in den schlimmsten Schneestürmen hatte er sein Auto freigeschaufelt und war zu dem Bürogebäude gefahren, wo man ihnen freundlicherweise einen Konferenzraum im Keller zur Nutzung überlassen hatte. Während er seine Einfahrt vom Schnee befreite, hatte ihn immer die Sorge getrieben, ein einsames Mitglied könnte auf dem verschneiten Parkplatz warten, verzweifelt und verlassen.

Vier lange beigefarbene Tische waren zu einem Quadrat angeordnet, und an diesem Abend waren auch alle 25 Stühle besetzt. »Wir sind heute Abend eine ziemlich große Runde«, begann Jacob ein paar Minuten nach der für das Treffen vereinbarten Zeit, »also sollten wir darauf achten, den geplanten Ablauf einzuhalten.« Die Mitglieder stellten sich selbst der Reihe nach vor, genauso wie die zwei Besucher, Psychologiestudenten vom nahe gelegenen College. Dann erzählte eine Frau, dass sie ihre Pillen nicht genommen und daraufhin Wahnvorstellungen bekommen habe: Sie hatte Messer gesehen, die sie zwingen wollten, sich selbst zu zerstückeln. »Ich war nie so, bis ich vor vier Jahren den Autounfall hatte«, erklärte sie. »Die Leute in der Arbeit sagen: ›Kannst du dich nicht einfach zusammenreißen?‹«

»Die Leute können das nicht verstehen«, bestätigte Jacob leise und beruhigend.

Eine andere Frau brachte Elektroschocktherapie ins Spiel, erst für die Frau, die Messer gesehen hatte, dann für sich selbst. Jacob gestand, dass er sie als Therapie schon erhalten habe. »Das ist nicht mehr so wie früher. Nicht diese barbarische Behandlung, wie man sie aus *Einer flog übers Kuckucksnest* oder *A Beautiful Mind – Genie und Wahnsinn* kennt.«

Ein apathisch wirkendes Mädchen im College-Alter mit mattem, blondem Haar beklagte sich über die Gruppensitzungen in einer staatlichen Einrichtung »mit Menschen, denen es schlechter geht als mir«, die ihre Therapeutin ihr verordnet hatte. Es war offensichtlich, dass sie es nicht aushielt, mit Patienten zusammenzusitzen, die ihr noch verlorener erschienen als sie selbst. »Ich möchte diese Phase einfach überspringen und normal sein«, sagte sie mit absolut monotoner Stimme. »Muss ich da hin?«

»Ja«, sagte Jacob. »Ja, ja, das musst du. Es ist wichtig, aus dem Haus zu kommen. Es ist wichtig, sich nicht zu isolieren.« Er nahm seine Armbanduhr ab und legte sie vor sich hin, um die Zeit im Blick zu haben und dafür zu sorgen, dass jeder zu Wort kam.

»Heute ist mein Geburtstag«, ließ ein Mann, der zum ersten Mal da war, die anderen wissen. »Und diese Gruppe ist mein Geschenk an mich. Ich habe Schmerzen. Ich habe Schmerzen.«

»Happy Birthday«, sagte Jacob freundlich, nachdem der Mann mit dem Bericht über seine qualvolle emotionale Reise, die ihn hierhergeführt hatte, fertig war.

»Happy Birthday«, echote die ganze Gruppe und hieß ihn so willkommen.

Ein Mann mit bipolarer Störung erzählte, die Medikamente gingen ihm aus, weil es Probleme mit seiner Versicherung gebe. Eine Frau bot ihm ein paar von ihren Pillen an. »Nein«, warnte Jacob. »Kommen Sie nachher zu mir. Dann werde ich Ihnen konkrete Möglichkeiten aufzeigen. Gegen dieses Problem können wir etwas tun.«

Jemand fragte nach dem Vagusnervstimulator, und Jacob erklärte, wie der funktioniert. Dabei wird ein batteriebetriebener Generator in die Brust implantiert. Elektroden führen zum Nacken, wo der *Nervus vagus* in den Hirnstamm mündet; dorthin abgegebene pulsierende Stromstöße scheinen Depressionen zu mildern.

»Ich habe mich einer Schreibwerkstatt angeschlossen«, verkündete eine junge Frau. »Jetzt arbeite ich an drei Romanen und habe auch schon ein paar Kurzgeschichten verfasst.« Sie gestand, dass sie ihrem gegenwärtigen Optimismus nicht ganz traue. Dass sie sich frage, ob dies der Beginn einer manischen Phase sei.

»Manisch!«, riefen ein paar andere und lachten wissend. »Manisch!«

»Als ich das erste Mal manisch war«, meldete sich eine teilweise zahnlose schwarze Frau zu Wort, »und das ist schon eine Weile her, machte ich Autostopp an der Hauptstraße von Houston, angezogen war ich – wie nennt man das noch mal? – freizügig. Ich war auf dem Weg zu einem Playback-Gesangswettbewerb, weil ich dachte, damit könnte ich mir ein bisschen Geld verdienen. Die Polizei nahm mich mit, weil man mich für eine Nutte hielt. Da saß ich also im Knast und erklärte: ›Ich bin doch keine Nutte, ich bin Playback-Sängerin.‹«

»Na bitte, das ist dann *dein* Roman«, sagte ein Mann.

Alle lachten schallend.

»Es tut so gut, unter Leuten zu sein, die das kapieren«, sagte eine Frau.

»Happy Birthday«, sagte der Neuankömmling zu sich selbst, und es klang wirklich, als würde er sich selbst gratulieren und willkommen heißen.

Jacob hatte sich diese Welt zweimal pro Monat erschaffen, und er übernahm dort die Führung, auch wenn sein eigenes Leid Vergangenheit war. Niemand in der Gruppe wusste, dass seine Sexualität ihn derart gequält hatte, dass er sich entschlossen hatte, sie zu eliminieren. Niemand wusste, dass die Elektroschocks, die er beschrieben und denen er sich vor und nach der Behandlung durch Berlin unterzogen hatte, ein Versuch gewesen waren, sich von einer schlimmen und nicht nachlassenden Depression zu befreien, die seine Sexualität ausgelöst hatte.

Berlin hatte zumindest in einem Punkt recht gehabt. Der Angriff von Lupron auf das Testosteron, auf dieses eine Hormon, war auch ein Angriff auf seine Gedanken gewesen. Nicht nur die körperliche Erregung schien unmöglich zu werden, auch die Fantasien verschwanden, genauso wie die ständige Aufmerksamkeit für Füße und die permanente Empfänglichkeit für Verlangen. Eine tiefgreifende Bewusstseinsänderung fand statt, als hätte die Psyche sich des Eros entledigt.

Allerdings nicht vollständig, vielmehr lauerte der Eros da und dort und gewährte ihm Stunden empfindungsloser Ruhe, um dann auszubrechen und ihn mit einer Sehnsucht zu erfassen, die zwar ein wenig abstrakter, aber nicht weniger schmerzhaft war. So kamen in einem Fernsehwerbespot in einer Szene barfüßige Teenager vor. Oder eine junge Verkäuferin bat, die Füße seines Sohns zu vermessen, als Jacob ihm neue Skischuhe kaufen wollte. In solchen Momenten war seine Sehnsucht vielleicht sogar heftiger denn je, weil die Möglichkeit, sie zu stillen, so fern war. Er masturbierte nicht mehr wie in der Vergangenheit bei nächster Gelegenheit. Er explodierte auch nicht mehr, ohne dass er sich anfasste. Er wurde nicht mehr so leicht steif und gestattete es sich auch nicht, sich derart hineinzusteigern. Er verbot sich das Masturbieren. Sah er die barfüßigen Teenager im Fernsehen, schlug er nur mit der Faust auf den Tisch.

Sex mit seiner Frau gab es überhaupt nicht mehr. Ihm war nicht klar, was sie von seinem Trieb wusste, den er medikamentös unterdrückte. Offenheit hatte er immer vermieden, und bei ihrem ersten längeren Gespräch hatte auch Berlin ihm geraten, die Sache vage zu halten. Sie schien sich ihren Reim auf das zu machen, was er verschwieg.

Er hatte es mit hoch dosiertem Viagra probiert. Das nützte nichts. Jacob dachte, wenn er sich auf die Füße seiner Frau konzentrierte, sie ansah, streichelte und drückte, dann würde er genug Verlangen erzeugen, um das Lupron zu überwinden und eine Erektion zu bekommen, insbesondere wenn er zusätzlich noch Viagra nahm. Aber er wollte mit diesen grotesken Lüsten nichts zu schaffen haben, und das Lupron dämpfte seinen Trieb so stark, dass ihm diese Selbstverleugnung gelang. Er schaute nicht, er streichelte nicht. Ihre Füße blieben unter der Decke, während sie versuchten, sich zu lieben. Er blieb schlaff. Irgendwann hörten sie auf, es zu probieren.

Greg Lehne und Kate Thomas, eine weitere Kollegin von Berlin, erzählten mir, dass Menschen wie Jacob nicht nur gestraft sind, sondern auch über eine besondere Fähigkeit zur Ekstase verfügen. »Man kann ihre Erfahrungen und normale Sexualität nicht einmal vergleichen«, erklärte Lehne. »Das ist ein hyperpositives sexuelles Erlebnis.« Und Thomas fügte noch hinzu: »Ich glaube, wir haben mit unserem Sexualleben keinen Schimmer davon, was sie empfinden.« In Jacobs Fall war eine Erklärung, dass seine Furcht in der zweiten Klasse, aufgerufen zu werden, sich schon zu echten Panikattacken entwickelt hatte, während er den Blick senkte. Irgendwann verwandelte sich seine Furcht in eine ebenso extreme sexuelle Erregung. Aber Lehne betonte, das sei nur eine Theorie; in allen Fällen blieben die Ursachen rätselhaft.

Angesichts dieser harmlosen Paraphilie sahen Lehne und Thomas ihre Hauptaufgabe im Zuhören. Dabei erhofften sie sich für den Patienten, dass er sich irgendwann selbst akzeptierte. Heilung in Form der Verwandlung des Triebs mochte zwar unmöglich sein, aber ein gewisses Maß an Frieden schien erreichbar. Jemand wie Jacob zu behandeln, bedeutete, den Versuch zu unternehmen, die Scham zu beseitigen und die Ausrichtung des Triebs in die Ehe zu integrieren. Warum konnten die Füße seiner Frau nicht gezeigt und betrachtet, zur Schau gestellt und begehrt, dargeboten und berührt werden? Warum konnten diese Gesten und die entsprechenden Reaktionen nicht manchmal Teil des Vorspiels sein oder manchmal im Aneinanderlegen ihrer Füße und seinem zwischen sie eindringen gipfeln? Wurde Ähnliches nicht auch mit Brüsten und Pobacken gemacht? Wurden diese Körperteile nicht durch alle Arten von Kleidung, Bademode und Dessous präsentiert, damit man sie anstarrte und anfasste? Warum sollten Füße nicht vergleichbare Objekte und Teil der Erotik – und des Liebeslebens eines Paars sein? Genau wie es bei so vielen Männern und Frauen die verbreiteten sekundären Geschlechtsmerkmale sind.

»Ich habe drei Scheiß-Dates an einem Wochenende.« Winston Wilde, ein Psychologe aus Los Angeles, erzählte mir, dass ein Patient, der an Koprophilie litt, ihm das soeben gesagt hatte. Wilde verunglimpfte das Verlangen seines Patienten, mit dem Kot seiner Partnerin beschmiert zu werden oder diesen zu essen, nicht. Er zitierte den Mann vielmehr in feierlichem, geradezu überschwänglichem Ton, als ein Zeichen seines therapeutischen Erfolgs. »Ein wichtiger Aspekt der Sexualtherapie ist das Erlauben«, sagte er. »Es ist wichtig, für Information zu sorgen. Manchmal verändert es das ganze Leben von Menschen, wenn man sie nur auf eine Internetseite verweist. Ich normalisiere ihre Situation immer gern.«

Berlin sprach nicht viel von Erlaubnis. Man konnte sich kaum vorstellen, dass er die »Scheiß-Dates« eines Patienten stolz als Beweis einer erfolgreichen Therapie verkündet hätte. Er hoffte jedoch, eines Tages Jacob und seiner Frau zu erotischer Intimität verhelfen zu können, allerdings schien der Eros, der ihm vorschwebte, nichts mit Füßen zu tun zu haben. Trotz all des Mitgefühls in seinem Denken schien Berlin genauso wenig bereit, Jacobs Trieb zu akzeptieren wie Jacob selbst. Als ich ihn einmal nach der Möglichkeit fragte, Jacob und seine Frau zu ermutigen, ihre Füße als zündenden Funken ihrer Intimität zu nutzen, ging er nicht richtig auf die Frage ein, und als ich nachhakte, sagte er: »Ich glaube, Jacob ist ziemlich zufrieden damit, überhaupt keinen Sex zu haben, und fühlt sich nicht zwingend beraubt.«

Von Jacob hörte ich nichts dergleichen. Er beschrieb mir nur, wie er mit der Faust auf den Tisch schlug. Und dass er versucht habe, gegen Berlins Rat, Lupron abzusetzen. Kurze Zeit hatte er die Medikation unterbrochen, doch Ekel vor sich selbst und seinem Verlangen hatten ihn rasch zurück zu dem Präparat getrieben. Berlin wusste von diesem Versuch, behauptete aber trotzdem, Jacob mache es nichts aus, ohne Sex zu leben. Manchmal schien es, als wäre es sein bewusster oder unbewusster Ansporn, den abnormen Trieb aus Jacobs Leben »herauszumedikamentieren«.

Dann beschloss Jacob, es noch einmal zu versuchen, ohne die Injektionen auszukommen. Er dehnte dieses Experiment auf ein Jahr aus, konnte sich aber immer noch nicht dazu durchringen, seine Frau über sein Verlangen ins Bild zu setzen. »Weil es nicht normal ist! Weil es nicht richtig ist! Weil ich sie liebe!«, antwortete er mir, als ich nach dem Warum fragte. Er würde sie nicht mit seiner Perversität quälen, sie in seine Monstrosität einweihen. Stattdessen demütigte er sich selbst weiter mit einer Reihe von Prostituierten, bis er zu Berlin und dem Lupron zurückgekrochen kam.

Nach diesem zweiten Versuch äußerte Berlin sich mir gegenüber ambivalenter bezüglich Jacobs Behandlung. »Weil seine Situation weniger gefährlich ist als bei anderen, weil sie kaum eine Bedrohung darstellt, fällt es schwerer zu entscheiden, was zu tun ist, Medikamente verabreichen oder nicht.« Doch letztlich hielt Berlin es für nötig – für die weniger schmerzliche Option seines Patienten. Er sprach davon, »den Geist vom Sex zu befreien. Wenn wir jung sind, mag es undenkbar scheinen, Sex zu eliminieren, aber wenn wir älter sind, empfinden wir das vielleicht als friedlicher und finden in der Kameradschaft mehr Erfüllung. Solange wir hungrig sind, wollen wir essen, doch wenn wir es nicht sind, vermissen wir es möglicherweise gar nicht.«

Berlin nannte Antiandrogene auch ein Gegenmittel, um bei Patienten wie Jacob der Neigung entgegenzuwirken, »Frauen zu Objekten zu machen«. Das klang an sich vernünftig. Doch machte Jacob sie mehr als jeder beliebige andere Mann zum Objekt? Oder machte eine Besonderheit wie die seine nur auf eine universelle Tatsache aufmerksam? Sich zu den Füßen einer Frau hingezogen fühlen, einen so ungewöhnlichen Teil des Körpers zu isolieren, konnte bedeuten, sie zu zerlegen und der körperlichen Anziehung den groben Vortritt zuzugestehen. Sich von Brüsten, Beinen oder Pobacken anmachen zu lassen bedeutete, einen niederen Trieb durch Konvention und Normalität zu dämpfen – dabei blieb der Körper intakt, außerdem bestand noch die Möglichkeit, die Seele einer Frau zu lieben. Die Unterscheidung war willkürlich. Jacobs Verlangen rückte alle Triebe in ein gleißendes Licht, und mir kam es vor, als wäre Berlin dieser Anblick unangenehm. Er hatte während seiner beruflichen Laufbahn schon mit allen Arten von Unannehmlichkeiten gekämpft. Sein Mitgefühl für Sexualstraftäter hatte ihm Schmähungen eingebracht. Seine Kinder waren von ihren Klassenkameraden gehänselt worden, weil ihr Vater sich für Serienmörder einsetzte. Aber dennoch wirkte es so, als wäre die extreme Körperlichkeit von Verlangen, das Animalische daran, zu viel für ihn. Für ihn musste Sex seelenvoll und human sein. Jacobs Eros schien ihn zu ängstigen. Jacob selbst war in Berlins Augen durch und durch menschlich. Sein Trieb war es nicht.

»Sie bringen mich zum Weinen«, sagte Jacob eines Nachmittags. Wir saßen in einem Restaurant in einer der verschneiten Städte entlang seiner Route als Vertreter. Das Lokal war im Pionierstil dekoriert. An den mit groben Brettern verschalten Wänden hingen Wagenräder und Gemälde mit Büffeln. Die Kellnerinnen trugen Kleider aus kariertem Stoff, und die Regale und Körbe im Andenkenladen waren voller kleiner Figuren von Cowboys und Indianerhäuptlingen. Es war Mittagszeit, und das Restaurant wimmelte von Männern und Frauen in tadellosen, aber legeren Büroklamotten: Kakis, weich schwingende Röcke, Sportsakkos, hochgeschlossene Blusen. Nichts an ihrem Aussehen ließ vermuten, dass ihr Leben große Ähnlichkeit mit dem von Jacob hatte. Und vielleicht hielten sehr wenige von ihnen etwas Ähnliches wie sein Leiden geheim. Trotzdem kleidete Jacob sich wie sie, arbeitete in einer ähnlichen Branche wie viele von ihnen, wohnte in einem gemütlichen, bescheidenen Haus wie sie, und man konnte sich leicht vorstellen, dass viele von ihnen einen unsichtbaren Kampf gegen ihr erotisches Ich, gegen ihr Innerstes führten. Der Ehemann, dessen Sehnsucht nach anderen Frauen ihm täglichen Schmerz bereitete; die Ehefrau, deren Verlangen nach jemand oder etwas anderem genauso quälend war; der Mann mittleren Alters, der nie einer Menschenseele gestanden hatte, dass er schwul war, und sich inzwischen für viel zu alt hielt, um sich zu outen; die junge Frau, die sich in der zärtlichen Umarmung ihres Verlobten nach Gewalt verzehrte – sie alle aßen unter den Wagenrädern ihre Pommes.

»Sie bringen mich zum Weinen«, sagte Jacob, weil ich ihn gebeten hatte, sich eine Welt vorzustellen, in der fast alle Männer – 94 Prozent war die Zahl, die mir spontan eingefallen war – Füße als die Erfüllung ihres Verlangens betrachteten. Er nahm seine Brille ab, drückte in seine Augenwinkel und rieb sich den Nasenrücken, um die Tränen zurückzuhalten. »Glauben Sie an den Weihnachtsmann?«, scherzte er, um sich abzulenken. Er wartete, bis er sich wieder im Griff hatte, dann fuhr er fort.

In Toronto habe er, so erzählte er, *Das Phantom der Oper* zum ersten von insgesamt sieben Malen gesehen. Es sei ein weiterer Grund dafür, warum die Stadt der Ort seiner Träume sei. »Der Gesang von Colm Wilkinson« – er spielte das Phantom – »war das Schönste, was ich je in meinem ganzen Leben gehört habe. In manchen der Szenen zitterte ich.« Jacob gab die Geschichte des schrecklich entstellten Mannes wieder, der insgeheim unter der Oper haust und dem die Liebe vorenthalten ist. Er zitierte die Klage des Phantoms: »I've been denied the pleasures of life.« Er beschrieb, wie er am Bühnenausgang des Theaters nach der Vorstellung wartete, bei Temperaturen unter null, um sich von Wilkinson ein Poster signieren zu lassen. »Ich habe mir die Aufnahme gekauft und sie schon dreitausendmal angehört«, sagte er. Dann herrschte für eine Weile Schweigen.

»Ich kann mir nicht vorstellen, wie es wäre zu den 94 Prozent zu gehören. Es müsste so sein, als wäre ich in der Lage heraufzusteigen und in der Welt zu leben.«

II.

Das Leuchtfeuer

Während des Skandals um das Gefängnis von Abu Ghraib bekam die Baroness eine Flut von Anrufen. Die Fotos, die durch die Presse gegangen und im Fernsehen gezeigt worden waren, die Bilder und Beschreibungen der Folter und insbesondere das Foto eines Irakers, der mit einer Kapuze über dem Kopf auf einer Kiste stand, während seine Hände mit Kabeln verbunden waren, zog eine Welle von Anfragen nach sich. Ob sie das für den Anrufer bewerkstelligen könne? Diese Furcht erzeugen, die durch Stromstöße ausgelöst wird?

Eigentlich war sie Modedesignerin. Ihre Etuikleider waren auf ganzseitigen Anzeigen für Spirituosen auf den Rückseiten von Zeitschriften zu sehen. Janet Jackson hatte, zwischenzeitlich mal wieder schlank, in ihren Sachen posiert. Ebenso Kim Basinger. Tänzer in diversen Musikvideos schlängelten und wanden sich in ihren Outfits. Ein vor langer Zeit, als sie in ihrer Arbeit noch einer anderen Ästhetik folgte, von ihr bestickter Kimono hing im Smithsonian Museum. Ihre Boutique war ein schmales Ladenlokal im East Village. Im Keller, zwischen weiß getünchten Ziegelmauern und eng gestellten Arbeitstischen, stellten sie und ihr Stab die Kleider her.

Ihre Kollektion bestand ausschließlich aus Latex. Mit Vorliebe zeigte sie ihrem Gefolge, wie man einen Saum herstellt: Sie legte zwei Teile, mit einer Schicht Klebstoff dazwischen, übereinander und strich mit dem Finger präzise, aber zugleich gefühlvoll über die Nahtstelle. »Latex ist etwas Körperliches«, sagte sie. »Wenn ich jemand beibringe, daraus ein Kleidungsstück zu machen, dann bringe ich demjenigen etwas über Berührung bei. Ich lehre ihn, seinen Finger zu nehmen und die Naht festzulegen. Nicht zu fest und nicht zu sanft drücken. Man muss es einfach im Gefühl haben.«

Ihr Keller war ein Ort der Lust, wo gepeitscht, verkohlt, geschlagen, geschnitten, gewürgt und gebrandmarkt wurde. »Meine Lippen schwellen an«, schilderte sie, was mit ihr passierte, wenn sie Schmerz zufügte. »Mein Herz schlägt schneller, ich bin mir sicher, dass meine Pupillen sich weiten. Ich fühle mich mächtig.« Während sie das sagte, stand sie mit geschlossenen Augen an einem Arbeitstisch. Ihr Haar war ein steif aufragender Flächenbrand aus roten und blonden Strähnen, wie Steppengras, das gerade Feuer fängt. »Ich lasse die Finger von kleinen Instrumenten. Ein Skalpell gestatte ich mir nicht. Sonst würde ich vielleicht einfach tief eindringen, durch Haut, Muskeln, Organe. Ich fühle mich wie Gott. Da ist diese Stille, kurz bevor ich die Peitsche benutze oder meinen Zauberstab, wenn ich jemand in Ekstase versetzen will. Haben Sie je ein Tier beobachtet, das Angst hat, im Scheinwerferlicht erstarrt oder einfach nur Ihre Gegenwart bemerkt? Es hält einfach nur inne. Und während Sie es beobachten, können Sie spüren, wie die Zeit stehen bleibt. Stoppt. Und zwar nicht bloß das Tier, sondern die Zeit. Das Tier scheint Zeit aus der Luft zu saugen. Und Sie sind da und lauschen auf etwas, das gar nicht da ist.«

Sie trug ein rotes Latexkleid mit tiefem Ausschnitt, Push

up-Effekt und enger Schnürung auf dem Rücken. Metallene Blätter ragten aus ihrer Frisur. Sie trug smaragdgrünen Lidschatten, und da sie ihre Augen geschlossen hielt, während sie ihre Eindrücke beschrieb, zitterten ihre – altersbedingt bereits trockenen und faltigen – Lider.

Die Kleidung, die sie verkaufte, war hinsichtlich der Silhouetten eher minimalistisch, doch manches wirkte so extravagant, wie sie selbst stets auftrat.

Sie fühlte sich einer Ära verbunden, die schon mehr als ein halbes Jahrhundert vergangen war, und bezog ihre Inspiration aus den Dreißiger- und Vierzigerjahren. Gerade hatte sie begonnen, an einer bodenlangen Robe zu arbeiten, deren großer Schalkragen und Rüschenärmel dicht mit Spitzen besetzt sein sollten – allerdings würde sie dafür nur Latex verwenden. Und das stellte sie vor ein technisches Problem. Latex ist perfekt, um etwas eng zu umschließen, um dünn und flach anzuliegen. Um aber Volumen herzustellen oder sogar bauschige, luftige Spitze zu erzeugen, ist es dagegen denkbar ungeeignet. Doch genau diesen Effekt hatte die Baroness im Sinn.

Sie schaute auf die Skizze, die sie angefertigt hatte und auf der das Gesicht der Frau teilweise von einem Schleier verdeckt war, der wiederum an ihrem Hut befestigt war. Auch Hut und Schleier würden aus Latex gefertigt. Sie grübelte über dieses Dilemma. Wie lässt sich aus Latex Spitze machen? Das war die Art Frage, die sie mochte. Denn trotz all ihrer Erfahrung in Sachen Mode nannte sie sich selbst einen »Geek«. Sie würde schauen, experimentieren, verwerfen und skizzieren und erneut grübeln. Im Allgemeinen bekam sie so das Unlösbare gelöst. Sie hatte ihre ganz eigene Art, die Dinge zu betrachten.

»Arrangieren Sie das mal«, trug sie mir oben in ihrem Laden auf. Dazu deutete sie auf eine silber- und amethystfarbene Latexblume, eine Postkarte, ein Figürchen, ein Stück orangefarbenes Kabel sowie einige andere Gegenstände, die zufällig auf der gläsernen Theke lagen. Ich fing an, alles anzuordnen, nebeneinander: eine einfache, zweidimensionale Zusammenstellung. Die Möglichkeiten erschienen mir ziemlich begrenzt. Dann übernahm sie. Sie bog die Objekte umeinander, verknotete und verschmolz sie förmlich, sodass neue Dinge entstanden. Sie erkannte, dass diese Objekte sich im Zusammenspiel transformieren ließen.

So ging sie auch mit Menschen um. Sie war eine bekennende Sadistin, die Offenbarung verhieß und sich zum Ziel gesetzt hatte, eine neue Welt zu gestalten. Isaaks Sohn Jakob konnte auf der bestehenden Erde keinen Ort für sich finden. Die Baroness wiederum beabsichtigte, sich eine Welt zu schaffen, die ihr Ort sein sollte. »Jemand Neuen zu haben, ist herrlich«, sagte sie mit ihrem leichten britischen Akzent. Ihre Sprechweise war knapp und dramatisch zugleich, präzise und doch auch ätherisch. »Zu sehen, wie der Körper sich aus der Starre, der Furcht löst, sich hingibt und der Peitsche entgegenreckt. Haben wir dieses Stadium erst einmal erreicht, könnte ich mich auch in einem Raum mit zweihundert Leuten befinden und würde ihre Anwesenheit nicht bemerken. Ich werde dann quasi taub. Oder wie bei Wein. Beim Duft eines bestimmten Weins: die Wange Ihrer Großmutter und Brombeeren. Das überwältigt einen. So zart ist das, aber auch so stark, dass nichts anderes ins Bewusstsein dringen kann.«

Sie ist glücklich verheiratet, seit über zwanzig Jahren in einer ganz konventionellen Beziehung. Seit einem Jahrzehnt scharte sie schon Anhänger um sich. »Ich verspreche ihnen einen sicheren Ort für gefährliche Dinge. Doch das ist gelogen.«

Es klingelte an der Tür, und die Baroness drückte auf einen Summer, um den Kunden hereinzulassen. Er besaß einen Kranz grauer Haare und einen viel deutlicheren britischen Akzent als sie. Er bat sie, einen schwarzen Bodysuit anziehen zu dürfen. Sie zeigte ihm, wie er ein Gleitmittel namens Eros auf seinen Körper auftragen sollte, damit der Latex leichter über die Haut glitt. »Okay«, sagte er.

»Es ist nicht okay«, sagte sie in einem Ton, der verständnisvoll und streng zugleich war. »Es ist ›Ja, Baroness‹.«

»Ja, Baroness.« Er trat hinter den eisblauen Satinvorhang in die Umkleidekabine, die mit Satin im gleichen Farbton ausgeschlagen war. Man hörte ihn durch den ganzen Laden scharf einatmen, während er das Gleitmittel auftrug und sich in den Anzug zwängte.

»Ich glaube, ich bin devot«, sagte er durch den Vorhang.

Sie ließ ein paar Augenblicke verstreichen. »Glaubst du das oder weißt du es?«

Schließlich kam er hervor, und sie begann, das Material zurechtzuziehen und zu glätten. Er gestand, es zu wissen.

»Bist du in Richtung Dienen orientiert?«, fragte sie.

Auf diese Weise oder durch Empfehlung oder per Zufall fand sie ihre Klientel. Manche wurden ihre Sklaven, andere nur Gefolgschaft. Da gab es das Mädchen, das in der Kellerwerkstatt nur »the Girl« genannt wurde. Eine Sekretärin, Anfang zwanzig, groß und kräftig, mit langem, braunem Haar, das sie in der Mitte gescheitelt trug. Erst vor ein paar Wochen hatte sie die Boutique zum Einkaufen betreten und sich sofort zur Baroness hingezogen gefühlt. Sie gehörte allerdings bereits einem Mann, den sie online über eine Kleinanzeige bei *Craigslist* kennengelernt hatte. Wie sich jedoch herausstellte, war dieser Mann bereit, sie mit einer Meisterin zu teilen, die landesweit bekannt war.

Die Baroness hatte gefordert, dass formelle Dokumente aufgesetzt wurden, um die Bedingungen ihrer gemeinsamen Eigentümerschaft genau festzulegen. Man hatte sich zum Abendessen getroffen, um die Details zu besprechen. Die wichtigste Bedingung des Mannes war gewesen, dass man ihn einlud, jeglicher körperlicher Züchtigung als Zuschauer beizuwohnen. Die Baroness war für ihre Strenge berüchtigt. Bei dem Girl hatte sie sich jedoch zurückgehalten: Sie hatte ihr Scheuklappen wie bei einem Pferd verpasst, einen Ballknebel, ihre Extremitäten gefesselt und sie dann von zwei Assistenten mit einem Rohrstock schlagen lassen. Bei dieser Bestrafung hatte das Girl erstickt und schrill geschrien, während der Knebel ihren Kiefer in einem absurden Winkel aufbog. Ihr Blick war verschwommen. Die Baroness übernahm die Züchtigung nicht persönlich, weil das Girl bei ihrer alljährlichen Weihnachtsparty bedienen sollte, und die Baroness, die zu Extremen neigte, sie dort nicht gezeichnet sehen wollte.

Außerdem gab es Greg, einen Fensterputzer mit kantigem Gesicht unter einem kurzen braunen Pony, Typ Outdoor-Model, wie man sie früher in der Zigarettenwerbung manchmal gesehen hat. Er trug ein schwarzes T-Shirt und eine zerknitterte, ausgeblichene Lederjacke. Man konnte ihn sich gut in einer üblichen Pornoszene vorstellen: Beim Putzen eines großen Schlafzimmerfensters, hereingelockt von der Frau, die sich auf dem Bett rekelt. Wenn er die Boutique jeden Nachmittag betrat, präsentierte er sich der Baroness so, wie sie es ihn gelehrt hatte, und zwar unmittelbar hinter der Eingangstür: auf den Knien, die Arme an den Seiten und die Handgelenke so nach hinten gebogen, dass die gestreckten Handflächen und Finger sich parallel zum Boden befanden. Seine Hände wirkten dabei wie gelähmte Flossen. Sie befahl ihm dann, einige Minuten in dieser Pose zu verharren, und korrigierte ihn, wenn seine Handflächen zu sinken begannen.

Hatte er endlich die Erlaubnis, sich wieder zu erheben, begann Greg, seine tägliche Pflicht zu erfüllen und den Metallrahmen der Eingangstür zu polieren. Dabei sorgte die Witterung rasch für neue Flecken, kaum dass er die alten beseitigt hatte. Während er arbeitete, kam der Postbote vorbei. Man grüßte sich und tauschte ein paar Nettigkeiten aus. Zwei einfache arbeitende Männer.

»Hast du dir *Was vom Tage übrig blieb* ausgeliehen?«, fragte die Baroness Greg eines Nachmittags. Er hatte gerade wieder vor ihr gekniet, die Hände in Position, um zu fragen, worin seine nächste Aufgabe bestehe, nachdem er eine Stunde lang den Türrahmen poliert hatte.

»Nein, Baroness. Verzeihen Sie mir, Baroness.«

»Hast du nicht erwartet, dass ich danach frage?«

Zwei Wochen zuvor hatte sie ihm aufgetragen, sich die Geschichte des tadellosen, sich selbst ganz und gar verleugnenden Butlers anzusehen.

»Es ist schwer, diesen Film aufzutreiben, Baroness«, bettelte er um Nachsicht.

Während er mit leicht gespreizten Beinen kniete, trat sie ihm mit schrecklicher Wucht mit der Spitze ihres roten Stiefels in die Hoden. Er erzitterte und knickte nach vorn ein, gab jedoch keinen Laut von sich. Als Nächstes staubsaugte er die Boutique. In einer der Gesäßtaschen seiner Jeans trug er wie gefordert ein kleines Notizbuch mit Spiralbindung bei sich, um sich Notizen zu machen. »Gefalle diene gehorche« stand in Druckschrift auf einer Seite. Auf einer anderen Seite, ebenfalls ohne Interpunktion: »Trag immer Schwarz wenn du der Baroness dienst unterbrich die Baroness nie putz den Eingang des Ladens immer spiegelblank schau der Baroness beim Sprechen nie in die Augen«. Und auf einem dritten Blatt: »Wenn du versuchst die Aufmerksamkeit der Baroness zu bekommen dann immer in Bereitschaft jede Bestrafung über dich ergehen zu lassen von der die Baroness meint dass du sie verdienst«.

Nach dem Staubsaugen ging er wieder auf die Knie, um ihr im Keller ein Glas Champagner einzuschenken. Ein anderer weiblicher Lehrling badete währenddessen ihre Füße in einer kleinen Plastikwanne, bevor sie ihr eine Pediküre machte. Die Baroness hielt das Pediküremädchen für vielversprechender als Greg. Sie erwog ein Sklaventraining für sie, während sie bezweifelte, dass Greg es jemals über das Niveau eines Dieners hinaus bringen würde. »Das Himmelblau«, sagte sie bei der Wahl der Farbe für ihre Zehennägel. Ein hübsches junges Lehrmädchen namens Kathleen, dessen Vater Manager in einem milliardenschweren Lebensmittelkonzern war und das die Baroness oft an einer Leine durch die Stadt führte, beugte sich über einen Arbeitstisch, wo es einen Hut in Form einer Pillbox anfertigte. Es gab ein technisches Problem. Der Latex hatte nicht genug Struktur. Sie trug den Hut zur Baroness, und sie musterten beide das Band an der Innenseite. Sie unterhielten sich über den Entwurf – als Kolleginnen.

Die Baroness wies Greg an, einen Schrank aus einer Ecke der Werkstatt zu schieben, in deutlichem, aber nicht harschem Ton. Sie sagte dem Pediküremädchen, es solle ihm helfen. Innerhalb des Zweierteams übernahm Greg lässig das Kommando:»Du brauchst nur hochheben«, sagte er in nonchalantem, selbstbewusstem Straßeneckenton.»Eins, zwei, drei.« Weiter hinten in sein Notizbuch hatte er geschrieben:»Gründe warum ich der Baroness dienen will. Um ihre Strümpfe mit Naht zu reparieren während sie die Peitsche schwingt. Um der Baroness das Leben zu erleichtern damit ihr mehr Zeit für ihr Mode-Business bleibt und sie mehr verdient und glücklicher ist weil sie sich kostbare Zeit genommen hat um mich zum besten Sklaven auszubilden den sie je haben wird. Um zu lernen wie ich die 16 Peitschenhiebe der Baroness einstecke ohne jemals zu klagen oder zu schreien.«

Eines Abends lag auf einem der Arbeitstische ein Mann in einem roten Latexanzug mit schwarzer Kapuze, dessen einzige Öffnungen zwei Schlitze für die Nasenlöcher waren, auf dem Rücken. Blaue Seile, die durch große Metallösen an den Tischkanten gezogen waren, hielten ihn nieder, während ein kleiner schwarzer Apparat Stromstöße zu einem leitfähigen Ring schickte, der um seinen Penisschaft gelegt war. Die Baroness hatte den Apparat so eingestellt, dass er auf Stimmen reagierte, dem Mann aufgetragen, mir von sich zu erzählen, und die Fenstertüren zu diesem Teil des Kellers geschlossen. Jedes Mal, wenn der Mann oder ich etwas sagte, erhöhte sich die Voltzahl. Wenn er vor Schmerz stöhnte oder schrie, erhöhte sie sich noch weiter. So hatte sie mich zum Komplizen seiner Folter gemacht.

Er hatte sich vor einigen Jahren mit Mitte vierzig von der Wall Street zurückgezogen, weil er mehr Zeit für seine Kinder, die Teenager waren, haben wollte. Jetzt half er ihnen bei den Hausaufgaben und schaute sich mit seiner Tochter Fred-Astaire-Filme an. Seine Ehefrau, früher Psychologin mit eigener Praxis und nun Hausfrau, fügte ihm im Schlafzimmer zwar auch Schmerz zu, allerdings nicht mit der gleichen Einstellung wie die Baroness. Seine Füße zitterten und flatterten schließlich, während die Voltzahl weiter stieg.

»Es geht darum, dein Ego preiszugeben«, sagte er und klang, als müsste er unter der Kapuze die Zähne zusammenbeißen. »Beim ersten Mal befand ich mich nach 45 Minuten in einer anderen Welt. Das war, als würden Zwiebelschalen von meiner Seele abgezogen.« Er erzählte, dass er sich in seinem Ruhestand mit Plato, Nietzsche und Kierkegaard beschäftige. Dabei zuckten seine Füße so heftig, dass es aussah, als würden seine Achillessehnen reißen. Die Baroness pflegte ihn auf diese Weise mindestens 24, vielleicht auch 36 Stunden gefangen zu halten. Wenn die Boutique und die Werkstatt schlossen, stellten sie den elektrischen Apparat von Stimmensteuerung auf den Zufallsmodus um und ließen ihn gefesselt und allein über Nacht zurück. Ich fragte, was er denn tue, wenn er mal zur Toilette müsse.

»Entweder verkneifst du es dir, oder du machst eine Sauerei, oder sie legt dir einen Texas-Katheter. Die Entscheidung liegt bei der Baroness.«

Sie trug einem ihrer Untergebenen auf, Vorbereitungen für das Schließen zu treffen. Das war gegen 21 Uhr. Bis zum nächsten Mittag würde niemand kommen. Ich fragte nach seiner Kindheit.

»Ich wurde nie von schwulen Zwergen vergewaltigt«,

spottete er über meine Frage. »Ist das eine bizarre Form von Leben? Denken Sie mal an den Mann, der für drei Millionen Dollar den siebzigsten Home-Run-Ball von Mark McGwire gekauft hat. Was ist bizarrer?«

Genevieve war sie auf einer Modenschau begegnet. Eines der Models der Baroness war nicht aufgetaucht, und Genevieve war in letzter Minute für sie eingesprungen. Die Baroness spürte, dass sie irgendetwas an sich hatte, und bald hatten die beiden ein Date in einem ganz normalen Kino, wo die Baroness Genevieves Handgelenke mit Klebeband an die Armlehnen fesselte, ihre Füße damit zusammenband und ihr auch den Mund mit Klebeband verschloss. Das war der Anfang einer der großen Lieben ihres Lebens, parallel zur Liebe zu ihrem Ehemann. Genevieve konnte der Baroness nicht in ihrer Boutique oder der Werkstatt dienen, weil es ihnen nie gelang, der Versuchung zum »Spiel« zu widerstehen. Die Transzendenz, die durch den zugefügten Schmerz entstand, hing von der Tiefe der körperlichen, emotionalen oder spirituellen Bindung zu ihrem Opfer ab. Die Baroness hatte viele kurze Begegnungen, die oberflächlich Lust bereiteten, und es gab eine Reihe von regelmäßigen Untergebenen, die ihr vielleicht ein wenig mehr gaben, doch Genevieve und sie waren wie füreinander geschaffen. Was zwischen ihnen war, fühlte sich schicksalhaft an. Inzwischen war es schon ein paar Jahre her, dass Genevieve New York verlassen hatte und in ihre Heimat Kanada zurückgekehrt war, doch die Sehnsucht, die die Baroness überkam, wenn sie sich an sie erinnerte, erzeugte eine Leere, die sie in jeder Arterie, jeder Vene spürte. Wenn sie zurückdachte, verschloss die Baroness die Augen vor dem Verlust, als könnten ihre Lider die Leere in Schach halten. Dabei vermochte sie kaum zu beschreiben, was die Grundlage ihrer Anziehung ausgemacht hatte, nur dass es mehr gewesen war als die Grausamkeit ihres Spiels. Einmal hatte die Baroness das Ende ihrer Peitsche durch den Ring gezogen, den Genevieve als Piercing ihrer Klitoris getragen hatte. Dann hatte sie den Ring auf diese Weise aus dem feucht glitzernden Gewebe gerissen.

Es gibt Psychologen, die den Wall-Street-Rentner oder Genevieve oder die Baroness nicht im Geringsten für pathologisch bizarr halten würden. Und wenn sie sich doch bei diesem Gedanken ertappten, würden sie sich selbst für dieses subjektive Urteil tadeln. Mark Blechner, Herausgeber der Zeitschrift *Contemporary Psychoanalysis,* meinte: »Bedenken Sie, dass noch vor einem Jahrhundert Psychoanalytiker Fellatio und Cunnilingus als Perversionen bezeichneten. Solange das, was sie tut, im Einvernehmen geschieht«, fuhr er fort, nachdem ich ihm das Leben der Baroness geschildert hatte, »denke ich, dass niemand darüber zu urteilen hat.«

»Perversion«, scherzte die prominente New Yorker Psychoanalytikerin Muriel Dimen, als wir in ihrer Praxis in Greenwich Village saßen, »kann man auch schon den Sex nennen, der Ihnen gefällt und mir nicht.«

Dimen, deren dunkelgraue Locken sich plötzlich in einen dramatischen, ihr Gesicht umgebenden weißen Rahmen zu verwandeln schienen, bemerkte, dass sich Perversion gemäß einer gängigen Auffassung in der Psychiatrie durch Beziehungen charakterisiert, »in denen das Bezogensein verschwindet«. Sie fügt allerdings auch hinzu, dass Sadisten und Masochisten sich als resonante Einheit empfinden können. Erotische Erregung, hatte sie geschrieben, könne einen

Menschen »in körperliche und sensorische Reiche der Erniedrigung schicken, die man aufgrund nötiger Reifeprozesse längst verlassen hatte«. Sie benutzte den Begriff »Erniedrigung« in psychoanalytischem Sinn, um einen infantilen Status zu bezeichnen, bevor sich die Grenzen der Identität gebildet haben. Und wenn man hörte, wie der Ruheständler von der Wall Street von Selbstaufgabe sprach oder von Zwiebelschalen, die von seiner Seele abgezogen würden, oder der Baroness zuhörte, wie sie sich an das gewaltsame, aber glückselige Verschmelzen der Identitäten erinnerte, zu dem es unvermeidlich kam, wann immer sie und Genevieve sich im selben Raum aufhielten, dann konnte man da eine Spur Tiefsinnigkeit und Entfesselung heraushören.

Dimen äußerte sich nur widerstrebend zu den Ursachen von Sadismus oder Masochismus, denn sie fürchtete, damit zu unterstellen, dass es sich bei derartigem Verlangen um Krankheiten handle. Andere Psychoanalytiker hatten weniger Hemmungen, sie als pathologisch zu identifizieren. Doris Silverman, eine Frau mit weizenblondem Haar, behauptete, irgendein Mangel an elterlicher Bindung, eine verletzende Abwesenheit oder Brutalität, steckten wahrscheinlich hinter den sexuellen Trieben von Menschen wie der Baroness und denen, die sich ihr unterwerfen. Sogar Blechner, der ein klares Urteil ablehnte, vermutete, dass die Baroness auf irgendeine lange unterdrückte Grausamkeit in ihrer Kindheit reagierte. Anschließend gab er jedoch zu bedenken, dass solche psychoanalytischen Erklärungen sich in der Vergangenheit als fehlgeleitet erwiesen hätten. Etwa als man Schizophrenie mit einer gefühlskalten und ablehnenden Mutterfigur begründet hatte.

Robert arbeitete mit Computern und war der Präsident des Lions Clubs in seiner Gegend. Unter seiner Leitung hatte der Club Geld gesammelt, um Diabetes und Augenerkrankungen bei Kindern zu bekämpfen. Er fungierte aber auch als Diener in der Wohnung, die die Baroness sich mit ihrem Mann teilte. Dort putzte er und brachte ihr den Kaffee ans Bett, außerdem erledigte er Besorgungen. Er schlief bei ihr auf dem Fußboden. Einer seiner Freunde, der bald darauf der erste, von irakischen Rebellen getötete amerikanische Reporter sein sollte, hatte ihn der Baroness vorgestellt. Sie erzählte mir: »Ich liebe es, wenn Leute zu mir kommen und sagen: ›Sie haben mein Leben verändert.‹ Wenn man als Vermächtnis Menschen hinterlassen kann, die besser sind als zuvor, dann ist das ein Segen. Insofern bin ich gesegnet.«

Andere Sklaven fand sie durch Inserate in Lokalzeitungen. Bewerber wurden angewiesen, sich zum Bewerbungsgespräch mit einem Lebenslauf einzufinden, der jegliche vorherige Dienste im Detail auflistete. Ein Mann, der vor ihr kniend befragt wurde, erklärte, er habe sogar das Papier für den Lebenslauf selbst hergestellt.

Alex lebte in einer fernen Stadt. Er rief die Baroness exakt zu bestimmten Zeiten des Tages an – um 12.55, 15.37, 20.12 Uhr – gemäß ihrer Befehle und ihrer synchronisierten Armbanduhren. Bei jedem Telefonat sagte sie ihm, was er zu tun habe: sich enger fesseln, weiter verdrehen, selbst Brandwunden zufügen. Wenn er den von ihr festgelegten Zeitpunkt verpasste, konnten ihre Anweisungen noch strenger werden, oder sie verweigerte ihm die Bestrafung komplett, was er als noch schlimmer empfand.

Sam war Handwerker für die Reichen und Berühmten. Er hatte lockiges, ungepflegtes braunes Haar, das ihm bis auf die Schultern fiel, und eine Art, seine T-Shirts zu tragen, die auf ein abgestumpftes Selbstbewusstsein schließen ließ. Als Liebesdienst übernahm er die Tischlerarbeiten in der Boutique, die ja erst vor Kurzem eröffnet worden war. Er hatte die elegant geschwungene Theke gebaut und wartete dafür auf den Schmerz, den sie ihm zufügen würde. Seine Frau Susan unterrichtete Naturwissenschaften an der staatlichen Highschool in New Jersey, wo sie zwölf Jahre zuvor selbst ihren Abschluss gemacht hatte. Sie besaß pechschwarzes Haar, eine zierliche Nase, volle Lippen und einen schmalen Körperbau. Die Baroness setzte sie als Model ein.

Dem Paar hatte es nie an Feuer in seiner Beziehung gefehlt. Als sie in einer Sommernacht zum ersten Mal miteinander schliefen, war er an seinen Tiefkühlschrank gegangen und hatte die gefrorenen Mandarinenspalten herausgeholt, die er dort eingefroren hatte, um damit über die Brustwarzen und Schenkel einer Geliebten zu streichen, bis sie auftauten und sie sie aßen. Später hatten sie ein Interview mit der Baroness auf HBO gesehen und danach ihren Laden aufgesucht, um einander Latexoutfits zu kaufen. Damals hatte ein Dreiecksflirt begonnen. Irgendwann erfuhr die Baroness, dass Susan in ihrer Kindheit an einer Krankheit gelitten hatte, von der ihr schlimme Narben auf dem Rücken geblieben waren. Nachdem sie davon erfahren und sie gesehen hatte, verliebte die Baroness sich in diese Spuren. »Ich bin jemand, zu dem sie aufschaut, dem sie vertraut«, sagte die Baroness mir. »Alle anderen versuchen, ihr weiszumachen: ›Ist schon okay, so schlimm sind sie gar nicht.‹ Ich will ihr dagegen ein rückenfreies Kleid machen. Ich mag solche Spuren des Lebens. Ihre sind massiv. Herrlich, dick, wie eine Leiter. Man könnte auf diesen Narben ihren Rücken herabsteigen.« Und Susan erzählte mir, dass die Baroness gerade beginnen würde, sie zu verändern.

Selbst jene, die nicht in ihre Welt eingedrungen, sondern nahezu Fremde geblieben waren, schienen durch ihre Aufmerksamkeit verändert. Ein gelähmter Teenager fuhr in seinem Elektrorollstuhl die Blocks in der Nähe ihrer Boutique entlang. Sein Hals war verkrümmt, der Kopf zur Seite gekippt, die Knie aneinandergelehnt. Eine Hand lag mit verdrehtem Gelenk auf dem kleinen schwarzen Knopf für den Antrieb. Doch dann sah er die Baroness auf sich zukommen: in ihrem bodenlangen Ledermantel, mit dunkelroten Spike-High Heels, dem Feuerball ihrer Haare, die manchmal als Kontrast zu den Flammen mit einer weißen oder violetten Strähne durchzogen waren, mit ihren vielen Silberringen, zwei oder drei pro Finger, und ihrem dünnen metallenen Stock, den sie als Accessoire mit sich führte und der aussah wie das Schwert eines Ritters – all das löschte ihr Alter, ließ die entstehenden Tränensäcke unerheblich scheinen, machte jeden Maßstab für Schönheit irrelevant und ersetzte Konvention durch Schamlosigkeit. So zog sie selbst im East Village, wo Absonderliches banal wirkt, aller Augen auf sich. Und wenn nun dieser Junge sie auf sich zukommen sah, dann hellte sich seine Miene auf, und obwohl es vielleicht unmöglich war, schien sein Hals mit einem Mal ein bisschen gerader zu sein und sein Kopf leicht angehoben.

»Hallo, Baroness.«

»Hallo.«

Genauso verhielt es sich mit der Frau, die an zwei Krücken ging und mit einer anderen, die zwar nicht obdachlos, aber doch ziemlich heimatlos wirkte. Ihr Verstand war so derangiert wie ihre Frisur und ihre Kleidung.

»Hallo, Baroness.«

»Hallo.«

Manchmal blieb sie abends auf der Straße stehen, um zu plaudern. Dann hatte es für einen Moment den Anschein, als brauchte sie die Krücken gar nicht. Das Derangierte wirkte nur noch bestechend eigenartig.

Dieser Effekt mochte daher rühren, dass sie ihre Eigenartigkeit offen zur Schau stellte, sodass die anderen in ihr die Meisterin der Sonderlinge erkennen konnten. Sie selbst schrieb die Wirkung einer anderen Kraft, einer anderen Fähigkeit zu. Ihrer Ansicht nach lag es daran, dass sie bereit war, sie anzusehen. Die meisten Menschen wandten den Blick von den Verkrüppelten und Verlorenen ab. Sie schritt nicht nur mit ihren Spike-High Heels auf einer Linie einher, die so schnurgerade war wie ihr Stock, sondern sie sah ihnen in die Augen, auf ihre Körper und bis in ihre Seelen. Alles andere, etwa so zu tun, als bemerkte man nichts, erzeugte ihrer Ansicht nach nur Scham. Sie war bereit, diese Menschen anzuschauen, ohne Furcht, so, wie sie waren, und genau das schenkte ihnen ein paar Sekunden lang die Freiheit, sie selbst zu sein.

An einem Samstag mit sintflutartigen Regenfällen nahm die Baroness mich mit zu einem Ausflug ins Hinterland. Genauer gesagt zu einer Einladung ihres Freundes Master R für ein Treffen mit Übernachtung. Ich holte sie vor dem Haus ab, in dem sich ihre Wohnung befand. Ihr Mann Mark begleitete sie zum Wagen. Er besaß eine scharf geschnittene Nase, ein ebensolches Kinn, Pferdeschwanz und Ziegenbart sowie die anmutige Zurückhaltung sehr groß gewachsener Männer. Als Fotograf blieb er auf Distanz zu ihrer

Welt, außer wenn er auf den Partys, die sie allmonatlich gab, fotografierte. Das war gerade so nah, wie er herankommen wollte. Eigentlich porträtierte er lieber Hunde; darin sah er seine Berufung. Er hatte eine eigene Website – phodography.com –, um seine Vision zu bewerben: »Ihr Hund ist einzigartig. Er ist loyal. Er hat einen herzerwärmenden Humor und ist bedingungsloser Gefährte. Wir verstehen das vollkommen.« Er und die Baroness waren schon fast zehn Jahre verheiratet, bevor sie sich fand. Er staunte nach wie vor darüber. Bevor wir losfuhren, beugte er sich zum offenen Fenster herein, und die beiden küssten sich hingebungsvoll. »Auf Wiedersehen, mein Schöner«, sagte sie.

An einer ruhigen Landstraße wohnte Master R in einem heruntergekommenen Bungalow, den er »La Domaine Esemar« nannte. Im kahlen Vorgarten stand das Wasser in tiefen Pfützen; die Zimmer wirkten schäbig. Er war eine kleinere Version von Mark: Pferdeschwanz und mehrere Piercings im Gesicht. Er trug eine schwarze Samthose und entschuldigte sich bei der Baroness, dass die Beteiligung wegen des Dauerregens schwach sein könnte – seine Gäste kamen üblicherweise von weither aus anderen Orten in der Provinz. Dann führte er uns in den Keller und stellte die bereits Anwesenden vor: einen engelhaften asiatischen Autohändler, den Besitzer einer Restaurantkette und seine Ehefrau, die eine Klinikverwaltung leitete, sowie eine Transsexuelle mit vollen Lippen und großen Zähnen in einem hautengen schwarzen Kleid.

Abgesehen von den unverkleidet verlaufenden Lüftungsrohren war der Keller der am besten instand gehaltene Bereich des Hauses. Alles war sauber und ordentlich. Auf hellen Regalen lagen eine Unmenge von Klammern und Zwingen und Edelstahlgewichten, die man an Hoden hängen konnte – alle poliert und perfekt aufgereiht. Von der Decke hing eine schwarze Box, die unten ausgeschnitten war, damit ein Unterworfener im Stehen den Kopf hineinstecken konnte. Bei vorhandenen Gesichtspiercings ließen sich Lippen und Zunge, Ohren, Nase oder Augenbrauen dehnen und an Ösen befestigen, die an die Innenseiten der Box geschraubt waren. An größere Metallringe an der Außenseite konnte man die Handgelenke fesseln, sodass die Hände stundenlang auf Höhe der Ohren hingen. Die Box befand sich genau über einer sich drehenden Plattform. Auf diese Weise wurde der Unterworfene mit dem Kopf in der Dunkelheit gedreht, während die Hände festgeschnallt waren und das Gesicht fast bis zum Zerreißen gespannt wurde.

Außerdem gab es noch ein rotes Kreuz, ein Spalier von Peitschen, einen Kronleuchter aus Ketten, an den man Versuchspersonen oder Gegenstände hängen konnte, einen Zahnarztstuhl, eine Untersuchungsliege und Trinkbecher aus Plastik, wie Kleinkinder sie benutzen. »Für den Fall, dass ein Sklave das Bewusstsein verliert und Wasser braucht«, klärte mich Master R auf.

Der asiatische Chevrolet-Verkäufer machte sich daran, Kathleen, das von der Baroness oft an der Leine geführte Lehrmädchen, zu fesseln. Sie war mit uns hierhergekommen. Er benutzte ein schweres Seil, das er wie ein kunstvolles Korsett um sie legte und dann immer straffer um ihre Rippen zog, wie die böse Stiefmutter, als sie Schneewittchen ersticken wollte. Die Kunst des japanischen Fesselns, sagte er, sei jahrhundertealt; damals hätten Samurais kunstvolle Arten des Fesselns je nach gesellschaftlichem Status des Gefangenen entwickelt. Der Restaurantbesitzer und Master R hörten interessiert zu, während sie der Transsexuellen den Rücken peitschten. Blut lief in dünnen Fäden über alte Narben. Sie gab mit weit geöffnetem Mund ein tiefes Stöhnen von sich. Dann fiel ihr Kopf nach vorn und rollte hin und her. Das Stöhnen zeigte an, dass sie sich dem Höhepunkt näherte. Sie peitschten auch ihre zitternden Oberschenkel und stießen sie auf alle viere. Master R fixierte ihren Kopf mit seinem Stiefel auf dem Betonboden. Daraufhin stöhnte sie geradezu animalisch und aus noch größerer Tiefe.

Die Baroness wirkte ungerührt. »Für mich wird es hier heute Abend kein Einssein geben«, murmelte sie. Niemand würde nach dem extremen Schmerz verlangen, den es sie zuzufügen verlangte. Vor zwei Jahren hatte sie im Garten hinter Master Rs Haus einen Pferdehändler namens Elvis auf einem sich drehenden Bratspieß geröstet.

Bald darauf wurde die Leiterin einer Klinikverwaltung unbekleidet mit den Hand- und Fußgelenken an frei stehende Stangen gefesselt, die von ihrem Mann und dem Autoverkäufer aufrecht gehalten wurden. Dann lehnten die beiden die Stangen leicht nach hinten. Hätten sie losgelassen, wäre die Frau mit dem Hinterkopf auf den Betonboden gekracht. Eine Frau in durchsichtigem Rock, die eben erst eingetroffen war, presste ihren Mund in den Schritt der Gefesselten. Die Klinikverwalterin schwebte gewissermaßen in der Luft, ganz angewiesen darauf, den Männern zu vertrauen, während die andere sie zu lecken begann.

Nachdem Master R sie entlassen hatte, berichtete die Transsexuelle mir, dass sie als Mann ein Neonazi und Skinhead gewesen sei. Mit einer Ehefrau, einer fünfjährigen Tochter, einem zweijährigen Sohn sowie einem Job als Computerspezialist bei einer Anwaltskanzlei. Ihre Kinder nannten sie nach wie vor Dadda, obwohl sie sich spektakuläre Östrogendosen hatte spritzen lassen. Sie hatte sich zudem von knapp 100 auf unter 50 Kilo runtergehungert und besaß nur noch die geschrumpften Überbleibsel männlicher Genitalien, die bald operativ entfernt würden. »Sie werden mich immer Dadda oder Dad nennen«, sagte sie und zeigte mir die schmalen Silberreifen, die sie um die Handgelenke trug. Einen für jedes Kind. »Die nehme ich nie ab.«

Noch als Mann war sie eines Nachmittags allein am Strand herumgelaufen. Vollgepumpt mit Antidepressiva, hatte sie schluchzend gerufen: »Gott, steh mir bei.« Schon jahrelang hatte sie gewusst, dass sie eigentlich jemand anders sein sollte. »Dieser Typ ist an jenem Nachmittag gestorben. Als Neonazi hasste ich nicht andere Leute, sondern mich selbst.« Nachdenklich schwieg sie und schien nach der Gewalt, die sie eben erst erfahren hatte, ganz ruhig. »Die Schläge, die ich hier bekomme, holen das Weibliche aus mir heraus. Das geht so tief. Ich will empfangen. Das ist wie Heroin. Es holt mich von einem Ort, an dem ich hoch erhobenen Hauptes stehe, durch alle Stadien runter bis an einen Ort in meinem Innersten. Alles wird heller. Weiter. Dort lerne ich Ganzheit. Ich verbringe die Wochenenden mit Master R. Der Abschied ist leidvoll. Die andere Welt bedeutet Leid. Es fällt mir schwer, mich dort wieder zurechtzufinden. Ich würde alles dafür tun. Die Kanzlei war so fair, mich auch nach der Geschlechtsumwandlung zu behalten, aber dies ist der Ort, an den ich gehöre. Das sind zwei Welten, diese hier und die gewöhnliche. Die hier ist total lebendig, die andere tot.«

Master R gab mir seine unveröffentlichte Autobiografie, und ich ging die Treppe hinauf, weil es nur dort hell genug zum Lesen war. In dem Manuskript war viel von Grenzüberschreitungen die Rede, von Selbstaufgabe, vom Finden eines neuen, freieren Daseins durch das Geben und Hinnehmen von Schmerz: »Ich schlang die Seile um ihre Taille, zog sie stramm, griff nach dem losen Ende und führte es zwischen ihren Beinen durch. Ich konnte ihre Lippen fast schwellen sehen, während das Seil tief in ihre Labien schnitt. Ich spürte meinen Schwanz anschwellen, als würde er mit ihrer Lust kommunizieren. Als meine Hand nach unten glitt, spürte ich die Nässe. Meine eigene Pussy seufzte im lustvollen Austausch, und ihr Schwanz wurde in meiner Hand hart. Ich spürte auch, wie meine Nippel sich in kleine harte Beeren verwandelten, während der Schwanz in meiner Hand hart wurde.« Und als der durch ihre Schamlippen genähte Faden stramm gezogen wurde:»Ich verteilte meine Nässe reibend auf ihm und stöhnte bei der Berührung, als ich meinen Schwanz streichelte und meine Klit rieb. Wir verloren uns beide in der Intensität unserer Metamorphose.«

Er behauptete, niemand würde am Ende seines Aufenthalts gern abreisen. So berichtete er etwa von einem jungen Wirtschaftsanwalt, der jedes Mal Probleme mit der Umstellung habe, wenn er aus der abblätternden Haustür des Bungalows trete, um in sein alltägliches Leben in Manhattan zurückzufahren.»Wie soll man hinterher wieder in die Welt zurückkönnen? Die Leute zittern wirklich am ganzen Leib.«

Die Baroness zitterte allerdings nicht. Aber sie erinnerte sich an den Tag mit Elvis. Die beiden waren übereingekommen, dass sie ihn rösten sollte, daher hatte sie Master R um Hilfe gebeten. Einer seiner Sklaven, ein Schweißer, hatte einen massiven Spieß hergestellt: riesige Halterungen, auf denen eine etwa drei Meter lange Metallstange auflag, dazu ein Rad am einen Ende und sprossenartige Griffe am anderen. Das Ding kam in den Gemüsegarten hinter dem Bungalow. An jenem strahlenden Herbstnachmittag damals leuchteten Ahorn und Birken rundherum in voller Pracht. Die Sklaven bereiteten ein Kohlenfeuer vor. Dann wurde Elvis, nur mit einem Suspensorium aus Leder bekleidet, mit verbundenen Augen an den Spieß gebunden und mit Honig und Ingwer eingerieben. Die Kohlen glühten, und der Mann befand sich etwa dreißig Zentimeter darüber.

Seine Haut rötete sich und warf schon fast Blasen. Die anderen Gäste, Meister und ihre Untergebenen, begannen eine Schmerzensorgie. Nach Anweisung der Baroness drehten Sklaven den Spieß langsam. Das Rösten dauerte dreieinhalb Stunden. Als der Spieß endlich weggehoben und Elvis losgebunden wurde, vermochte er sich nicht mehr auf den Beinen zu halten. Seine Augen waren glasig. Er erlitt einen Zusammenbruch und wurde in ein Bett getragen. Dann zwangen andere Gäste ihn, Wasser zu trinken, und versuchten zu verhindern, dass er einen Schock erlitt.

»Meine Schenkel pressen sich automatisch zusammen, wenn ich nur daran denke«, sagte die Baroness. Sie sprach auch von den verschiedenen Arten von Orgasmen, die sie beim herkömmlichen Sex mit ihrem Ehemann erlebte, dem sie – was diesen Vanilla-Sex anging – treu war sowie in ihrem übrigen erotischen Leben. Manche würden Letzteres vielleicht gar nicht als Sex bezeichnen, weil es dabei zu keinem Verkehr kam und weder Brüste noch Genitalien berührt wurden. Die Höhepunkte bei konventionellem Sex seien »spitzer«, meinte sie. Die anderen deutlich länger, tiefer, außerdem sei sie hinterher halb blind, so gut wie taub, verstummt, mit offenem Mund.

Master R erzählte mir, in der Welt von SM seien Orgasmen ohne typische sexuelle Berührungen insbesondere bei Frauen nichts Ungewöhnliches. Er erwähnte eine Sklavin, die er darauf trainiert hatte, zum Höhepunkt zu kommen, wenn er mit dem Finger ihren Gaumen berührte. Mir fiel die bereits erwähnte Frau ein, die ich nach einer Lesung der Baroness kennengelernt hatte: die auf Schlaganfallpatienten spezialisierte Logopädin. Sie verurteilte sich selbst für ihre eigene orgasmische Empfänglichkeit: Wenn ein sadistischer Partner ihr die richtigen Dinge ins Ohr flüsterte, konnte sie kommen, ohne dass sie eine andere Berührung spürte als die seines Atems. Als orthodoxe Jüdin, deren Großeltern im Holocaust ermordet worden waren, quälte sie ihr Verlangen nach Schmerz.

Es gibt wissenschaftliche Belege für derartige Bedürfnisse beim Orgasmus. Beverly Whipple und Barry Komisaruk, beide Professoren an der Rutgers University, sowie Gina Ogden vom Institute for Advanced Study of Human Sexuality haben gemeinsam nachgewiesen, dass sich bei Frauen, die behaupteten, ohne jegliche Berührung zu kommen, indem sie sich ihren Geliebten oder bestimmte Musik nur vorstellten, während des Orgasmus Puls und Blutdruck erhöhten, die Pupillen weiter wurden und die Schmerzempfindlichkeit nachließ. Die Frauen wurden im Labor an Monitore angeschlossen. Sie stützten ihr Kinn auf eine ophtalmologische Ablage und schauten durch einen Pupillometer. Anschließend sollten sie sowohl durch bloßes Denken als auch durch Berührung ihrer Klitoris zum Orgasmus kommen. Die Messergebnisse waren in beiden Fällen identisch.

Ich stellte mir nicht nur Fragen bezüglich der Höhepunkte der Baroness, sondern auch darüber, ob es gegen das

Gesetz verstieß, wie sie zu ihnen gelangt war. War es legal, jemand an einem Bratspieß zu rösten? Bedeutete die Einwilligung eines Masochisten, dass der Sadist nicht belangt werden konnte? Juristisch ausgedrückt, konnte eine Person einer Körperverletzung rational zustimmen oder galt eine solche Einwilligung als irrational und gesetzlich unwirksam? Die Gesetzeslage war unklar. Der wahrscheinlich wichtigste einschlägige Fall war der eines Doktoranden der Mikrobiologie, der Ende der Neunzigerjahre fast zwei Jahre im Gefängnis gesessen hatte, weil er angeblich eine Collegestudentin zwanzig Stunden lang an einen Futon gefesselt, vergewaltigt, geschlagen, gebissen und ihr Brandwunden zugefügt hatte. Das Urteil war dann in der Berufung wieder aufgehoben worden, weil der Richter der ersten Instanz sich geweigert hatte, den Geschworenen E-Mails vorlegen zu lassen, die das Mädchen an den Beschuldigten geschickt hatte und aus denen ihr masochistisches Verlangen herauszulesen war. Einwilligung durfte also offenbar nicht außer Acht gelassen werden.

Die SM-Community hat ihre eigenen Maßstäbe, ihre eigenen Prinzipien. »Sicher, vernünftig, einvernehmlich« lauten die hehren Begriffe. Doch weder die Baroness noch Master R hatten damit viel am Hut. »Sicher bedeutet Einschränkung«, erklärte Master R verächtlich. »Und was ist vernünftig?« Einvernehmen sei nur ein Anfang. Er hielt sich lieber an einen anderen Kodex, »den Kodex der Liebe«. Er liebe seine Sklaven, erklärte er und erläuterte mir die Bedeutung des Begriffs anhand eines Ausspruchs des Philosophen George Santayana: »Liebe ist ein körperlicher Trieb mit idealistischer Absicht.«

Nach einer Nacht bei Master R spazierte ich im Morgengrauen nach draußen zu dem Bratspieß, der nach zwei Jahren immer noch neben einem verwilderten Gemüsegarten lag, wo die Reste von Tomaten- und Zucchinistauden vergangener Sommer unter einem Brombeergestrüpp zu Kompost vermoderten. Der Himmel klarte rasch auf, die Wolken trieben davon. Das Riesending aus grauem Stahl sah aus wie eine von Richard Serras Freiluftskulpturen: ungeschlacht und unverständlich. »Jener Tag damals war so herrlich widersprüchlich«, hatte die Baroness berichtet. »Das prachtvolle Herbstwetter, die Sonne, der blaue Himmel, und plötzlich findest du dich im Herzen der Finsternis wieder.«

Wir fuhren in die Stadt zurück. Kurz vor Manhattan rief die Baroness ihren Mann an, um ihm ihre Ankunft mitzuteilen. »Hallo, mein Schöner«, meldete sie sich liebevoll, und während des ganzen Gesprächs hörte man die Zuneigung aus ihrer Stimme heraus. Eine halbe Stunde später rief sie ihn erneut an, um zu sagen, dass sie gleich da sei. Als wir uns ihrem Appartementhaus näherten, wartete er bereits davor, um sie zu küssen und willkommen zu heißen.

Das Mädchen mit den Scheuklappen, Greg mit seinem Notizbuch, Elvis am Bratspieß – sie alle befinden sich in prominenter Gesellschaft. So sehnte sich Jean-Jacques Rousseau sein Leben lang nach einer Wiederholung der Peitschenschläge der Gouvernante in seiner Kindheit. Doch wie er selbst schrieb, wagte er es nie, sich zu seinen Vorlieben zu bekennen. Im antiken Athen soll der Philosoph Peregrinus Proteus auf dem Marktplatz masturbiert haben, während Athener ihn auf sein Verlangen hin auspeitschten. Später verbrannte er sich selbst bei den Olympischen Spielen des Jahres 165.

Der deutsch-österreichische Psychiater Richard von Krafft-Ebing prägte im späten 19. Jahrhundert die Begriffe »Sadismus« und »Masochismus«. Sadismus leitete er von dem französischen Aristokraten und Autor Marquis de Sade ab, der ein Jahrhundert zuvor die Verletzung von Frauen – durch Aufschlitzen, Vergiften, Peitschen – ekstatisch ausgelebt hatte und dafür mehrmals ins Gefängnis und in die Irrenanstalt gekommen war. »Sex ohne Schmerz«, sagte er, »ist wie Nahrung ohne Geschmack.« Den Masochismus benannte Krafft-Ebing nach Baron Leopold von Sacher-Masoch, dem Autor von *Venus im Pelz*. Dieser autobiografische Roman des 19. Jahrhunderts über eine Unterwerfung wird von einigen der Anhänger der Baroness wie eine Bibel geachtet.

Eine Unterscheidung von angeborenem und erworbenem Masochismus sei kaum möglich, schrieb Krafft-Ebing. Viele Individuen, die von Geburt an verdorben seien, versuchten lange Zeit alles, um den perversen Instinkt zu beherrschen. Doch später, wenn die gegensätzlichen ethischen und ästhetischen Motive überwunden sind und wenn die oft wiederholte Erfahrung bewiesen hat, dass der natürliche Akt nur unzureichende Befriedigung verschafft, bricht der abnorme Instinkt sich plötzlich Bahn. Die Erscheinungsformen sind aufgrund des späten Auslebens trotz ursprünglich perverser Veranlagung die einer erworbenen Perversion. Man darf jedoch seiner Ansicht nach sicher annehmen, dass diese psychopathische Verfassung schon von Geburt an existiert. Das Gleiche glaubte er von Masochismus und den meisten anderen erotischen Abweichungen: diese Leiden seien angeboren. In seinem Werk *Psychopathia Sexualis* schildert er Hunderte Fallgeschichten davon Betroffener.

»Beobachtung 21. Vincenz Verzeni, geb. 1849 (…) Ich

verspürte unglaubliche sexuelle Empfindungen, wenn ich Frauen würgte, Erektionen und echtes sexuelles Vergnügen (…) Die Lust beim Würgen war viel größer als bei der Selbstbefriedigung.«

»Beobachtung 28. In den Sechzigerjahren wurde die Bevölkerung von Leipzig durch einen Mann erschreckt, der junge Mädchen auf der Straße mit einem Dolch zu attackieren pflegte und sie am Oberarm verletzte. Nachdem man ihn endlich arrestiert hatte, erkannte man in ihm einen Sadisten, welcher im Moment des Zustechens eine Ejakulation hatte und bei dem die Verwundung der Mädchen ein Äquivalent für Koitus war.«

»Beobachtung 57. Ich bin 35 Jahre alt, geistig und körperlich normal. (…) Schon in meiner frühen Kindheit schwelgte ich gern in Vorstellungen, welche die absolute Herrschaft eines Menschen über den anderen zum Inhalt hatten. (…) bei der Lektüre von *Onkel Toms Hütte* (welches Werk ich etwa zur Zeit der eintretenden Pubertät las), hatte ich Erektionen. Besonders aufregend war für mich der Gedanke, dass ein Mensch vor einen Wagen gespannt würde, in welchem ein anderer, mit einer Peitsche versehener Mensch saß und den Ersteren lenkte und durch Schläge antrieb.«

Krafft-Ebings »Erbe«, der deutsche Arzt Magnus Hirschfeld, dessen Bibliothek zum Thema Sexualität von den Nazis verbrannt wurde, trug auf ähnliche Weise Fälle von sexuellen Abweichungen zusammen. Das Verlangen nach Zufügen oder Erdulden von Schmerz und Erniedrigung befand Hirschfeld jedoch als so weit verbreitet, dass ihm die Bezeichnung »Abweichung« unzutreffend erschien. Kurz nach seinem Tod stellten seine Schüler ein Buch mit seinen Studien zusammen: *Geschlechtsverirrungen*. Darin heißt es, dass im 17. und 18. Jahrhundert die Flagellomanie unter den Engländerinnen geradezu epidemische Ausmaße angenommen habe. Eine der bemerkenswertesten Auswirkungen dieser Neigung war die Gründung von Flagellationsclubs für Damen, deren Mitglieder ausschließlich zur besseren Gesellschaft gehörten. Die Frauen pflegten sich wie ein Lesekreis einmal pro Woche abends zu treffen, um einander auszupeitschen. Aufs Peitschen spezialisierte Bordelle erfreuten sich großer Beliebtheit und waren ein akzeptierter Bestandteil des Londoner Alltagslebens.

Nachdem ich zu der Zeit, als ich mich mit der Baroness traf, auch Krafft-Ebing und Hirschfeld gelesen hatte, ordnete ich sie einerseits in eine lange Geschichte ein und begriff zugleich ihren Seltenheitswert. Beide Wissenschaftler stellten weiblichen Masochismus als relativ verbreitet dar. Aber echter weiblicher Sadismus war so rar, dass Krafft-Ebing bei all seinem Sammeleifer in *Psychopathia Sexualis* lediglich zwei Fälle anführen kann; in beiden kommen die Frauen in erotische Wallung, wenn sie das Blut ihrer Ehemänner saugen. Krafft-Ebing und Hirschfeld beschrieben zwar zahllose Prostituierte, die geschickt mit der Peitsche umgingen, und Ehefrauen, die um Bestrafungen angefleht wurden, doch keine der Frauen kam Sacher-Masochs idealer Geliebter, der fiktionalen Meisterin von *Venus im Pelz*, nahe, die von ihrem eigenen Verlangen getrieben wird.

Die Baroness hätte in den Forschungsarbeiten von Krafft-Ebing und Hirschfeld eine prominente Stellung erhalten, so wie sie es gegenwärtig im New Yorker Nachtleben tat. Dabei herrschte auch hier an Professionellen kein Mangel. Wenn man »Domina Manhattan« bei Google eingab, stieß man auf Mistress Troy, Mistress Elizabeth oder Mistress Rebecca. Da war von Dominas zu lesen, die sich auf »Entführen und Verschleppen« spezialisiert hatten, oder auf »komplette Sauberkeitserziehung«. Eine gewisse Black Mistress erklärte: »Ich werde deine wertlosen Eier konfiszieren, sobald du dich vor mir verbeugst, Baby.« Es gab noch Hunderte, vielleicht sogar Tausende, die ihren Lebensunterhalt bestritten oder ergänzten, indem sie Kunden mit Unterwerfung zum Stundentarif bedienten. Aber nichts wies darauf hin, dass sie – außer vielleicht im weitesten Sinn – selbst Lust dabei empfanden. Manche von ihnen besuchten die allmonatlichen Partys, die die Baroness in einer Bar in der Nähe ihres Ladens gab: eine hochgewachsene Schwarze mit perfektem Körper, eine winzige Weiße mit gipsweißem Make-up, eine Kunststudentin mit bunten Haaren, die hoffte, hier Kunden zu akquirieren, um ihre Studiengebühren zu finanzieren. Sie lachten, während sie ihre Flogger, weiche Riemenpeitschen, schwangen, gaben beim Versohlen mit nietenbesetzten Paddeln Spott und Verwünschungen von sich, sodass man nicht nur physisch erschauerte. Und sie lächelten, wenn sie mit ihren genagelten Absätzen in die Hoden von Männern traten, die unter ihnen lagen. Vielleicht verschaffte es ihnen Genugtuung, solche Macht über das Geschlecht zu besitzen, das in der Regel immer mehr davon hat. Doch sie sprachen nicht in der Art von Lust wie die Baroness. Nicht von schwellenden Lippen. Nicht von in die Länge gezogenen Orgasmen. Sie erzählten von keiner transzendenten Verbindung, wie die Baroness, wenn sie sich an Genevieve oder einen anderen Sklaven, einen Mann, den sie Luminous, Leuchtender, nannte, erinnerte. Von gegenseitigem Verlangen, das so stark war, dass Sadist und Masochist nicht voneinander lassen konnten. Sie sagten nichts darüber, sich verzweifelt zu sehnen oder für einander bestimmt zu sein. Überhaupt redeten sie nicht über »einander«. Sie sprachen nicht im Entferntesten von höriger Liebe.

Die Baroness war eine echte Paraphile. Davon gibt es, abgesehen von den Masochistinnen, nicht viele. In allen anderen Kategorien – von Acrotomophilie bis zur Zoophilie – sind Frauen nach den Aussagen aller Sexualwissenschaftler, mit denen ich gesprochen habe, deutlich unterrepräsentiert. Manche schätzen das Missverhältnis auf eins zu zehn. Die meisten lehnten solche Schätzungen überhaupt ab, zumal es keine entsprechenden Statistiken gibt. Die zahlenmäßige Ungleichheit bezweifelte jedoch niemand.

Eine Theorie – zumindest für Paraphilien, die sich auf Körperteile und weniger auf sexuelle Handlungen beziehen, etwa auf Füße im Gegensatz zum Auspeitschen – besagt, dass männliches Verlangen viel stärker visuell gesteuert und daher anfälliger für Verirrungen ist. Diese Theorie wurde oft mit der Vorstellung von Prägung in Verbindung gebracht. 1935 führte der österreichische Zoologe Konrad Lorenz sein berühmtes Experiment durch. Als ein Gelege von Graugänsen schlüpfte, sorgte er dafür, dass die Küken als Erstes nicht die Muttergans, sondern ihn sahen. Die Tiere, die normalerweise ihrer Mutter nachgelaufen wären, folgten fortan stattdessen Lorenz. Er war für sie quasi zur Mutter geworden, weil er sich ihnen in der kurzen Phase gezeigt hatte, als das angeborene Zeitfenster im Gehirn der Küken geöffnet war, um die Identität ihrer Mutter wahrzunehmen und zu speichern und auf diese Information geprägt zu werden. Manche Sexualforscher glauben, dass bei den Besonderheiten männlichen Verlangens ähnliche Faktoren wirken, wenn es in der Kindheit zum Anstieg bestimmter Hormone kommt. Solche

Hormonfluten können momentan oder länger andauernd sein, finden aber wahrscheinlich vor der Pubertät statt, wenn das Gehirn für Prägungen empfänglich ist, die später erotische Anziehung definieren. Die Zeiten für entsprechende Prägungen mögen nicht so kurz sein wie bei den Gänseküken – ein paar Sekunden oder Minuten entscheiden nicht zwingend über die erotische Ausrichtung. Keiner der Verfechter dieser Theorie war sich sicher, was die Zeitfenster der Empfänglichkeit oder all die daran beteiligten Hormone oder den Mechanismus der Prägung betraf. Wenn es um Verlangen geht, sind sich grundsätzlich nur wenige Sexualwissenschaftler überhaupt in irgendeinem Punkt sicher.

Zudem richten sich solche Theorien nicht wirklich auf die Frage, warum Frauen so selten paraphil sind, oder beschäftigen sich mit dem Problem, wie weibliches Verlangen seine Richtung findet. Meredith Chivers, eine Psychologin aus Toronto, hat beschlossen, ihre Karriere diesen Wissenslücken zu widmen.

Ihr Büro befindet sich in einem gesichtslosen Betonklotz, der Teil eines der wichtigsten psychiatrischen Lehrkrankenhäuser Kanadas ist. Auf dem Stockwerk der Sexualwissenschaftler war sie die einzige Frau. Als ich sie dort besuchte, trug sie eine modische rechteckige Brille mit schmalen Gläsern und elegante schwarze kniehohe Stiefel. Die blonden Haare fielen bis auf die Schultern ihres schwarzen Tops.

Scherzhaft erklärte sie mir, dass sie sich seit ihrem fünften Lebensjahr mit der Erforschung von Sexualität befasst. Denn damals begann sie, über die Gründe fürs Küssen nachzudenken. »Ich saß neben meiner Mutter in unserer riesigen Familienkutsche, einem Chevrolet Impala, und fühlte mich sehr klein. – Schon immer habe ich mich in Autos klein gefühlt.

Jedenfalls grübelte ich vor mich hin. Und auf einmal fragte ich mich: Warum machen die das, warum küssen sich Leute? Meine Eltern taten das in dem Moment zwar nicht, aber ich hatte es auch bei ihnen schon gesehen, genauso wie bei anderen Menschen, und ich wollte wissen, warum es dazu kam. Wir bogen von unserer Reihenhaussiedlung auf den Three Valleys Drive. Es kommt mir seltsam vor, dass ich mich an dieses Ereignis noch so genau erinnere. Aber genau in dem Augenblick, als wir über den Bordstein fuhren, ging mir folgender Gedanken durch den Kopf: Darum machen die das. Männer und Frauen küssen sich, weil sie Babys bekommen wollen.«

28 Jahre später war sie nicht nur die einzige Frau unter lauter männlichen Kollegen, sondern außerdem die Einzige, die über den weiblichen Eros forschte. Als sie in die Etage der Sexualforscher einzog, lebte Kurt Freund noch und arbeitete ebenfalls dort. Sie fragte ihn, warum er sich nie mit Frauen beschäftige.

Ein halbes Jahrhundert zuvor war Freund in der damaligen Tschechoslowakei von der Armee engagiert worden, um Wehrpflichtige zu enttarnen, die sich dem Wehrdienst entziehen wollten, indem sie vorgaben, homosexuell zu sein. Er hatte ein Gerät entwickelt, das Plethysmograf genannt wurde und mit dem sich die männliche Erregung angesichts diverser Reize messen ließ. Dazu wurde eine Glasröhre über den Penis gestülpt und am Penisschaft luftdicht abgeschlossen. Dann wurden dem Probanden Bilder gezeigt. Steigender Luftdruck in dem Glaskolben zeigte das Anschwellen des Organs an. Stieg der Druck nicht, während Freund ihm erotische Aufnahmen von jungen Männern zeigte, wurde der Eingezogene in die Armee geschickt.

Inzwischen gehörte Freund zu den ersten Psychiatern der Moderne, die die Ursachen der Homosexualität eher in der pränatalen Biologie als in Erlebnissen während der Kindheit sahen; außerdem hielt er sie für unbehandelbar. Zu Beginn seines Berufslebens hatte er noch versucht, Schwule mittels Psychoanalyse zu heilen, doch später bestellte er seine Patienten zu sich und gab ihnen ihr Geld zurück. Er setzte sich dafür ein, dass tschechische Gesetze abgeschafft wurden, die schwulen Sex diskriminierten. Nachdem er vor der kommunistischen Herrschaft geflohen war und sich in Toronto niedergelassen hatte, trug seine Vorstellung von Homosexualität als dauerhafter und ungefährlicher Zustand dazu bei, die American Psychiatric Association 1973 dazu zu bringen, diese sexuelle Orientierung von ihrer Liste der psychiatrischen Störungen zu streichen.

Damals parierte Freund Chivers' Frage mit einer Gegenfrage: »Wie soll ich verstehen, was es bedeutet, eine Frau zu sein? Wer bin ich, dass ich als Mann über Frauen forsche?« Sie hörte aus seinen Worten die Bestätigung dessen heraus, was sie vermutete, nämlich dass Männer und Frauen hinsichtlich der Mechanismen erotischer Anziehung möglicherweise völlig verschieden sind.

Sie wusste von einer unveröffentlichten Studie, die zeigte, dass der Grad der genitalen Erregung bei heterosexuellen Frauen keinen Unterschied zeigte, wenn sie Videos mit heterosexuellem oder lesbischem Sex betrachteten. Chivers erklärte, die Frauen hätten auf alles reagiert. In einer Reihe eigener Studien replizierte sie dieses Ergebnis und fügte noch andere Reize hinzu, darunter ein Video von kopulierenden Bonobos. Diese Affen sind eng mit Schimpansen verwandt. Den Bonobofilm hatte sie selbst hergestellt, nachdem sie auf das Filmmaterial mit Bonobosex gestoßen war. Nur der Soundtrack war ungenügend. (»Bonobos geben beim Sex anscheinend eher wenig Geräusche von sich, auch wenn die Weibchen eine Art lustvolles Grinsen aufsetzen und muntere Töne produzieren.«) Also unterlegte die Wissenschaftlerin die Bilder einfach mit ein paar lebhaften Schreien. Anschließend zeigte sie das Video Frauen und Männern, Hetero- wie Homosexuellen.

Ihr Labor bestand aus zwei kleinen Räumen. In einem stand ein brauner Vinylsessel sowie ein kleiner Fernseher auf einem Tisch. Je nach Geschlecht des Probanden wurde ein Penisplethysmograf verwendet oder die Birne und Drähte des vaginalen Modells. Diese Birne war lang und schmal, etwas mehr als einen halben Zentimeter breit und am Ende mit einem Stopper versehen, damit das Gerät nicht zu tief hineinrutschte. Das Licht der Birne wurde von den Scheidenwänden reflektiert und von einer Fotozelle gemessen. Je stärker die Durchblutung der Genitalien, desto mehr Licht wurde reflektiert. Auf einem Computer im benachbarten Raum steuerte Chivers die Videos und verfolgte das Level der physiologischen Erregung der Probandin oder des Probanden.

Wenn die Bonobos kopulierten, wurden die Vaginas stärker durchblutet. Das dauerte nicht lange. Die körperliche Erregung stellte sich fast sofort ein – ebenso, wenn auf dem Fernsehbildschirm Frauen Frauen oder Männer Männer oral befriedigten, wenn Männer Männer vögelten oder Männer Frauen. Und das alles unabhängig von der eigenen sexuellen Orientierung der Probandin. Die männlichen Versuchsteilnehmer dagegen wurden hauptsächlich von bestimmten Konstellationen erregt: Heterosexuelle reagierten auf Bilder von lesbischem oder heterosexuellem Sex, schwule Männer auf Szenen mit Männern. Alle männlichen Probanden blieben von den Menschenaffen gleichermaßen ungerührt.

Alle 30 Sekunden tauchte auf dem Bildschirm vor den Probanden die Frage auf: Wie stark sexuell erregt fühlen Sie sich gerade? Als Antwort war eine Nummer auf einer kleinen Tastatur zu drücken. Die Männer antworteten so, wie es auch den Ergebnissen des Plethysmografen entsprach. Ihre Fantasie und ihre Penisse, die subjektive und die objektive Wahrnehmung, stimmten überein. Die Probandinnen reagierten so, dass es deutlich von den Reaktionen ihrer Vaginas abwich. Vom Sex der Bonobos behaupteten sie, nicht unmittelbar erregt zu werden. Auch bei lesbischen Szenen gaben heterosexuelle Frauen an, weniger erregt zu sein, als ihre Genitalien übermittelten. Das galt auch für Darstellungen schwuler Männer, die sie vermeintlich deutlich weniger ansprachen, während sie auf heterosexuelle Paare in Wirklichkeit mit viel weniger Erregung reagierten, als sie selbst angegeben hatten. Bei den Frauen schien also alles durcheinander zu sein. Zur Verwirrung trug außerdem bei, dass Chivers über einer Studie brütete, die die Erregung von Frauen angesichts sexueller Übergriffe nachwies, sowie ein Bericht, der ergab, dass einige Frauen bei einer Vergewaltigung zum Orgasmus kamen. Ihre eigenen Erfahrungen als Klinikärztin belegten das.

Nach Chivers Ansicht rührte das Chaos möglicherweise daher, dass weibliche Sexualität mit männlichen Maßstäben gemessen wurde. Die Genitalien von Männern reagierten auf spezifische Kategorien von Reizen, und diese Reaktionen entsprachen ihren psychologischen Bedürfnissen. Wenn das der Maßstab war, dann herrschte bei den Frauen in der

Tat Chaos. Aber was, wenn es nur ein möglicher Maßstab war? Was, wenn sich bei Frauen die körperliche Bereitschaft zum Sex von der Lust darauf unterschied? Was, wenn es ein anderes legitimes System des Verlangens gab?

»Ich fühle mich wie eine Pionierin am Saum eines riesigen Waldes«, sagte Chivers. Neben ihrem Arbeitspensum in Toronto setzte sie ihre engagierte Forschung fort, und zwar während sie für Michael Bailey, einen bekannten Sexualwissenschaftler an der Northwestern University in Chicago, forschte. Bailey vermutete, nachdem er sich Chivers Daten angesehen hatte, die raschen Blutandrang in der Vagina als Reaktion auf Bilder von jeglicher sexueller Aktivität belegten, dass Frauen von Geburt an bisexuell seien. Diese Idee hatte Chivers jedoch zurückgewiesen. In ihren Augen hätte es die Anwendung eines männlichen Paradigmas – heterosexuell, homosexuell, bisexuell – auf etwas absolut Unbekanntes bedeutet. »Ich glaube durchaus, dass es bei Frauen Präferenzen gibt«, erklärte sie mir. »Frauen entscheiden sehr wohl, ob sie Sex mit Männern, mit Frauen oder mit beiden haben wollen. Aber ich weiß nicht, ob dies aus den gleichen Gründen geschieht, aus denen Männer sich Partner aussuchen. Ich weiß nicht, ob ein sexuell motiviertes System dahintersteckt, ein sexuelles Verlangen an sich. Gibt es eine grundlegende sexuelle Steuerung für Frauen?«, fragte sie und meinte, sie bezweifle es. Stattdessen vermute sie, ein »emotionales Zünden« sei für die erotischen Richtungen, die Frauen einschlügen, weitaus wichtiger.

Später schrieb sie mir, als sie die Arbeit eines anderen Wissenschaftlers schilderte, es gebe »eine interessante Beziehung zwischen Sexualtrieb und Anziehung durch Menschen desselben oder des anderen Geschlechts. Da der Sexualtrieb bei Männern stärker wird, ist Anziehung von Männern und Frauen bei ihnen stärker polarisiert. Frauen dagegen fühlen sich zu Frauen wie Männern sexuell eher hingezogen, wenn ihr Sexualtrieb stärker wird. Das lässt vermuten, dass der Sexualtrieb bei Männern mit einem Mechanismus zusammenwirkt, um die Sexualität auf das eine oder das andere Geschlecht zu lenken, während Frauen diesen Mechanismus vielleicht gar nicht haben und daher bei ihnen ein stärkerer Sexualtrieb bei beiden Geschlechtern zum Ausdruck kommt«.

»In akademischen Kreisen«, meinte sie, »gibt es diese Tendenz, männliche und weibliche Sexualität aus der Perspektive von Gleichheit, von Gleichartigkeit zu betrachten. Jegliche Indikatoren für einen Unterschied gelten als gesellschaftlich bedingt – oder man unterstellt mangelhafte Forschungsmethoden. Ich habe das Gefühl, auf schwierigem Terrain zu kämpfen, wenn ich sage: ›Nein, männliche und weibliche Sexualität sind wirklich verschieden, und man wird sie daher unterschiedlich betrachten müssen.‹«

Sie wusste nicht, was sie in erwähntem Wald finden würde. Die genitale Erregung bei Gewalttätigkeit war ihrer Ansicht nach und in den Augen anderer ein Selbstschutz. Mit Blick auf die Evolution mussten prähistorische Frauen eben auch für sexuelle Aggression vaginal empfänglich sein, um Risse und andere Verletzungen zu vermeiden. Vielleicht hatte die weibliche Reaktion auf den Sex der Bonobos hier ihre Ursache. Vielleicht genügte der Anblick eines erigierten Penis, um diese urzeitliche Reaktion zum Selbsterhalt auszulösen. Aber warum dann körperliche Erregung beim Betrachten lesbischer Szenen, die übrigens stärker war als jene auf Szenen mit homosexuellen Männern? Und warum über-

haupt Erregung beim Anblick einer einzigen nackten Frau –
sie hatte auch dazu entsprechende Videos abgespielt –, die
wiederum stärker war als beim Betrachten eines einzelnen
nackten Mannes? Und was würde passieren, wenn sie ihren
Probandinnen anstelle der Menschenaffen Hühner zeigte?
Wie groß musste die Ähnlichkeit der sexuell Aktiven mit
Menschen sein? Worauf genau reagierten die Frauen?

Auch wenn sie noch jung war, wusste Chivers, dass es ihr
in einem ganzen Leben als Wissenschaftlerin höchstens gelingen würde, ein Stück weit in den Waldrand vorzudrin-
gen und nur einen vagen Blick auf die Faktoren zu werfen,
die weibliches Verlangen prägen. »Eine Sache, über die ich
nachdenke«, erklärte sie, »ist die Dyade, die Männer und
Frauen bilden. Sicher sind Frauen sehr sexuell und besitzen
die Fähigkeit, sogar sexueller zu sein als Männer, aber eine
Möglichkeit ist, dass ihre Sexualität weniger von der Sorte
›zieh los und hol's dir‹ ist, sondern mehr von einem reakti-
ven Prozess hat. Wenn man von einer Dyade ausgeht – und
eine Hälfte mit Testosteron vollgepumpt ist –, sich für Ri-
siken interessiert und wahrscheinlich ein bisschen aggres-
siver ist, dann ist das eine sehr motivierende Kraft. Es wäre
sinnlos, eine weitere ähnliche Kraft ins Spiel zu bringen. Daher braucht man etwas Komplementäres. Und ich habe mir
schon oft gedacht, dass ein wirklich mächtiger Impuls der
weiblichen Sexualität das Begehrtwerden ist. Dieses rezep-
tive Element. Irgendwann würde ich gerne mal eine Studie
durchführen, die darauf näher eingeht. Im Moment wissen
wir einfach nicht viel darüber.«

Auf ihrem Stockwerk mit den anderen Sexualwissen-
schaftlern war Chivers von Männern umgeben, die über
sexuelle Paraphilien forschten. Da fragte sie sich, ob die Sel-

tenheit weiblicher Abweichungen von der Norm vielleicht ihre Ursache in den männlichen Definitionen hatte. Wenn das weibliche System fundamental anders funktionierte, dann müssten die Störungen bei Frauen doch auch völlig andere sein. Auf der vorhandenen offiziellen Liste nicht zu finden. Für Frauen war die Landkarte des Typischen und Abweichenden schlichtweg noch nicht gezeichnet. Die Kartografin würde erst einen Weg durch den riesigen Wald finden müssen. Gemäß den Begriffen der traditionell definierten Paraphilien erschien es ihr nachvollziehbar, dass die Frauen mit größter Wahrscheinlichkeit Masochistinnen waren. Nacktes Fleisch in Erwartung der Peitsche, gefesselte Extremitäten oder von der Decke hängende Körper – die Masochistin wurde begehrt, war die Empfangende, sie stand im Mittelpunkt der lustvollen Aufmerksamkeit des Sadisten.

Chivers wusste, dass Frauen bei den traditionellen Paraphilien zahlenmäßig unterrepräsentiert waren. Ein Mann, der im Häuschen einer Mautstelle seine Erektion zeigte, würde eingesperrt und vielleicht wegen Exhibitionismus behandelt; eine Frau, die am selben Ort ihre nackten Brüste präsentierte, bekäme wahrscheinlich nur Applaus. Die Erwartungen und das Erlaubte in einer Gesellschaft können die Statistik verzerren. Und sie wusste auch, dass gesellschaftlicher Druck ihre eigene Forschungsarbeit beeinflussen konnte. Körperliche Erregung als Reaktion auf vielfältige Reize konnte, wie schon Freud behauptet hatte, der natürliche Zustand von Männern wie Frauen sein. War es vielleicht einfach so, dass die Gesellschaft Männer eindringlicher lehrte, ihre Lust auf eine begrenzte Auswahl von Zielen zu richten, während dem weiblichen Verlangen mehr Freiheit zugestanden wurde? Und war es nur so, dass Männer, die diese Lektion zutiefst verinnerlicht hatten, physisch eher innerhalb erlernter und nicht ihrer natürlichen Kategorien reagierten? Unterschieden sich Männer und Frauen primär aufgrund ihrer Erfahrungen und nicht, weil es ihnen so angeboren war? Chivers und ihr Ehemann Michael Seto, einer der Wissenschaftler auf ihrem Stockwerk, sprachen davon, eines Tages ein Experiment zu versuchen, bei dem eine Art Kernspintomograf zum Einsatz käme, um zu testen, ob bestimmte inhibitorische Hirnregionen bei Männern aktiver sind als bei Frauen, wenn man ihnen unterschiedliche erotische Reize zeigt. Chivers hatte bereits versucht, erlernte Hemmungen als Erklärung ihrer Ergebnisse auszuschließen. Sie bezog auch von männlich zu weiblich veränderte Transsexuelle in ihre Probandengruppe mit ein. Diese durch medizinische Eingriffe zu Frauen gemachten Menschen, und zwar die heterosexuellen wie auch die homosexuellen, zeigten bestimmte Reaktionsmuster. Sie reagierten wie Männer. Dies schien auf ein angeborenes System hinzuweisen. Man könnte aber natürlich dagegen vorbringen, dass die gesellschaftlichen Kräfte, die Kräfte des Erlernens diese Menschen dauerhaft geprägt hatten, und zwar lange bevor sie sich operieren ließen und bevor ihr neues Frausein den Einfluss der Gesellschaft hätte ändern können. Chivers konnte die angeborenen Faktoren nicht gänzlich isolieren und wusste, dass ihr das vermutlich nie gelingen würde. Der Wald wirkte eben oft undurchdringlich.

Doch eines ließ sich fast mit Sicherheit sagen: Frauen wie die Baroness sind überaus selten.

Weil sie den Unterschied spürte, den sie nicht genau bestimmen konnte, hatte sie in langen Phasen ihres Lebens am liebsten sterben wollen.

Ungefähr um die Zeit, als wir gemeinsam zu Master R gefahren waren, hatte die Baroness einen lateinischen Ausdruck erstmals gehört. Sie selbst hatte die Schule schon mit dreizehn verlassen. Inzwischen hörte sie sich Proust auf CD an, war stolz auf das, was sie sich selbst an Bildung beigebracht hatte, und war von der Wendung *sui generis* sofort hingerissen. Sie bedeutet »einzigartig«. Damit fühlte sie sich perfekt beschrieben, denn sie kam sich wie aus dem Nichts entstanden vor. Sie beharrte darauf, dass die schwierigen Bedingungen, unter denen sie aufgewachsen war, wenig bis nichts damit zu tun hatten, wer sie inzwischen war. Sie konnten ihren Stil oder ihre Macht oder Sexualität nicht erklären. »Ich bin *sui generis*«, sagte sie beschwingt und schwieg dann nachdenklich. »Ja, das gefällt mir.«

Sie war bis zu ihrem zwölften Lebensjahr in britischen Wohngruppen und kleinen Waisenhäusern aufgewachsen. »Dort passierte nichts wirklich Schlimmes. Das Grausamste, was ich erlebte, war, dass ich Frühstücksfleisch essen musste, kotzte, und gezwungen wurde, weiterzuessen.« Sie verbrachte viel Zeit mit Lesen. Vor allem die Reihe *Fünf Freunde* faszinierte sie – vier Kinder und ein Hund, die Schätze entdecken und Räuber jagen. Sie schrieb sogar ihre eigene Version. »Das war eine Vereinigung aller vier Kinder in einer Person. Aber es gab keinen verdammten Köter, noch nicht mal eine Katze. Das Mädchen war früh verwaist, frei und unabhängig. Ich ging mit meinem Buch in der Nachbarschaft herum, um es zu verkaufen.«

Mit zwölf wurde sie adoptiert. Die neuen Eltern zogen bald mit ihr in die Staaten, nach Los Angeles. Mit dreizehn begann sie immer wieder abzuhauen. In den Sechzigerjahren verbrachte sie lange Phasen ihrer Teenagerzeit in San

Francisco. »So habe ich jene Ära in Erinnerung. Ich war tagelang am Stück wach und schimpfte leise vor mich hin. Vor Menschen fürchtete ich mich. Die Polizei griff mich von der Straße auf. Wenn mir damals jemand erzählt hätte, irgendwas an mir sei fantastisch, hätte ich das sicher nicht geglaubt. Ich hatte mörderische Kopfschmerzen. Zwei oder drei Jahre lang sah ich alles nur in Schwarz-Weiß. Ich bekam Schocktherapie. Zweimal? Dreimal? Mit dreizehn oder vierzehn zum ersten Mal. Ich habe das Gefühl, alles zu verdienen, was ich jetzt habe, weil ich dafür bezahlen musste.

Ich erinnere mich, wie es war, zum ersten Mal glücklich zu sein. Es gibt ja solche Momente, in denen man weiß, man ist wirklich glücklich. Da hatte ich gerade ungefähr sechzig Seconal-Tabletten geschluckt und dachte, es wäre mir gelungen. Aber dann starb ich nicht. Manche dieser Geschichten sind so peinlich. Ich befand mich in einer Art Tunnel. Das ist so klischeehaft, und das Letzte, was ich möchte, ist, gewöhnlich sein. Am Ende befand sich ein weißes Licht, ein weißglühendes Dreieck. In der Mitte führte ich ein Gespräch mit einer Art unsichtbarem Wesen. Kurz gefasst bekam ich zu hören, ich könne noch nicht abtreten, weil ich den Zweck meines Daseins noch nicht erfüllt habe. Ich sagte: ›Dann sag mir, was das ist. Ich mache es und bin gleich wieder da.‹ Und die Stimme sagte: ›Nein, du musst es herausfinden.‹ Und schon spürte ich, wie ich durch den Tunnel wieder zurückgezogen wurde.«

Jahrzehnte vergingen. Jahrzehnte mit zu vielen Drogen, mit Kostümentwürfen für Filme und Theater. (In einem der britischen Kinderheime hatte sie sich selbst das Nähen beigebracht, und als Teenager hatte sie in San Francisco Klamotten genäht und auf der Straße verkauft.) Verschwommene

Jahrzehnte mit Ereignissen, die sie zeitlich nicht einordnen konnte. Zum einen, weil es ihr so vorkam, als hätten die Elektroschocks ihr Zeitgefühl beschädigt, zum anderen aber auch, weil Gleichgültigkeit gegenüber Zeit zu ihrem Selbstverständnis passte – dem Gefühl, sie sei *sui generis* plötzlich da gewesen. Mitte der Siebzigerjahre war sie nach Manhattan gezogen. Zwanzig Jahre später war auf ihrer eigenen Geburtstagsparty – ihr Geburtstag war an Halloween – einer der Gäste ganz in Latex gekleidet und mit einer Peitsche erschienen. Die Peitsche hatte er ihr hingehalten.

Damals war sie schon knapp zehn Jahre mit Mark verheiratet und seit dreizehn Jahren mit ihm zusammen. Sie hatten sich in der Zentrale der Chemical Bank kennengelernt, wo er als Firmenfotograf arbeitete. Er selbst war gerade erst nach New York gezogen, und zwar aus Wisconsin, wo er als Sohn eines Mannes aufgewachsen war, der Maschinen zur Wasserenthärtung baute und sie auch selbst im Mittleren Westen verkaufte. Ihr damaliger Freund, der in Marks Abteilung arbeitete, versetzte sie eines Tages bei einer Verabredung zum Mittagessen. Mark erinnerte sich, dass sie »in den konservativsten Klamotten kam, die sie auftreiben konnte. Einer weißen Bluse mit bauschigen Ärmeln und einem riesigen Kragen und einem weißen Minirock. Alles andere als büromäßig.«

Die beiden fühlten sich sofort zueinander hingezogen. Er zu ihrer Unerschrockenheit. Er nannte sie »die einzige Frau, die mir je begegnet ist, die sich vollkommen von Konventionen befreit hat«. Sie war dagegen von seiner Beständigkeit beeindruckt; in ihren Augen war er »mein Fels«. Weil er ihr Faible für die Dreißiger- und Vierzigerjahre kannte, machte er ihr seinen Heiratsantrag im Rainbow Room, zwischen zwei Tänzen zu den Klängen der Swingband. Die Flitterwochen verbrachten sie in Paris, wo er seine Liebe zur Hundefotografie entdeckte. Er begann mit einem Beagle, den er dabei beobachtete, wie er versuchte, aus einer Bierflasche zu trinken. Bald fotografierte er auch Boxer, Labradore und Dackel in den schönsten Posen – mit heraushängender Zunge, gespitzten Ohren, schwermütigem Blick, niedlich geneigtem Kopf. »Wir haben ein Herz für Haustiere«, hieß es später auf seiner Webseite. »Und wir tun nichts lieber, als den einzigartigen Charakter jedes einzelnen, das wir kennenlernen, zu entdecken und zum Ausdruck zu bringen.«

Nach ihrer Hochzeitsreise ließen sie sich im East Village nieder. Ihr Liebesleben war traditionell, wobei sich große Sehnsucht aufstaute, wenn sie monatelang auf Reisen war, um Kostüme für Filme anzufertigen, und sie einander nicht sahen. Dann bot ihr auf der Halloween-Geburtstagsparty ein Gast seine Peitsche an.

»Ich glaube, ich bin tatsächlich ein paar Schritte zurückgewichen. Ich verbarrikadierte mich. Weil ich es wusste – sobald ich sie berührte, wäre ich der Sache verfallen. An jenem Abend geschah nichts. Aber wir lernten einander besser kennen. Bald danach kerbte ich ein V in seinen Rücken. Mit einer Nadel, aber ich meine einkerben, nicht kratzen. Dabei floss eine Menge Blut. Wir lernten viel gemeinsam, er und ich. An seinem Körper lernte ich, eine Peitsche so zu benutzen, wie es gedacht ist. In dieser Hinsicht bin ich eine Streberin. Ich möchte etwas wieder und wieder tun, bis ich richtig gut darin bin. Es soll sich anfühlen wie eine Berührung.«

Schon zu Beginn ihrer Ausbildung nahm ihr Geburtstagsgast, den sie später Luminous, den Leuchtenden, nannte, sie mit in den berühmtesten Sado-Maso-Club der Stadt. Was ihr damals noch an Geschicklichkeit fehlte, machte sie mit ungezügelter Lust wett. »Alle werden von dir sprechen«, versprach ihr Partner ihr am Ende des Abends. Was »sicher, vernünftig, einvernehmlich« betraf, machte sie von Beginn an klar, dass sie keine Regeln anerkannte.

Bevor Luminous in ihr Leben getreten war, hatte sie nur Ahnungen von ihren unkonventionellen Sehnsüchten gehabt. Sie erinnerte sich an eine längst vergangene Erregung, als sie in einem alten Schwarz-Weiß-Film gesehen hatte, wie ein britischer Seemann an den Mast gebunden und ausgepeitscht wurde. Nachdem sie Luminous' Bekanntschaft gemacht hatte, kam es ihr vor, als hätte sie etwas Entscheidendes über sich selbst gelernt. Und indem sie zum Ausdruck brachte, was schon so lange in ihr geschlummert hatte, wurde sie »ein ausgeglichener, netterer Mensch«. Den Zweck, von dem die Stimme aus dem weißen Dreieck gesprochen hatte, kannte sie jetzt. »Ich kann den Menschen ihre Träume geben. Ich besitze die Macht, Menschen zu verändern. Ich bin in der Lage, so viel Gutes zu tun.« Sie konnte »den Wesenskern« der Masochisten der Stadt genauso befreien, wie ihr eigener Sadismus befreit worden war. Sie konnte diese Leute vor Verzweiflung und Selbstzerstörung bewahren, die einen so großen Teil ihres Lebens überlagert hatten. Sie vermochte, wie sie es nannte, »ein Leuchtfeuer« für Menschen wie das Girl, Greg, Genevieve, Elvis und die zahllosen anderen zu sein, die sie dazu verführt hatte, sich erstmals ihren Gelüsten zu stellen oder zu empfangen, wonach sie sich sehnten.

Die Kleidung, die sie entwarf, war Teil ihres Plans, die erotische Wahrheit bei denjenigen freizulegen, die ein Leben voller Hindernisse erduldet hatten. In ihren Augen war die

Stadt voller Frauen und Männer, die bewusst oder unbewusst auf diese Offenlegung warteten. Wie Homosexuelle, die ihr Verlangen unterdrücken und den Rest ihrer Persönlichkeit verfälschen oder zerstören. Das Gleiche galt für die Masochisten. So wie es auch für sie gegolten hatte. Sie stellte sich eine wachsende Menge vor, die den Weg zu ihr fand, und der Latex war eine der Möglichkeiten, sie anzusprechen. Das Einreiben des Körpers mit Gleitmittel, um ein Kleidungsstück über die Haut zu ziehen, die plötzliche enge Umhüllung, die makellose Glätte dieser zweiten Haut, ihr Glanz, weil sie jedes Stück in der Boutique von ihren Untergebenen polieren ließ, die Möglichkeiten des Materials, aus den Konturen jeder Person mit egal welcher Figur etwas Geschmeidiges zu machen. Wie die Nervenenden der Trägerin oder des Trägers reagieren, wenn man auch nur mit der Oberfläche eines Fingernagels ganz leicht über die Oberfläche streicht; eine Reaktion, die irgendwie doppelt so elektrisierend ist wie die gleiche Geste auf nackter Haut. Noch bevor irgendetwas Explizites passierte, hatten ihre Kunden schon so gut wie kapituliert.

Draußen, vor dem alljährlichen New Yorker Black and Blue Ball, wimmelte es auf dem Bürgersteig und der Straße von Besuchern, Schaulustigen, Fotografen und Sicherheitsleuten. Als die Baroness mit Kathleen an einer geflochtenen Lederleine, die an einem Halsband befestigt war, aus einem Taxi stieg, schienen alle zusammenzulaufen. Die Baroness trug ein bodenlanges Kleid aus amethystfarbenem Latex mit einem Muster aus Rüschen, die über den Rücken fielen, und einer Schleppe, die Kathleen über das Pflaster trug. Kamerablitze flammten auf, Menschen riefen ihr etwas zu, und jemand vom Personal des Balls führte sie von der Schlange vor dem Eingang weg und direkt zur Tür.

Drinnen, in einem Gedränge aus Männern mit Zylinder und Schwalbenschwanz, Frauen mit schwarzen Perücken und Gummikorsetts, Männern, die bis auf Suspensorien aus Leder völlig nackt waren, und Frauen, die nur mit dünnen Lederschnüren bekleidet waren, erwiesen Gäste der Baroness ihre Reverenz. Das laute Wummern der Tanzmusik machte die Worte schwer verständlich, aber wieder und wieder küssten sie, auf allen vieren, die Spitzen oder Absätze ihrer Schuhe. Es wurde genickt und sich verbeugt, oder man presste die Lippen auf ihren Handrücken. Dabei spielte es keine Rolle, ob diejenigen an einen anderen Meister gebunden waren. Da gab es weiße Männer, die von schwarzen Frauen mitgeführt wurden, barbusige Frauen, die neben männlichen Besitzern oder Dominas herkrabbelten. Ohne dass es diejenigen, die sie unter Kontrolle hatten, störte, zollten sie der Baroness ihren Tribut.

Der Ball war weniger eine Gelegenheit zum Spiel als eine alljährliche Versammlung und ein Abend des Wiedersehens. Oben auf dem Balkon mit dem Messinggeländer, oberhalb der Tanzfläche, stieß die Baroness auf David, der ihr ohne eine Geste der Ehrerbietung begegnete. Einst hatten sie versucht, eine Möglichkeit zu entwickeln, sich mit ihren Peitschen zu unterhalten, jeder auf einem anderen Dach stehend – eine Art Morsealphabet aus Peitschenschnalzern. Jetzt war sein Gesicht hager, und seine Arme ragten wie Drähte aus dem Tanktop. Er hatte Aids, aber er konnte sich immer noch in die Mitte des Union Square Parks stellen und die Fensterscheiben der umliegenden Gebäude in 50 Metern Entfernung zum Klirren bringen, wenn er mit dem Ende seiner Peitsche die Schallmauer durchbrach.

Unter dem Balkon unterbrach ein Moderator den Tanz, um bekanntzugeben, dass Carrie, eine Hälfte des lesbischen Veranstalterinnenpaars, soeben von einem Jungen entbunden worden war. David ging weiter, und Eliza und Ben zogen vorbei.

Die beiden wirkten lang und schmal, mit dunklem Haar und Gesichtern wie auf den Titelseiten von Zeitschriften. Sie arbeitete im Fundraising, er als Architekt. Gekleidet in Latex der Baroness, Eliza in Rot, Ben in Schwarz, sie mit Zwölf-Zentimeter-Absätzen und er mit Plateaustiefeln, hätten sie auch ein Heldenpärchen aus einem Animationsfilm sein können. Bereit, sich in den Kampf des nächstens Abenteuers zu stürzen. Doch ihre Abenteuer waren erotischer Natur.

Dabei hatte Eliza nicht immer so faszinierend ausgesehen, denn als Kind litt sie unter Arthritis. Sie hatte ihre Jugend hindurch eine Gehhilfe benutzt, Krücken und einen Stock. Die Sommer hatte sie an Orten verbracht, die sie »Krüppelcamp« nannte. Unter ihrer Andersartigkeit hatte sie in einem Ort in Maine, wo ihrem Vater eine Eisenwarenhandlung gehörte, sehr gelitten. »Ich spürte keine Kontrolle über meinen Körper«, erinnerte sie sich an die Jahre der Krankheit, die erst ganz am Ende ihrer Teenagerzeit, mit Anfang zwanzig, ausgestanden war. »Ich war krank, hatte permanent Schmerzen und das hier ist ein Teil dessen, was mir dieser Zustand zugefügt hat: Ich will nicht mehr machtlos sein! Wie kann ich Macht ausüben? Das ist eine Möglichkeit, damit zu experimentieren. Es gibt Zeiten, in denen ich total dominant bin. Aber es gibt auch andere, in denen ich mich völlig unterwerfe. Ich will diese Intimität, diesen Schmerz.

Ich möchte fühlen: Das habe ich zwar schon erlebt, aber so noch nie.«

Das habe ich schon erlebt, aber so noch nie – ihre Worte sind wie ein Echo der psychologischen Theorie, wonach wir das erotisieren, was uns geängstigt, beschämt, verletzt hat. Auf diese Weise versuchen wir, unseren tiefsten Verletzungen und unserer ärgsten Verwirrung zu entgehen. Eliza lehnte, im Unterschied zur Baroness, Erklärungen nicht ab. Sie betrachtete ihre Arthritis als entscheidend für ihre Sexualität. Und zwar nicht nur, weil diese sie dazu gebracht hatte, sich nach Macht und Schmerz zu sehnen, sondern weil die Fremdartigkeit ihres jungen Körpers und die dadurch ausgelöste Entfremdung es ihr jetzt leichter machten, das Anderssein zu begrüßen. Sie strebte sogar danach. Und wenn sie an ihre Freunde aus dem »Krüppelcamp« dachte, dann schien ein großer Prozentsatz sich später auf alternativen sexuellen Pfaden zu bewegen.

Ben konnte keine Erklärungen bieten, nur frühe Anfänge: Das Kellerspiel, das er sich für sich selbst und seine Freunde aus der Nachbarschaft ausgedacht hatte und das immer damit endete, dass er in einen alten unbenutzten Windelabfalleimer gesperrt wurde; das Spiel im Wald mit zwölf oder dreizehn, auf dessen Höhepunkt er an einen Baum gefesselt und von zwei oder drei Mädchen mit Stöcken gepiekt wurde.

In seinen Zwanzigern war er in eine Dokumentarfilmerin verliebt gewesen. »Sie war politisch sehr liberal, aber privat sehr konservativ.« Er ertrug ihr durchschnittliches Sexualleben, indem er am frühen Morgen stundenlang SM-Webseiten anstarrte. Die Chance, sich mit einer professionellen Domina, einer Japanerin, die tagsüber als Grafikdesignerin arbeitete, zu treffen, holte ihn aus seiner Fantasiewelt. Er buchte eine Sitzung in dem SM-Kerker, in dem sie arbeitete.

»Die Baroness nennt alle, die das professionell betreiben, Bullshit«, sagte er. »Für sie ist das eine rein menschliche Beziehung. Aber sie bieten eine Gelegenheit für Leute, die dieses Faible haben, Leute, die fast verrückt werden, Leute, die sich sagen, ich muss wirklich herausfinden, wer ich bin.«

Die Sitzung mit der Grafikdesignerin half Ben, das herauszufinden. Und als er in einer Bar Eliza kennenlernte, kam seine Sehnsucht schon beim ersten Flirten raus. »Wenn ich noch ein einziges Mal Vanilla-Sex haben muss, erschieße ich mich«, erklärte er ihr. Ohne genau zu wissen, was er meinte, spürte sie, dass er war, was sie brauchte. Sie war vorher mit einem Mann liiert gewesen, der sie heiraten wollte, den sie aber nicht lieben konnte, weil sie fand, dass im Bett zwischen ihnen etwas fehlte.

Jetzt verbrachten sie ihre Abende und Wochenenden damit, miteinander zu spielen. »Als wir uns kennenlernten, waren wir zwei Subs«, sagte er. »Aber logischerweise muss auch jemand dominieren. Und sobald wir damit begonnen hatten, erweiterte es unseren Erfahrungshorizont.« Auch für diese Form von Vielseitigkeit, diesen Rollentausch, hat die Baroness eigentlich nur Verachtung übrig. An einem Abend vor Kurzem hatte Ben mit einer Zigarette dreißig Male in Elizas Po gebrannt. Dafür war er an einem anderen Abend gekommen, während sie ihm seinen Penis leicht peitschte. »Das war so erniedrigend und so scharf«, sagte er.

Den kontrollierenden Part zu übernehmen war weit anspruchsvoller. »Man nimmt sich beispielsweise vor, eine bestimmte Form von Bondage zu machen«, erklärte er. »Und dann überlegst du dir, du möchtest lieber *das* machen, aber da ist sie schon komplett gefesselt, und um das zu bewerkstelligen, muss ich sie erst wieder befreien, und dann wird es unorganisch. Dabei möchte man ja, dass alles fließt. Dafür braucht es eine Choreografie. Es ist so, als gäbe man ein Abendessen: Komm rein, wie geht's dir, lass mich dir die Jacke abnehmen, setz dich, irgendwas zum Trinken. Aber wenn du nur reinkommst und schon steht da das Drei-Gänge-Menü vor deiner Nase, obwohl es erst halb sieben ist – nein. Die Dinge müssen sich eines aus dem anderen ergeben.«

»Manchmal geht das nahtlos«, sagte sie. »Und manchmal sagt man nur: Oh, verdammt, oh, Shit.«

»Wir verzeihen einander.«

»Ich liebe das, in einer Beziehung zu sein, in der ich mich unendlich um Ben kümmere und sorge.«

Vor Kurzem hatten die zwei begonnen, sich gegenseitig in der Öffentlichkeit, auf Partys von Freunden, die sie in Clubs oder über die Baroness kennengelernt hatten, zu verletzen und zu demütigen. »Wir lieben die öffentliche Erniedrigung. Das Publikum trägt noch zur Herabsetzung bei.« Wenn sie so eine Party besuchten, hieß das, vorher Ausrüstung einzupacken: »Die ersten paar Male war das, als brauchten wir eine Checkliste. Wäscheklammern. Fußschellen. Handschellen. Sackgewichte. Leine. Halsband. Knebel. Masken. Ellenlange Latexhandschuhe. Karabiner. Flogger und harte Peitschen. Feuerzeug. Schlösser. Schlüssel. Es ist übrigens toll, im Baumarkt Fetisch-Shopping zu machen. Drei Sätze Schlüssel für je sechs normale und vier kleine Schlösser – einen am Gummiband ums Handgelenk, einen in der Tasche und noch einen in der Jackentasche. Man will ja schließlich die Liebe seines Lebens nicht in Ketten legen und dann am Ende des Abends nicht befreien können. Also diese ganze Ausrüstung, und dann steckst du noch in Latex, und am Ende heißt es: ›Mist, wir haben Zigaretten vergessen‹, und so, wie wir aussehen, können wir nicht mal eben in unseren Laden an der Ecke laufen. Aber die ganze Vorbereitung ist es wert. Die Erniedrigung ist so was von sinnlich.«

Ihr Spiel, ihr Liebesspiel, kann Stunden dauern. Doch wenn alles vorbei ist, wenn der Unterworfene aufgehört hat, in seiner Erniedrigung vor Ekstase zu schreien, dann ist die Wiederherstellung von Normalität gar nicht so schwer, wie man meinen könnte. »Man fühlt sich total erschöpft und großartig«, sagte sie. »Nicht so, als müsste ich aus einem metertiefen Loch herauskriechen.« Und er meinte: »Ich kuschle mich dann einfach auf ihren Schoß.«

Sie hatten einen gemeinsamen Wahlspruch: »Alles immer.« Nicht mit irgendjemand anderem – sie waren einander treu –, sondern zwischen ihnen beiden. Und nicht, wenn es eine Enthüllung in ihrem anderen Leben mit sich gebracht hätte. Sie fürchteten um ihren Job, falls jemand in ihrer Firma das herausfände. Sie fürchteten um seine Aufträge. Die Menschen könnten fasziniert sein, in Selbsterkenntnis erzittern, weil sie zumindest eine Spur einer ähnlichen Sehnsucht bei sich entdeckten. Doch das würden nur wenige zugeben. Die meisten würden negativ reagieren. Würden nichts mehr mit ihnen zu tun haben wollen. Selbst in Downtown Manhattan, wo sie wohnten, gingen sie kaum in ihren Latexsachen vor die Tür. Aus Sorge, die Kleidung würde sie schon Fremden auf der Straße verraten.

Sie spürten, dass die Baroness wahrhaftig ein Leuchtfeuer

war. Für sie selbst, aber noch mehr für die vielen anderen, die ihre Leidenschaft noch stärker verheimlichten, sich noch mehr fürchteten. Der Name, den sie sich gegeben hatte, die Boutique, die sie besaß, die Art und Weise, wie sie jeden Tag und jeden Abend durch die Straßen von Manhattan lief. – Eliza und Ben sahen in ihr eine Verkünderin der Gabe, die sie, ihren Ängsten zum Trotz, glücklich empfangen hatten. »Es ist schwierig, so zu leben«, sagte er. »Es gibt gesellschaftliche Hindernisse. Aber wenn mir jemand anbieten würde: ›Ich kann diese Perversion beseitigen, ihr werdet sie nicht mal vermissen‹ – auf gar keinen Fall. Es gibt uns einfach zu viel. Wir würden es um nichts in der Welt hergeben.«

»Die Leute glauben nicht, dass das eine gleichberechtigte Partnerschaft ist«, sagte Mark über seine Ehe mit der Baroness. »Sie glauben, ich würde die Rolle eines Unterwürfigen übernehmen.«

Das tue er nicht, wie er mir erklärte. Er habe sich in eine Frau mit einem anderen Namen verliebt und eine Frau geheiratet, die keinerlei Anzeichen für das aufwies, was später aus ihr werden sollte. Als sie zum ersten Mal eine Peitsche benutzte, sei er perplex gewesen. Das war in ihrem Wohnzimmer, mit Luminous, der einst der beste Schachspieler im Bundesstaat Arkansas gewesen war und jetzt ihre Hiebe empfing. Mark fiel es schwer, das mitanzusehen. Einzusehen, dass »die Frau, die ich liebe ein Interesse daran hat, Menschen so zu behandeln. Aber es wirkte auf mich auch wie ein Zufall, als würde es nur dieses eine Mal geben. Hätte ich gewusst, dass es der Beginn einer Entwicklung war, hätte ich vielleicht etwas gesagt. Mit jedem Jahr schien sie es zu genießen, ein wenig mehr Schmerz zu bereiten, ein wenig mehr Blut fließen zu lassen«. Er erinnerte sich auch an seine Eifersucht, als sie das V in Luminous' Rücken gekerbt hatte. Es war ihm so intim erschienen.

Beim konventionellen Sex gehörte sie nur ihm. Und schrittweise war er damit zurechtgekommen, dass sie noch etwas anderes brauchte. »Ich stelle mir das vor als zwei Aspekte der Frau, die ich liebe. Wenn es ihr Freude macht, Schmerz und Erniedrigung zu bereiten, bin ich froh, dass es jemanden gibt, der das auf sich nimmt. Ich selbst habe daran null Interesse. In ihrer Welt bin ich ein Außenstehender. Ich habe mich daran gewöhnt. Aber in der Sado-Maso-Szene besitze ich keine echten Freunde, denn diese Leute haben ja genau das gemein. Mir ist es nach wie vor fremd. Ich verstehe es immer noch nicht. Je gleicher ich mich mit jemand fühle, desto näher steht er mir.«

Eines Abends lud mich die Baroness auf einen Drink mit ihrer ältesten Freundin ein. Sie kannte Celeste seit fast 25 Jahren. Damals hatten sie sich kennengelernt, als sie die Kostüme für ein Broadway-Musical anfertigten. In dem ruhigen Weinlokal, wo wir uns trafen, erschien Celeste in schwarzer Hose, lavendelfarbener Strickjacke und mit einer Kette aus kleinen Glasperlen um den Hals. Ihre Stimme klang so zart wie Glas. Ihr braunes Haar war nach einer Krebsbehandlung raspelkurz. Man hatte alles versucht, aber sie hatte einen Hirntumor und würde bald sterben.

»Die Baroness und Mark waren die zweiten Menschen, denen ich es gesagt habe.« Sie erzählte von den Jahren ihrer Freundschaft mit der Baroness, als sie Theater und die Oper besucht hatten. Und sie sprach von der gegenwärtigen Loyalität der Baroness, ihren häufigen Besuchen, ihrer

Bereitschaft, sich nicht von Schwäche und Tod abzuwenden. Celeste erwähnte außerdem, dass die Baroness eine der ihr Ergebenen geschickt hatte, damit sie der Erkrankten bei der alltäglichen Arbeit in der Wohnung half. »Ich hätte all das ohne diese Frau, die hier als meine Freundin sitzt, nicht durchgestanden.«

»Sie hat einen Hirntumor, man kann ihr nicht alles glauben«, wehrte die Baroness lächelnd ab.

Dann meinte Celeste abrupt: »Ich bin mir noch nicht sicher, ob ich den Schock schon überwunden habe. Vorher war sie extrem gegen Gewalt eingestellt. Sie ertrug es kaum, wenn ich mal wütend wurde. Jetzt schlägt sie Menschen. Sie verletzt sie. Ich war wirklich zutiefst schockiert, als ich sah, was sie mit Luminous trieb. Ich fand es zum Kotzen. Nach ihrer Veränderung gab es Zeiten, als ich dachte, nicht mehr ihre Freundin sein zu können. Sie schnitt und brandmarkte einen Menschen. Damit kam ich nicht zurecht. Dabei ging es mir nicht speziell um Luminous, sondern darum, dass sie so etwas einem anderen menschlichen Wesen antat.«

Die Haltung der Baroness wurde starr. Nicht einmal ihr metallicfarbener Lidschatten vermochte ihren verletzten Blick zu mildern. Das aufgetürmte Haar schien in sich zusammengefallen, die Farbe verblasste geradezu.

»Ich sah Charles, der schwarz ist, angekettet als Sklave in ihrer Wohnung dienen«, fuhr Celeste mit ihrer zerbrechlichen Stimme fort. »Und als ich dagegen protestierte, meinte sie: ›Das ist sexy.‹«

»Was es auch war.«

»Und sie spricht davon, dass sie intelligente Sklaven mag.«

»Was ich auch tue.«

»Aber widerspricht es nicht all ihrer Intelligenz, wenn sie sich vor dir auf den Boden kauert?«, wandte sich Celeste von mir ab und schaute ihrer Freundin ins Gesicht. »Ihr ganzes Potenzial ist vergeudet, bis sie zu denen werden, die sie wirklich sind.«

»Zerstörst du Intelligenz nicht, indem du Menschen brichst?«

»Habe ich schon erwähnt«, meinte die Baroness mit einem Seitenblick zu mir, »dass sie einen Hirntumor hat und man ihr nicht glauben soll?«

Sie mussten beide lachen.

»Es ist unheimlich«, sagte Celeste schließlich. »Aber sie ist als Baroness wirklich glücklicher.«

Zu ihrer Party am Valentinstag trug die Baroness pinkfarbene Latexhandschuhe, die ihr bis zu den Schultern reichten, und ein schimmerndes schwarzes Latexkleid. Ihre Haare waren zu einem flammenden Bogen frisiert. Es war noch früh am Abend. Die Bar, in der sie und ihre Gefolgschaft sich jeden ersten Sonntag im Monat trafen, war noch nicht einmal halb voll. Zwei Männer mittleren Alters, beide in durchgehenden Latexanzügen, plauderten über die Fahrtrouten, die sie hierher genommen hatten. Einer war aus Pennsylvania, der andere aus New Jersey angereist. Sie klagten ein wenig übers Wetter und den dichten Verkehr, wie sie es wohl auch bei einer Weihnachtsparty im Familienkreis getan hätten, unter Verwandten, die sich sonst nicht so viel zu sagen haben. Beide hatten Stau im Holland Tunnel gehabt und verglichen das Glück auf den unterschiedlichen Fahrspuren, für die sie sich entschieden hatten.

Dann wurden sie abgelenkt. Eine schlanke Frau, etwa Anfang zwanzig, erklomm eine kleine Bühne. Sie redete mit der Baroness, die an einem Cocktail nippte. Dann gingen sie zu dem Stuhl, den ihre Subs allmonatlich für diesen Anlass aus ihrem Appartement hierher trugen. Er sah aus wie ein altmodischer elektrischer Stuhl. Aus Holz, groß und massig, mit gerader Linie und schmucklos. Die Frau hatte blonde, kurz geschnittene Locken und trug nur einen cremefarbenen Slip. Sie kniete sich verkehrt herum auf die Sitzfläche. Dann fesselte die Baroness ihr die Handgelenke an große Metallösen. Der Kopf der Frau hing über die Rückenlehne. Als Nächstes wurden auch ihre Fußgelenke festgebunden und ihre Taille mit starkem Klebeband an das Holz gefesselt.

Die Baroness trat einige Meter vom Stuhl zurück und benutzte eine Rückhandtechnik. Jeder Schlag auf die Schultern der Frau erzeugte ein Keuchen, einen Schrei. Danach legte die Baroness die Peitsche beiseite und befestigte Dutzende Wäscheklammern im Nacken der Frau, auf ihren Schultern und Armen. In die Zunge klemmte sie eine Metallklammer, sodass diese unnatürlich und schmerzhaft aus dem Mund hing. Nach weiteren Peitschenhieben entfernte einer der Subs die Wäscheklammern. Die Haut war wie von einem Muster überzogen. Jemand schob der Frau den Slip hoch, um noch mehr Haut freizulegen, die nach neuerlichen Peitschenhieben zu bluten begann.

Dann legte die Baroness eine Pause ein. »Ich versuche, mich zur Langsamkeit zu zwingen, damit es länger dauert«, erklärte sie mir hinterher. »Besonders bei jemand, der es so sehr will, so offensichtlich.« Sie ging zu der Frau hin und strich ihr sanft über Kinn und Hals. Die Frau drehte ehrfürchtig den Kopf zur Seite. Ihre Zunge mit der Klemme hing ihr aus dem Mund. Sie versuchte ein Lächeln. Ihre Au-

gen waren flehend auf die Baroness gerichtet, die zurück-
schaute wie eine Liebende mitten im Akt.

Sie nahm das Peitschen wieder auf, zunächst langsam,
dann nach ein paar Hieben schneller und heftiger. Der untere Rücken und das Gesäß der Frau waren von roten Strie-
men überzogen. An den Stellen dazwischen glühte die Haut,
als würde darunter ein Licht brennen. Der Farbton war ein
dunkles, intensives Pink. Das Keuchen und die Schreie wurden zu einem gequälten, sinnlichen Stöhnen. Der Blick der
Baroness hatte inzwischen etwas Verrücktes, Weggetretenes,
als würde sie kaum wahrnehmen, was sie sah. Die Peitsche
schnalzte wieder und wieder. Die Baroness schwieg dazu wie
in Trance.

Danach näherte sie sich erneut der Frau. Ich beobachtete
sie zusammen mit Sam, der ihre Peitschenhiebe erst seit
Kurzem empfing und dessen Frau die leiterförmigen Narben
besaß, die die Baroness so verehrte. Jetzt legte sie die Finger
auf die Wunden, die sie soeben selbst geschlagen hatte. Ihre
Augen waren geschlossen. Die Berührung war ganz sanft,
fast ohne Druck, nur ein langsames Streicheln mit den Fingerspitzen. Die Hitze der aufgeplatzten Haut übertrug sich
auf ihre Hand wie das Fieber eines Kindes beim Kuss auf die
Lippen seiner Mutter. Ihre Augen blieben friedlich geschlossen. Die Frau rührte sich nicht. Die Fingerspitzen glitten
weiter über die Topografie der Wunden. »Das ist die Baroness«, sagte Sam. »Sie erzieht und hegt dich.«

III.

Grenzüberschreitung

Einmal pro Woche saß Roy nach seiner Verwandlung morgens in einem fensterlosen Raum. Der war mit blauem Teppichboden ausgelegt, außerdem gab es eine Tafel und einen Kreis aus braun gepolsterten Bürostühlen. Die Lüftung erzeugte ein leises Summen. Um vom Wartebereich im zweiten Stock des Gebäudes, in dem der Bewährungsdienst untergebracht war, hierher zu gelangen, gingen Roy und die anderen Männer durch eine Reihe von Fluren und bogen um mehrere Ecken, sodass sie sich wie auf dem Weg durch ein Labyrinth fühlen mussten. Der Raum lag im hintersten Winkel.

Ruhelos zerbrach Roy sich in dem Kreis aus zwölf Stühlen den Kopf und versuchte, eine Erklärung für seine Anwesenheit hier zu finden. Ihm kam es vor, als wäre er gestern noch ein normaler Mann gewesen, der auf die vierzig zuging. »Ich war normal«, erklärte er mir schwermütig. »Ganz normal. Im Allgemeinen mit den gleichen Fantasien, wie sie die meisten Männer haben.«

Er stand einer Crew von Computertechnikern vor, die für Handelsfirmen an der Wall Street Telekommunikationsausrüstung reparierten. In seiner Freizeit leitete er eine Band, die bei Hochzeiten im Plaza aufspielte. Frank Sinatra und Barry White hatte er so gekonnt und präzise imitiert, dass die Paare, denen er seine CDs schickte, damit sie ihn buchen sollten, seine Versionen oft für das Original hielten.

You'll never find
As long as you live
Someone who loves you
Tender like I do

Barry Whites gedämpfte, mitternächtliche Schnulze kam Roy so leicht über die Lippen, als trüge er den schwarzen Balladensänger in sich. Roy war jedoch, in gewisser Hinsicht, ein gescheiterter Musiker. Seine Karriere hatte ihren Höhepunkt erreicht, als er noch ein Teenager war. Damals hatte er einen Song geschrieben und aufgenommen, eine Hymne gegen Drogen, aber mit Discobeat. Das Stück wurde von einigen großen Radiostationen New York Citys ein paarmal gespielt. Für seine eigene Musik war das Anfang und Ende zugleich gewesen. Doch sein Talent als Imitator war so außerordentlich wie originell. Also war er eigentlich überhaupt nicht gescheitert. Seine Imitationen gelangen ihm auf geradezu magische Weise und waren so unbeschreiblich reich, wie man es eigentlich nur von den berühmten Sängern persönlich kannte. Irgendetwas Übersinnliches, eine Art emotionale, künstlerische Geisterbeschwörung ereignete sich, wenn er sang.

In der Zeit, die ihm neben Arbeit und Gesang noch blieb, ließ Roy Drachen steigen – und zwar solche, die größer waren als die meisten Wohnzimmer. Einer sah aus wie eine fliegende knallgelbe Akustikgitarre. Ein anderer hatte die Form einer Wachsmalstifteschachtel der Marke Crayola. Abends ließ er einen Drachen mit Stroboskoplichtern fliegen, die in allen Farben des Regenbogens pulsierten. An die riesigen Flugkörper bastelte er noch Flatterbänder, Propeller, Stachelkugeln, Schweineschwänzchen und Tentakel, die bis zu dreißig Meter lang hinterherflatterten. Seine Drachen konnten am Himmel richtig Ballett tanzen, während er die Leinen hielt.

Nach seiner Verwandlung konnte er sich nicht erinnern, zuvor jemals Sehnsucht nach jungen Mädchen verspürt zu haben. Er hatte keine Vorstrafen. »Noch nicht mal Strafzettel wegen überhöhter Geschwindigkeit«, sagte er. Seine Veränderung, so kam es zumindest ihm vor, hatte abrupt in einem Sommer, genauer: im Urlaub am Strand begonnen. Seine zweite Frau hatte ihn damals auf den Körper ihrer elfjährigen Tochter hingewiesen. Roy und seine Frau standen im Sand, während seine Stieftochter Faith mit ihrer besten Freundin Elizabeth ein paar Schritte vor ihnen in der Brandung spielte. »Sieh dir diese Mädchen an«, erinnert Roy die Worte seiner Frau. »Sie verändern sich schon. Man kann richtig sehen, wie ihre Körper sich verändern.«

Wie Nabokovs Humbert hatte er manchmal das Gefühl, seine Verzückung als Erwachsener habe ihren Ursprung in kindlichem Verlangen. Jeder kennt Humberts Lolita, aber nur wenige erinnern sich an seine Annabel, obwohl sie schon auf der ersten Seite vorkommt und dort eingeführt wird, um seine späteren Verbrechen zumindest teilweise zu erklären. »Eigentlich«, sagt Humbert und verknüpft sein Verlangen nach Lolita mit der Schwärmerei, die er Jahrzehnte zuvor, an der Schwelle zur Adoleszenz, empfand, » hätte es vielleicht gar keine Lolita gegeben, hätte ich nicht einen Sommer lang ein gewisses Ur-Mädchenkind geliebt.« Die Erinnerung an seine frühe erste Liebe, die noch spürbare Rückbesinnung auf drängende, exquisite Liebkosungen im Garten, während Annabels Eltern drinnen Karten spielten, hinterlässt bei ihm die lebenslange Sehnsucht, diese Süße, Verzweiflung und Intensität wiederzuerlangen und zu vollenden, was die Jugend vereitelte. Lolita, die Humbert in seinen späten Dreißigern umwirbt, ist die fleischgewordene erotische Nostalgie.

Roys Annabel war seine Tante, die deutlich jüngere Schwester seiner Mutter. Sie war damals dreizehn Jahre alt, Roy elf. An einem Sommerabend in den Ferien mit der Familie seiner Mutter, als die Erwachsenen in der Küche Karten spielten, forderte die Tante ihn auf, mit ihr auf die Veranda zu kommen. Und dort trafen sie sich fortan Abend für Abend, zeigten sich zunächst ihren nackten Unterleib, dann berührten sie sich und schließlich setzte sie sich rittlings auf ihn. Sie glitt über seinen Penis und rieb sich an ihm. »Ich glaube, das hatte ich bei Faith immer im Hinterkopf«, sagte er. Er sehnte sich danach, diese zitternde kindliche Erregung noch einmal zu spüren.

Doch diese Erklärung stellte ihn nicht im Geringsten zufrieden. Sein weiches, glattes Gesicht zeigte oft tiefe Verwirrung, und das lässige Lächeln eines Bandleaders verschwand. Er war um die Mitte rundlich und hatte breite Schultern – eine Bärenstatur, die allerdings wenig bedrohlich wirkte, sondern eher an einen Panda erinnerte. In dem Hinterzimmer am Ende des Labyrinths saß neben ihm im Stuhlkreis ein älterer Mann mit einem imposanten weißen Haarschopf, den er sich aus der Stirn gekämmt hatte. Außerdem war da ein gepflegter Typ, Mitte dreißig, mit glänzender Stirn, in einem hellblau karierten Button-down-Hemd, das exakt zu seiner Augenfarbe passte.

Sie waren zur Gruppentherapie gekommen, die Teil ihres Bewährungsprogramms war. Alle hatten schon im Gefängnis gesessen – ein paar Wochen oder einige Jahre. Der Mann mit den weißen Haaren hatte immer wieder die Vagina seiner Großnichte gestreichelt, als das Mädchen sieben und acht war. Er hatte ihre Brust geküsst, sie dazu gebracht, seinen Penis in die Hand zu nehmen. Davis, der Mann mit dem karierten Hemd, hatte als Erwachsener seinem elf Jahre alten Bruder einen geblasen. Später hatte er seine sechsjährige Tochter zusammen mit seinem inzwischen sechzehnjährigen Bruder in ein Motelzimmer gebracht. Er war zunehmend von einer Fantasie besessen gewesen, die er dort wahrmachen wollte. Er überredete beide, sich auszuziehen. Dann drängte David seinen Bruder, mit seiner Tochter Sex zu haben. Er hörte erst auf, als sein Bruder zu weinen begann – »Sekunden bevor etwas wirklich, wirklich Schlimmes passiert wäre«.

»Was hat mich bloß dazu getrieben?«, fragte Roy immer wieder während der Gruppenstunden, aber auch dann, wenn er mit sich allein war. Die Frage brannte den meisten der Männer auf der Seele. David, der schon Gedichte publiziert hatte, sagte, er fühle sich wie Dr. Jekyll und Mr. Hyde.

»Könnte so eine Schweinerei jedem passieren?«, fragte Roy.

»Beginnen Sie, langsam und tief zu atmen«, wies Patrick Liddle, der Gruppentherapeut, die Männer an. So begann er oft. Sie saßen mit den Händen auf ihren Oberschenkeln und geschlossenen Augen da. »Atmen Sie durch die Nase ein und durch den Mund wieder aus.« Er lehrte sie zu meditieren. Er sprach mit beruhigend monotoner Stimme, so, wie er immer mit ihnen redete, egal, wie beunruhigend er ihre Verbrechen fand, wie unangenehm sie ihn berührten. »Achtet auf euren Atem. Gelangt jeder Atemzug in den oberen Bereich eures Brustkorbs? In den unteren? In euren Bauch? Lasst die Atmung noch tiefer werden.« Er schwieg lange, bevor er wieder das Wort ergriff. »Lenkt euer Bewusstsein auf eure Füße. Macht euch einfach bewusst, wie sie sich anfühlen.« Ein Teil seiner Aufgabe war es, den Männern Möglichkeiten aufzuzeigen, wie sie ihr Leben unter Kontrolle halten und sich selbst davon abhalten konnten, rückfällig zu werden. Meditation war eine Methode. »Richtet jetzt eure Aufmerksamkeit auf das ständige Schlagen eures Herzens.« Liddle trug einen modisch geschnittenen Anzug und schimmernd polierte Schuhe. Seine Kleidung war ebenfalls Teil des Programms. Sein Vorgesetzter legte den Dresscode fest, um den Patienten ein gewisses Maß an Wertschätzung zu demonstrieren, um Männer wiederaufzurichten, die kaum tiefer hätten fallen können. Den Therapeuten selbst half die Kleidung, das Makelhafte, mit dem sie umgehen mussten, auf Abstand und im Griff zu halten.

»Stellt euch in eurer Fantasie eine große Wiese vor, auf der euch das Gras bis zur Hüfte geht. Ein leichter, warmer Wind weht. Spürt die Brise auf eurer Haut. Jeder Gedanke, der euch kommt, ist ein leuchtend bunter Luftballon. Seht ihn aufsteigen und lasst ihn einfach fortfliegen.« Roy und die anderen saßen völlig reglos da. Die Hände entspannt. Die Kiefer locker und die Münder ein bisschen geöffnet. Man hätte denken können, sie schliefen, und schlafend sahen auch diese Männer beinahe wie Kinder aus.

»Jetzt öffnet langsam eure Augen.«

Sie kehrten von der Wiese mit dem hohen Gras zu den Gesichtern der anderen zurück. Liddle forderte sie manchmal explizit auf, ihre Eindrücke und Gedanken zu schildern, doch die meisten rührten sich nicht. Er ging daraufhin der Reihe nach im Kreis. »Ich wurde in zwei Anklagepunkten wegen sexueller Gewalt und in drei Punkten wegen der Gefährdung einer Minderjährigen und wegen Verführung einer Minderjährigen übers Internet verurteilt«, fing Roy an. Er zwang sich, deutlich zu sprechen. Sich dem zu stellen, was er getan hatte, war eine Bedingung, um in der Behandlung Fortschritte zu machen. Und er hoffte, dass diese – insbesondere wenn er Liddles Empfehlung bekam – zu einer Verkürzung seiner Bewährungszeit führen würden.

Die Behandlung selbst basierte auf einer scheinbar simplen Idee: Sowohl das Verbrechen anzuerkennen als auch die darin steckende Anarchie des Triebs, galt als erster Schritt auf dem Weg zur Selbstkontrolle. Die Fähigkeit, sich mit sich selbst auseinanderzusetzen und Liddle gegenüber offen über seine Lüste zu sprechen, war Voraussetzung, wenn er irgendetwas außerhalb der Grenzen seiner Bewährungsvorschriften tun wollte: seine Eltern besuchen, die jenseits der Staatsgrenze wohnten, Bowlen, ins Kino oder zu einer Familienfeier gehen, einfach irgendeinen Ort aufsuchen, an dem er in Kontakt mit Jugendlichen unter 16 kommen konnte. Jedes Familientreffen, an dem er teilnehmen wollte, musste ohne Kinder stattfinden; sobald Kinder auftauchten, musste er sofort gehen. In seinem Bundesstaat arbeiteten die Gruppentherapeuten und Bewährungsbeamten eng zusammen, um abzuwägen, inwieweit sie den Männern trauen konnten. Dabei waren die Therapeuten manchmal ebenso vorsichtig und misstrauisch wie die Bewährungshelfer. Gemeinsam steckten Liddle und Roys Probation Officer den Rahmen seines Alltags ab. Und wenn Liddle keine entsprechende Empfehlung abgab und dies zu einer Begnadigung durch einen Richter führte, war es möglich, dass Roy den Rest seines Lebens so verbrachte.

Er setzte seine Vorstellung fort: »Ich wurde zu zwanzig Jahren verurteilt, ausgesetzt nach dreißig Tagen, mit einer Bewährungszeit von fünfunddreißig Jahren. Mein strafbares Verhalten waren sexuelles Berühren der Tochter meiner Frau und ihrer besten Freundin. Ich habe sie durch die Kleidung zwischen den Beinen angefasst, an der Taille, habe meine Hand in ihren Hosenbund geschoben. Ich habe meine Hand auch unter ihre Shorts bis zu ihren Slips geschoben. Ich benutzte Spiele, die wir Fangen und Spinne nannten, um sie so zu manipulieren, dass sie sich in meiner Gegenwart sicher fühlten.« Er senkte die Stimme und sprach schneller. Hastig leierte er den nächsten Teil runter, über die Nachrichten, die er Faith übers Internet geschickt hatte und in denen er ihr vorschlug, was sie machen könnten.

Er erzählte mir, während wir an seinem Küchentisch oder in einem leeren Konferenzraum bei seiner Arbeit saßen, seine Geschichte immer wieder, mit Details, die er vor der Gruppe geheim hielt. Er war nach wie vor Bereichsleiter in der Firma für Reparaturen im Bereich Telekommunikation. In einem unförmigen Vorstadtklotz, gleich neben dem Highway, beugten er und sein Team sich an Arbeitstischen in riesigen, ordentlichen Räumen über Hightechkonsolen und Mikroprozessoren mit bunt aufblitzenden Dioden. Dann reparierten sie, gemäß Roys Entscheidung, einen Schaltkreis oder bauten ihn nach. Mit der Zustimmung von Liddle und der Bewährungsaufsicht durfte er mit Computern arbeiten, solange er nicht online ging, ohne dass ein Kollege ein Auge auf den Bildschirm hatte.

Alle in seinem Job wussten von dem Vergehen. Er hatte das bewusst offen gehandhabt und alle diesbezüglichen Fragen beantwortet. Der Eigentümer der Firma, der Roy einige Jahre zuvor eingestellt hatte, hatte vor Gericht sogar für ihn ausgesagt. »Sie reden hier von einem Menschen, den ich kenne«, sagte der Unternehmer zu mir. »Einen Fremden hätte ich abgeschrieben, mit dem würde ich weder reden noch mich mit ihm treffen, selbst wenn er nur ein Zehntel davon getan hätte, was er getan hat.« Doch in dem klotzartigen Gebäude hatte nicht nur der Chef ihm eine neue Chance gegeben. Als ich an einem Wintermorgen mit ihm zur Arbeit fuhr, erzählte er mir, er sei verlobt und wolle wieder heiraten. Und zwar eine Buchhalterin aus der Firma, die schon seine Kollegin war, bevor er verhaftet wurde. Ein paar Wochen zuvor hatte er beim Weihnachtsessen in seinem Haus einen Ring in dem Schokoladenkuchen versteckt, den er ihr zum Nachtisch servierte.

»Sie beginnen sich zu entwickeln. Schau dir ihre Hinterteile an. Schau dir meine Tochter an, wie hübsch sie sein wird, wenn sie groß ist.« Wenn er mir an dem polierten Küchentisch in seinem tadellos gepflegten Holzhaus von seinem Vergehen erzählte, begann er immer mit diesen Worten, die Faiths Mutter Jackie damals am Strand gesagt hatte. »Wenn sie groß ist, werde ich Probleme mit ihr haben. Sexuell. Mit Jungs. Ich weiß, dass ich ein Problem mit ihr haben werde.«

»Klar«, sagte er. »Schau dich nur an.«

»Also bitte. Wenn sie so endet wie ich, werde ich mich erschießen müssen.«

Er kannte Faith und ihren großen Bruder seit sie auf der Welt waren. Ihr Vater war seit dem Kindergarten ein Freund von Roy gewesen und hatte jahrelang in seiner Band mitgespielt, bis Jackie ihn für Roy verließ, als die Kinder etwa vier und sechs waren. Roy hatte keine eigenen Kinder. Faith und ihr Bruder lebten zwar bei ihrem Vater, verbrachten aber viel Zeit in dem Haus, das Roy mit ihrer Mutter bewohnte. Der Junge, ein Wunderkind am Schlagzeug, jammte im Keller mit Roy an der Gitarre. Wenn Roy Zeit mit Faith verbrachte, hatte das eher etwas Kindgerechtes. Aber nach diesen Ferien am Strand wurden die Spiele, die sie – und oft auch ihre beste Freundin Elizabeth – miteinander spielten, in seiner Vorstellung irgendwie sexualisiert.

Beim Fangen schalteten er und die Mädchen die meisten Lichter aus. Dafür steckten sie ein Stroboskop ein, das zu seiner Bandausrüstung gehörte, oder eine Lampe, die blaue, gelbe und grüne Monde an die Wände warf. Seine Ehe ging damals gerade in die Brüche. Manchmal war seine Frau zwar zu Hause, sperrte sich aber den Abend über in ihrem gemeinsamen Schlafzimmer ein. Manchmal ging sie auch allein aus. Er rannte durch die farbigen Lichtstrahlen hinter den Mädchen her durchs Haus.

»Ich erinnere mich an Gelegenheiten, wenn sie mit mir Fangen spielen wollten. Es war Freitagabend und ich saß auf der Couch vor dem Fernseher. Ich wollte nicht mit ihnen spielen. Ich war fertig. Und dann kamen sie und zogen und zerrten an mir. Sie überredeten mich. Ich erinnere mich auch daran, dass sie in ihr Zimmer liefen und sich Badeanzüge anzogen. Nie habe ich ihnen das aufgetragen. Und dann rannten sie so durchs Haus und wackelten mir mit ihren Pos vor der Nase herum.«

Bei dem Spiel, das sie Spider nannten, musste jeder Mitspieler reglos dasitzen. Wer sich auch nur das kleinste bisschen bewegte, wurde gezwickt. Das Anfassen gehörte zu beiden Spielen, und das pflichtgemäße Geständnis, das Roy in seiner Gruppe ablieferte, implizierte, dass es von seiner Seite offensichtlich und bewusst sexuell war. Die Wahrheit empfand er allerdings komplexer, schwerer fassbar. Er glaubte, dass eine Veränderung mit Jackies Äußerung am Strand einhergegangen war, dass er seine Stieftochter nie zuvor sexuell wahrgenommen hatte, dass ein neues Bewusstsein dafür ihn in jenem Moment durchdrang. Dass sein eigenes Denken während der Spiele von Verlangen getrieben war, dessen war er sich überhaupt nicht sicher.

Geradezu obsessiv beschäftigte ihn bei der Erinnerung an all das, was passiert war, sein Innenleben. Er dachte an die Wut auf seine Frau zurück, an seinen flüchtigen Gedanken, dass »er auch irgendwas für sich herausholen wollte«, wenn sie ihn verlassen und sich um ihre Kinder kümmern würde. Er erinnerte sich allerdings nicht an eine triebhafte Absicht zu jenem Zeitpunkt, nicht einmal an irgendeine spielerische Fantasie. »Ich glaube nicht, dass ich sie je an ihren intimen Stellen berührt habe«, sagte er und unterschied zwischen diesen Zonen und den Rändern ihrer Unterwäsche. »Ich habe sie gepackt, an ihnen gezogen, sie niedergerungen. Sie sind auf mir herumgesprungen. Das war immer noch nur Necken und Spielen. Es war nicht so, dass ich Sex mit ihnen gewollt hätte. Macht das einen Unterschied?«

Kürzlich hatte er ziemlich offen mit seiner Familie über sein Vergehen gesprochen. Männliche Verwandte hatten von ihren Nichten erzählt, als diese in die Pubertät kamen und anfingen, mit ihnen zu flirten. »Und sie sagten: ›Roy, nachdem das passiert war, hörten wir auf, mit ihnen wie vorher zu spielen. Wir ließen sie nicht mehr auf uns herumturnen. Das machte uns sogar richtig Angst. Ab einem gewissen Alter geht das nicht. Dieses nicht und jenes nicht. Weil die Dinge ein bisschen zu weit gehen können.‹«

Als ich das hörte, musste ich daran denken, wie Faiths leiblicher Vater mir eines Nachmittags am Telefon von seiner Tochter erzählt hatte. Er bestätigte die Einzelheiten dessen, was passiert war, als er sich plötzlich selbst unterbrach, um mir zu sagen, wie schön Faith sei, sogar noch umwerfender als damals, als Roy eingesperrt wurde. »Sie bringt mich noch um«, sagte er. »Wenn ich sie umarme, tue ich das nur noch halbherzig.« Dann erklärte er mir übergangslos, dass er sich nie Pornohefte ansehe. »Ich weiß das Körperliche zu schätzen, aber ...« Er verstummte und wirkte verunsichert. Er schien beweisen zu wollen, dass Eros ihn nicht beherrschte. So, als würde die erotische Macht seiner Tochter das Verlangen an sich schon unangenehm, ja unerträglich machen.

Ich musste an meine eigene zwölfjährige Tochter denken, die es nach wie vor liebte, sich zusammen mit ihrem jüngeren Bruder durch unsere Wohnung jagen zu lassen. Dieses Spiel nannten sie Fee Fi Fo Fum. Ich, der monströse Riese, musste dabei diese unsinnigen Silben singen und ihre Namen verballhornen, damit sie sich reimten: »Ich rieche das Blut von ...« Dann hechtete ich über die Couch. Sie ließ sich von den Kissen rutschen, quietschend und kichernd, bevor sie aus dem Wohnzimmer über den Flur ins Elternschlafzimmer sprintete. Ich immer hinterher. Sie rannte ums Bett herum und tänzelte auf der anderen Seite, während ich den richtigen Moment abpasste, um sie zu packen. Sie neckte mich, lachte atemlos und rief, dass ich sie nie fangen, kochen und fressen könne und an diesem Abend verhungern müsse. Dann trat ich in Aktion. Ich packte sie am Handgelenk, dann um die Taille, hob sie hoch und warf sie aufs Bett. »Jetzt koch ich dich!«, dröhnte ich. »Und dann werde ich dich verschlingen!« Sie duckte sich voller Freude.

Roy mühte sich redlich, aber es gab so viele Dinge, die er nicht klären konnte. Wie viel von dem Berühren war versehentlich, unabsichtlich beim spielerischen Balgen passiert? Wie weit waren die Dinge damals über das Normalmaß hinausgegangen? War er überhaupt über das Normale hinausgegangen? Diese Fragen trieben ihn um. Eindeutige Antworten waren ihm unmöglich. »Aber steckte hinter diesen Spielen Sexualität?«, fragte er sich, während wir uns unterhielten – und antwortete sofort selbst: »Ja.«

Er sagte, die Erotik sei explizit geworden, als sie sich in getrennten Zimmern an verschiedenen Computern befanden. Der Grundriss des Hauses damals entsprach dem seines jetzigen, auch wenn es sich viele Städte entfernt befand: eine Reihe von Zimmern, die von einem schmalen Flur abgehen, ein Keller voller Gitarren, Keyboards und Aufnahmegerätschaften. Seine Stieftochter war zwölf, obwohl er im Gespräch mit mir und vielleicht auch mit sich selbst lieber behauptete, sie sei vierzehn oder vielleicht dreizehn gewesen. Bei seinen Vorstellungen in der Gruppe erwähnte er nicht, wie alt sie zum Zeitpunkt des Geschehens war, also kannte ich anfangs ihr korrektes Alter nicht. Als ich dann in einer alten Lokalzeitung einen Artikel über den Fall las und ihm sagte, darin sei ihr Alter mit zwölf angegeben worden, bestand er darauf, dass das falsch sei. Erst nachdem ich noch drei- oder viermal nachgehakt hatte, rief er mich eines Morgens an: Er habe eben mit seiner Schwester gesprochen und »herausgefunden«, dass die Zeitung recht gehabt hatte.

Als sie zwölf war schickte sie ihm eines Abends eine Nachricht via Chat. Sie fragte, was er gerade mache. Er saß in seinem Büro, sie in ihrem Zimmer am Ende des Flurs. Er berichtete ihr, er sitze über Verträgen für die Band. Sie schrieb zurück, ihr sei langweilig und keine ihrer Freundinnen sei online. Er antwortete, dass ihr Bruder ihrer Mutter Ärger gemacht habe und sie ganz anders sei, nämlich ein »wirklich braves kleines Mädchen«.

»Darauf ging sie sofort ein und schrieb: ›Roy, du kennst mich nicht. Ich bin kein braves, sondern ein schlimmes Mädchen.‹«

An den Frauen, mit denen er sich verabredete, hatte ihn immer das Zügellose fasziniert. So hatte ihm auch Jackies Einstellung gefallen, als sie seinetwegen ihren Mann verließ. »Ich schrieb ihr zurück: ›Was machst du denn gerade?‹«

›Sag ich dir nicht.‹

Damit war ich schon gebannt. Schneller hätte man mich gar nicht kriegen können. Ich erinnere mich immer noch daran. Ich war nicht im sexuellen Sinn erregt, sondern vor Neugier, mehr zu erfahren. Großer Adrenalinschub. Ich spürte, wie ich rot und wie mir heiß wurde. Ich schrieb ihr: ›Muss wieder weiterarbeiten.‹ Danach meldete sie sich noch ein paarmal mit kleinen Bemerkungen wie ›Beeil dich und mach dein Zeug fertig, ich brauche jemand zum Reden‹. Aber ich ignorierte diese Kommentare, weil es mir sowieso schon zu viel war.

Ich machte die Verträge fertig, an denen ich saß, danach schaltete ich den Computer sofort aus, ging ins Kellergeschoss und begann zu spielen. Das mache ich immer, wenn mich etwas richtig beschäftigt. Dann muss ich abschalten. Ich musste das verdrängen, mich beruhigen. Ich setzte die Kopfhörer auf, schnappte mir meine Gitarre, setzte mich hin, spielte und sang. Ich habe dieses Jazzprogramm, das ich gern abspule. Eine Jazzversion von *Blue Skies, Polka Dots and Moonbeams* – das ist eine langsame Nummer. Dann habe ich noch eine schnelle Foxtrottversion von *I'm in the Mood for Love*. Und *When Sonny Gets Blue* – auch ein hübsches Stück. Das ist so ungefähr eine Stunde Musik. Ich muss mich nur auf die Akkorde konzentrieren und bekomme wieder einen klaren Kopf.

Das einzige Problem war«, und da schrie er mich über seinen Küchentisch hinweg fast an, »dass es nichts nützte.«

Bald lud er sich ein Softwareprogramm auf seinen Computer, das es ihm erlaubte, Faiths Onlinechats zu verfolgen. Als er allein im Haus war, lief er über den Flur hin und her, von einem Zimmer ins andere, zwischen den Computern, um sicherzustellen, dass sein System auch funktionierte und sie ihn nicht dabei ertappen konnte, wenn er las, was sie schrieb. Bei ihrem nächsten Besuch loggte sie sich ein, begann mit Elizabeth zu chatten, und schon liefen die Wörter über seinen Bildschirm.

»Sie begannen über die Schule zu plaudern und über die Jungs dort. Elizabeth meinte: ›Ich kann nicht glauben, dass du mit —‹, ich weiß seinen Namen nicht mehr, ›— auf dem hinteren Parkplatz warst.‹ Das war, als würde ich mir eine Geschichte anhören. Eine Sexgeschichte, die damit angefangen hatte, dass Faith ihn geküsst und er sie angefasst hatte usw. Das war wie ein Kinofilm.« Er verfolgte über Wochen und Monate, wie es weiterging. Wenn sie sich ausgeloggt hatte, masturbierte er. »Man war davon so angeturnt, dass man sich irgendwie erleichtern musste. Ich hatte zu der Zeit keinen Sex mehr mit meiner Frau. Und irgendwann dachte ich, dieses Mädchen wird mit diesem Jungen schlafen. So intensiv war das. Sie berichtete Elizabeth, er habe ihr den Slip ausgezogen. Das machte mich schon wirklich an. Ich dachte, sie würde wirklich damit rausrücken und schreiben, dass sie tatsächlich mit diesem Jungen auf dem hinteren Schulparkplatz Verkehr hatte.«

Er sorgte sich nicht, dass sie über den Flur kommen und ihn beim Lesen ihrer Worte ertappen könnte. »Unmöglich, weil mein Monitor von der Tür aus nicht zu sehen war. Ich hätte nur einen Sekundenbruchteil gebraucht, um ihn abzuschalten. Niemand konnte mich erwischen, niemand. Ich bin zu gut. Zu gut mit Computern. Wenn ich die Maschine runterfuhr, war alles gelöscht. Es gab keine nachweisbare Aufzeichnung auf den Rechnern. Das war falsch. So falsch. Ich brachte mich in eine so schlimme Situation und stolperte da einfach rein. Ich schätze, so ergeht es Drogenabhängigen auch. Wenn man da einmal reingeraten ist, dann ist es fast so: Jetzt hast du es im Kopf, und es geht da einfach nicht mehr weg.«

Während seiner Überwachung ihrer Mails chatteten er und Faith weiter. »Sie loggte sich ein, sah, dass ich online war, und schrieb mir irgendwas. So gingen die Unterhaltungen los. Und ich brachte sie zum Kippen. Sie fing nicht mit irgendwas Sexuellem an. Immer drehte ich es so hin. Sie nicht. Sie war ein Kind.

Ich schrieb: ›Bist du in Schwierigkeiten geraten?‹, und sie antwortete: ›Was meinst du damit?‹

›Keine Ahnung.‹

›Wie siehst du mich denn?‹

›Ich sehe dich als Mädchen, das gerade zur Frau wird.‹

›Was meinst du damit?‹

›Du wirst richtig attraktiv sein, wenn du mal groß bist.‹

›Gefällt dir das?‹

›Ich bin nicht dein Vater.‹«

Er schlug vor, dass sie vor ihm Kleidungsstücke ausziehen solle. Sie fragte, was er denn sehen wolle, und lehnte jede Bitte von ihm ab. Von einem Chat zum nächsten ging es hin und her. Sie fragte, er bat sie, sie lehnte ab, und das Verlangen in ihm wuchs, bis er vorschlug, dass sie miteinander schlafen sollten. Sie weigerte sich.

Noch Monate vor ihrem dreizehnten Geburtstag schrieb er ihr, er würde jetzt aus seinem Büro und in die Küche gehen, um sich eine Limo zu holen. Falls sie sehen wolle, was er gerne mit ihr machen würde, solle sie in sein Büro kommen und auf das Fenster auf seinem Bildschirm klicken. Sie verließ ihren Computer und ging in sein Zimmer. Sobald sie das Fenster angeklickt hatte, war ein Video zu sehen, »in dem ein Mann seinen Penis an der rasierten Vagina eines Mädchens rieb«, wie er mir berichtete. Einen Moment später gingen die beiden auf dem Flur aneinander vorbei. Er erinnerte sich, dass sie ihn »widerlich« genannt hatte, und jeder an seinen PC zurückgeeilt sei. Wie gelähmt vor Angst, dass sie ihn anzeigen würde, bat er sie via Internet, auf die Treppe zum Musikraum im Keller zu kommen. Er versprach, unten am Treppenabsatz zu bleiben. Er flehte sie um Verzeihung an, während sie am oberen Ende der Treppe saß. Dann verschwand sie.

Im Haus ihres Vaters vertraute sie sich ihrer Stiefmutter an. Ihr Vater war gerade auf Geschäftsreise. Die Stiefmutter schickte sie in Roys Haus zurück, weil sie vermutete, er würde seine Aufforderungen wiederholen, sodass sie sie als Beweise ausdrucken konnte. Ein Ausschnitt aus der Abschrift, die der Polizei vorgelegt wurde:

»Was willst du schon wieder«

»jede kleinigkeit, die du tun willst«

»und das wäre«

»lass mich dich ansehen«

»was«

»die untere hälfte«

»Nein. Was sonst«

»in unterhose«

»warum machst du diese sachen nicht mit meiner mom. Sie ist wie ich und auch in deinem alter«

»ich will aber was mit dir machen. Irgendwas«

Er wurde verhaftet. Vor Gericht einigte man sich mithilfe der Alford Doctrine, da genug Beweise vorlagen, um seine Schuld nachzuweisen. Mit jahrzehntelanger Bewährung und der Aussicht, für zwanzig Jahre in den Knast zu wandern, wenn er die Auflagen verletzte, ging er jetzt seit einhalb Jahren zu Liddles Therapiesitzungen. »Ich schäme mich so«, gestand er mir. »Ich kann nicht glauben, dass ich das getan habe. Ich weiß einfach nicht, wie es mit mir so weit kommen konnte. Ich weiß es wirklich nicht. Es macht mich ganz krank.« Und so sah er auch aus – krank, fassungslos, gedemütigt –, jedes Mal, wenn er am Ende seiner Geschichte angelangt war.

»Sie werden gleich Menschen unterschiedlichen Alters sehen.« Eine Kollegin von Liddle stand vor Roy und las ihm eine Anleitung vor. Er saß hinter einem grauen Laptop, der auf einem Metalltisch in einem kleinen Büro der Bewährungsbehörde stand. Er würde, ließ sie ihn mit monotoner Stimme und ausdruckslosem Gesicht wissen, gleich 160 Fotos auf dem Bildschirm sehen. »Stellen Sie sich vor, Sie hätten Sex mit den Models auf den Bildern.«

Er trug ein schwarzes Sakko, Krawatte und eine perfekt gebügelte Khakihose. Danach würde er gleich zu einer Besprechung für seinen Job fahren. Sie sagte ihm, er solle jedes Bild bewerten, von eins für »widerlich« bis zu sieben für »sexuell sehr erregend«. Das Weiterblättern funktionierte mittels der Returntaste.

Sie zeigte ihm ein paar Übungsbeispiele: eine Blondine in sittsamer weißer Unterwäsche, einen gepflegten Mann in Karohemd und Khakis, einen Jungen, den ich auf zwölf schätzte, auf einem Fahrrad und mit einer Büchertasche über der Schulter, ein ungefähr gleichaltriges Mädchen mit Strohhut, das Erdbeeren aß, ein vielleicht vierjähriges pummeliges Mädchen in einem blauen Badeanzug… Dann fragte Liddles Kollegin Roy, ob er bereit sei. Wie immer bewies dieser Kooperationsbereitschaft, indem er kerzengerade dasaß und die Frage bejahte. Dann ließ man ihn mit den Bildern allein.

Alle Männer aus seiner Therapiegruppe absolvierten zu irgendeinem Zeitpunkt ihrer Behandlung diesen Abel Assessment genannten Test, der eine Alternative zu Plethysmografentests darstellt. Dabei werden erotische Vorlieben nicht etwa durch die Bewertung von eins bis sieben gemessen, sondern anhand der Zeit, die ein Mann seinen Blick auf einem Bild verweilen lässt, bis er das nächste anklickt. Die Fotos waren ziemlich harmlos. Denn in den USA ist es verboten, für solche Tests pornografische Bilder von Minderjährigen zu zeigen. Damit die Unterschiede nicht zu eklatant sind, sehen auch die Erwachsenen auf den Bildern ziemlich schicklich aus. Als ich mir später einige Bilder anschaute, fiel mir die Unterscheidung nach dem Alter relativ schwer. Die abgebildeten Personen sollten vier deutlich voneinander getrennte Altersgruppen widerspiegeln, damit deren Anziehungskraft klar messbar wäre. Da gab es Kinder zwischen zwei und vier, zwischen acht und zehn, Heranwachsende zwischen vierzehn und siebzehn sowie Erwachsene von mindestens zweiundzwanzig Jahren. Auf mich wirkten allerdings einige der Acht- bis Zehnjährigen wie Jugendliche und einige der Heranwachsenden wie junge Erwachsene. Sie hatten Gesichter und Körper, wie man sie auf Werbeplakaten für Unterwäsche sieht. – Eine entlarvende Assoziation, denn diese Plakatgesichter und -körper, die erwachsene Schönheit definieren sollen, gehören oft genug Models, die noch Jugendliche sind.

Als Roy fertig war, sah er verstört aus. Wie ein Patient, der sich einer anstrengenden und beschämenden Untersuchung unterziehen musste. Die Informationen wurden an die Büros von Abel in Georgia geschickt, und die Ergebnisse dann wiederum schnellstens an Liddle. Roy fühlte sich demnach von erwachsenen Frauen angezogen und ein wenig mehr noch von Mädchen im heranwachsenden Alter.

Damit befand er sich, wie Liddle mir sagte, im Rahmen üblichen männlichen Verlangens. Die leichte Bevorzugung von Jugendlichen im Vergleich zu Erwachsenen war, seiner Ansicht nach, vor dem Hintergrund von Roys Vergehen, Anlass zu gewisser Sorge. Aber an sich sei eine starke erotische Reaktion auf Heranwachsende völlig normal.

In der Therapiegruppe saßen ein paar Männer, deren Abel-Resultate definitiv abnorm waren: Männer, die sich von Jungs im Kindesalter, und solche, die sich fast gleich stark von gegensätzlichen Gruppen angesprochen fühlten – Erwachsenen und kleinen Kindern, Jungen und Mädchen. Da gab es beispielsweise einen pensionierten Buchhalter, der laut Liddle der psychiatrischen Definition eines fixierten Pädophilen entsprach. Er war Sporttrainer gewesen und hatte auf seinem Grundstück ein Vereinsheim gebaut, um die Jungen aus der Nachbarschaft zu verführen. Im Lauf der Jahre hatte er viele von ihnen geschlagen und begrapscht; jetzt war er vielleicht über das Alter, in dem man irgendjemand begehrte, hinaus – was Liddle allerdings bezweifelte – und hauste allein in einem Wohnmobil. Auf seinem runden Esstisch aus Mahagoni, der schon alt und zerkratzt war, lag ein nagelneues Kartenspiel auf einem Stapel Papierservietten. Das sah fast aus, als wollte er wenigstens diese Karten von allem Schmutz fernhalten, der so lange Teil seines Lebens gewesen war.

Die meisten aus der Therapiegruppe fielen eher in die Mitte eines Kontinuums, in dem das Normale einen breiten, aber nicht klar umrissenen Raum einnahm. Im Hinblick auf all die Männer, mit denen er in den letzten 14 Jahren gearbeitet hatte, darunter auch der pensionierte Buchhalter, sagte Liddle: »Der Unterschied zwischen mir und meinen Jungs ist nur ein sehr, sehr schmaler Grat.«

Liddle war Marathonläufer. In Boston war er dreieinhalb Stunden gelaufen. Mit Mitte fünfzig, dem zerfurchten Gesicht und seinem schlanken, durchtrainierten Körper wirkte er stark und stoisch. Aber unmittelbar unter seiner Selbstkontrolle lag eine stumme Verunsicherung. Diese bezog sich nicht nur auf den Zustand seiner Männer, sondern auf den der ganzen männlichen Spezies, ihn selbst eingeschlossen. Das kam zum Ausdruck, als er über Pornografie und ihre Verbreitung via Internet sprach. Internetpornografie sei »überwältigend, desensibilisierend«. Eine »Startrampe für Kindesmissbrauch«. »Ein Albtraum.«

»Nein!«, sagte er, als ich ihn fragte, ob solche Bilder seinen Männern nicht einen Weg böten, sicher mit ihren gefährlichen Trieben umzugehen – indem man sie vor den Bildern masturbieren lässt, damit das Verlangen nachlässt. »Das wäre so, als würde ein Alkoholiker sagen: ›Ich nehme nur wenige Drinks oder trinke nur Bier mit wenig Alkohol‹.« Für die Männer in seiner Gruppe hielt er sogar Fotos von Erwachsenen für gefährlich; das Legale würde zum Illegalen führen. Aber seine Furcht ging über seine Männer und das, was sie getan hatten und vielleicht wieder mit Minderjährigen tun würden, hinaus. Pornografie stand in seinen Augen für etwas Unbeherrschbares, etwas Bedrohliches im Zusammenhang mit dem männlichen Trieb. Er sah diese Bedrohung überall, in Filmen, Videospielen, in der Werbung. »Die Metamessage unserer Gesellschaft ist Vergewaltigung«, sagte er. Es war nicht klar, ob er das wörtlich meinte oder eher als Metapher für alles Aggressive, Unkontrollierte, Schädliche. »Da draußen gibt es so viel, das unverantwortlich ist. Ich erlaube mir selbst nie, eine Pornoseite anzusehen.« Er hatte auf seinem PC eine Sperre installiert, um es zu verhindern. Er gestattete sich noch nicht einmal, über fremde Erwachsene zu fantasieren. »Ich habe mir selbst sehr klare Grenzen gesetzt. Wenn mir im Zug abartige Gedanken kommen, denke ich mir, wie angenehm wäre es, meiner Frau davon zu erzählen? Oder meinen Kindern? So blocke ich das bei mir selbst ab.« Außerhalb seiner Ehe war für ihn jedes Begehren abartig, unheilvoll und konnte überallhin führen.

Eines Abends schickte Liddle mir per E-Mail eine Parabel, die er verfasst hatte. Sie hieß »Verlangen«.

Es war einmal ein sehr talentierter Bildhauer, der in eine Stadt kam, wo man ihn einlud, ein Kunstwerk zu kreieren. Er begann an einem wunderschönen Marmorblock zu arbeiten, den er aus einem Steinbruch vor Ort erhalten hatte. Während er den Stein bearbeitete, kam ein reicher Mäzen vorbei und wollte das Werk für sein eigenes Haus haben. Der Künstler willigte ein und arbeitete einige Wochen lang Tag und Nacht, um die Statue für den Mäzen fertigzustellen.

Als sie vollendet war, gab der Mäzen ein großes Fest, bei dem das Kunstwerk enthüllt werden sollte. Er lud die ganze Stadt in sein Haus ein. Als es soweit war und die Statue enthüllt wurde, waren die Bewohner der Stadt voller Erwartung. Dann wurde die Samtdecke weggezogen, und die Betrachter schnappten vor Entsetzen nach Luft.

Jeder der Menschen, die das Werk anschauten, sah etwas anderes, etwas Unaussprechliches. Ein Mensch sah einen Mann und ein Kind beim Sex, ein anderer zwei Männer, die es miteinander trieben, ein weiterer erkannte eine Frau und ein Tier in sexueller Vereinigung, und wieder ein anderer meinte, einen Mann zu erblicken, der seinen Phallus zur Schau stellte. Jeder der Betrachter war sich sicher, genau das in diesem Kunstwerk abgebildet zu sehen.

Die Bürger reagierten, indem sie dem Künstler und seinem Mäzen vorwarfen, was sie selbst sahen. Jedoch sprach keiner aus, was er in dem Marmor zu erblicken meinte. Stattdessen wandten sie sich gegen Künstler und Mäzen und zwangen beide, die Stadt zu verlassen. Nachdem sie fort waren, zerstörten die Stadtbewohner die Statue, doch die Gedanken und Bilder blieben in ihren Herzen.

Manchmal, wenn ich abends in Roys Küche saß, mit dem dunklen Himmel vor den Fenstern, der Lampe dicht über dem Tisch und die Wände so nah, stieß mich seine Geschichte ab. Ich war angewidert, als ich hörte, dass der Internet-Nickname, den er verwendet hatte »Freakypeephole« (»irres Guckloch«) gewesen war. Und das, obwohl er eine Erklärung dafür hatte, denn die Antidrogenhymne, die er in den Siebzigerjahren geschrieben hatte, dieser Song, der ihm ein paar Radiominuten einbrachte, hieß »Freaky People«. Den Namen hatte er zuerst verwenden wollen, aber er war schon vergeben gewesen. Die Alternative, die sein Server ihm angeboten und die er akzeptiert hatte, war Freakypeephole gewesen. Er hatte es als Scherz verstanden, lange vor seinem Vergehen. Vor allem war ich aber angewidert davon, wie er herunterspielte, dass Faith gerade mal zwölf Jahre alt war. Das verzögerte Eingeständnis machte mir erst recht deutlich, dass sie genauso alt gewesen war wie meine Tochter. Die Vorstellung, dass ein Erwachsener sich an meine zarte, fast noch kindliche Tochter heranmachte, sorgte dafür, dass sich alles in mir zusammenzog und mir Mordgedanken kamen.

Roys Erinnerungen an seine Tante hatten allerdings etwas Erregendes. Die Vorstellung, dass ein etwas älteres Mädchen ihn auf die Veranda lockte, war beneidenswert; und dass dieses Mädchen die Schwester seiner Mutter war, gab dem Ganzen eine spezielle Note. Und dann die ersten Erfahrungen seiner Stieftochter auf dem Schulparkplatz; dass sie sich von dem Jungen den Slip hatte herunterziehen lassen – das war Standardstoff für Pornos.

»Ich war verblüfft«, erzählte mir sein Arbeitgeber. »Ich sagte zu ihm: ›Roy, warum hast du so was Dämliches gemacht?‹«

Ich fragte den Mann, ob er wirklich das Wort »dämlich« benutzt hatte – es schien das Vergehen irgendwie zu bagatellisieren.

»Hören Sie mal«, antwortete er, »ich will jetzt nicht philosophisch werden, denn dazu bin ich nicht intelligent genug. Und ich will weder mich noch Sie in Schwierigkeiten bringen. Aber wir sind doch alle Menschen. Jeder hat solche Gedanken. Das Einzige, was ihn von Ihnen und mir unterscheidet ist, dass wir sie nicht ausleben.«

Liddles Vorgesetzter führte seit zwanzig Jahren die staatliche Aufsicht über die Behandlung von Männern wie Roy. Davor war er Therapeut für sexuell missbrauchte Kinder gewesen. »Wir möchten, dass das wenige sind, die Perversen, weit weg von uns«, sagte er über die Täter. »Wir wollen eine klare Trennlinie. Am liebsten würden wir sie an einem klaren primitiven Merkmal erkennen können. Aber das gibt es nun mal nicht.«

In einem Band der *Archives of Sexual Behaviour*, der

weltweit wichtigsten Fachzeitschrift zur Sexualforschung, steht ein Aufsatz von Richard Green, einem Psychiater an der Imperial College School of Medicine in London und emeritierten Professor der UCLA. Darin schreibt er über eine Studie an etwa zweihundert männlichen Studenten: »21 Prozent gaben an, kleine Kinder in gewisser Weise sexuell anziehend zu finden. Neun Prozent schilderten sexuelle Fantasien, in denen Kinder vorkamen, fünf Prozent gestanden, schon zu sexuellen Fantasien mit Kindern masturbiert zu haben, und sieben Prozent ließen durchblicken, sie würden eventuell Sex mit einem Kind haben, wenn sicher wäre, dass man sie dafür nicht belangen würde.« Die Wissenschaftler, führte Green weiter aus, merkten an, dass man »angesichts der wahrscheinlichen Missbilligung solcher Geständnisse durch die Gesellschaft vermuten könne, dass die tatsächlichen Zahlen sogar noch höher sind«. Green berichtete auch von einer Untersuchung Kurt Freunds: Der hatte 48 tschechische Soldaten mit einem Plethysmografen getestet. Bei der Betrachtung einer Bilderserie »zeigten 28 von 48 penile Reaktionen auf weibliche Kinder zwischen 4 und 10 Jahren«.

Es wurden dazu nicht viele Studien durchgeführt, als ob man aller Welt die Wahrheit ersparen wollte. Aber über das Internet nachzudenken oder sich mit der Rechtsgeschichte zu befassen, bedeutete, sich mit etwas Unausweichlichem zu beschäftigen. Wenn man *preteen porn* (Porno mit Kindern jünger als Teenager) in die Suchmaschine von AOL eingibt, erhält man Listen mit Tausenden von Webseiten. Und bis ins späte 19. Jahrhundert war das legale Alter für sexuellen Kontakt zehn.

»Sie sind keine Monster. Sie sind wie wir«, sagte Joan Tabachnick. Sie war Chefin der Schulungen bei Stop It Now!, einer nationalen Organisation zur Prävention von sexuellem Kindesmissbrauch. »Es ist so viel leichter, nur an die sadistischsten, gefährlichsten Pädophilen zu denken. Das ist sehr bequem. Unbequem ist es dagegen zu sagen: ›Ich weiß, was es bedeutet, mein Kind als sexuelles Wesen zu betrachten – ich weiß, was es heißt, mein Kind berühren zu wollen.‹«

Solche Aussagen machten es deutlich leichter, Mitgefühl für Roy zu empfinden. Und das konnte dazu führen, dass man herunterspielte, was er getan oder zu tun versucht hatte. Aber dann fiel mir die erste Babysitterin meiner Tochter ein. Ich hatte von Carolines Vergangenheit erst Jahre, nachdem sie nicht mehr bei uns und schon Gefängniswärterin geworden war, erfahren. Sie erzählte mir von ihrer Ausbildung, von einem Morgen auf dem Gelände der Strafvollzugsakademie, als sie ihre Pistole umklammerte und tat, was der Vorgesetzte befahl: aus der schwarzen Silhouette, auf die sie zielte, in Gedanken jemand machen, den sie erschießen wollte.

»Bist du eine Memme, oder was?«, schrien die Ausbilder ihre Leute an. »Ziel! Drück das verdammte Ding ab! Es geht um deine Familie, der Kerl kommt in dein Haus. Was willst du dann tun?« Es goss in Strömen. Hinter den Zielscheiben ragte ein dunkler Lehmhügel auf, in dem die Kugeln stecken blieben. Ihre neue Uniform war klatschnass und klebte an ihrer Haut. Erst versuchte sie, ihre Tränen zurückzuhalten, aber dann stellte sie dankbar fest, dass es gar keine Rolle spielte, weil sie bei dem Regen niemand bemerkte. Keine 1 Meter 60 groß, stand sie vor der vielleicht sieben Meter entfernten Zielscheibe, und ihr Ausbilder fuhr sie an: »Mit wem bist du zu Hause?«

»Nur mit den Kindern.«

»Also, was, zum Teufel, wirst du tun?«

»Ich werde ihn abknallen.«

Ich fragte, wessen Gesicht und Körper sie sich anstelle der schwarzen Silhouette vorgestellt hatte. Wir saßen in ihrem Esszimmer; an der Wand hinter ihr hing das Porträt einer Frau mit Dreadlocks. Carolines eigene Haare umgaben ihr Gesicht mit Dreadlocks, die so stark gelockt waren, dass sie wie geflochtene Extensions aussahen. Ihre Worte klangen so klar und fest wie ihre Frisur. Sie sagte, sie habe dort ihren Stiefvater gesehen.

»Niemand wusste, wie so eine Begegnung wirklich ablief. Wie er anfing. Was er tat. Niemand, niemand. Weil niemand das wirklich hören will. Meine Schwester würde es nie ertragen; sie würde sterben. Meine Mutter wahrscheinlich auch – keiner will das wissen.«

Es war ihr ein Anliegen klarzumachen, dass ihre Familie nicht dem chaotischen Ghettoklischee entsprach. Sie hatten zwar in Sozialwohnungen gelebt, aber ihre Mutter hatte die Wohnung tadellos in Ordnung gehalten und jedes Wochenende Biscuits und Gravy selbst zubereitet. Ihr Stiefvater arbeitete zuverlässig und wurde später Gewerkschaftsvertreter. Er zog Caroline groß, seit sie ein Jahr alt war, und ihre ganze Kindheit hindurch hielt sie ihn für ihren leiblichen Vater, der er für ihre jüngeren Brüder und die kleine Schwester auch war. Ein Foto, aufgenommen auf einem sonnenbeschienenen, von Bäumen gesäumten Gehsteig, zeigt ihn mit ihr und einer Gruppe ihrer Freundinnen. Alle stehen dicht beisammen. Er hat krauses Haar, breite Wangen und lächelt. Er wirkt wie ein

Mann, der seine achtjährige Stieftochter auf die Schultern nimmt und sie durch die Wohnung trägt, damit sie tun kann, was ihr gefällt – die Decke berühren und von weit oben runterschauen, zum Beispiel auf den Kühlschrank.

Sie war acht, als sie sich, während ihre Mutter Besorgungen machte, mit ihren Brüdern ins Bett ihrer Eltern kuschelte, um fernzusehen. Er fing an, indem er sie aufforderte, ihm den Kopf zu kratzen und seinen Afro zu pflegen. Er bat sie auch, ihm den Rücken zu massieren. All das machte ihr Spaß, sein Haar zu teilen und einzuölen, Lotion auf seiner Haut zu verteilen, bis er ihre Brüder aus dem Zimmer schickte und ihr sagte, sie solle seine Brust streicheln. Sie gehorchte nur widerstrebend und bewegte ihre Hand in winzigen Kreisen. »Tiefer«, befahl er. »Tiefer, tiefer, tiefer.«

Er führte ihre Hand zu seinem Penis. Im Lauf der nächsten Tage zwang er sie, ihn in den Mund zu nehmen. Bald legte er sie mit dem Gesicht nach unten auf ihr Bett, zog ihr die Kleider aus und untersuchte stumm ihren Körper. Er spreizte ihre Beine, strich ihr wortlos über den Rücken, dann rieb er sich an ihr. Wann immer sie versuchte, sich zusammenzurollen oder zuzudecken, packte er sie schmerzhaft an der Schulter.

Auf dem Foto in der Sonne trägt Caroline einen roten Rock, eine schwarze Bluse und zieht mit beiden Händen an den Enden eines roten Schals, der um ihren Hals liegt – ein symbolisches Strangulieren oder nur ein Spiel. Auf einem anderen Foto von den vielen, auf denen ihr Stiefvater posiert und die er gemacht hat, trägt sie schwarze Lackschuhe, einen weißen Osterhut und über der Schulter eine Minihandtasche aus Lackleder. Manchmal am Samstagmorgen, wenn ihre Mutter früh aus dem Haus und in den Waschsalon ging, weckte er Caroline, indem er sie abrupt aus dem Bett hob und sofort anfing. Auf einem Foto schläft sie unter einer grün-rot gestreiften Decke, den Kopf auf der Hand, der Mund entspannt, die Gesichtszüge gelassen, die Haare von einem pinkfarbenen Kopftuch bedeckt.

»Ich habe nie ein Geräusch von mir gegeben«, erinnerte sie sich. Sie blieb auch bei Analvergewaltigungen stumm, die vier Jahre lang oft mehrmals pro Woche vorkamen. Um zumindest den körperlichen Schmerz zu lindern, legte sie sich oft Streifen aus nassen Papiertaschentüchern zwischen die Pobacken, wenn sie allein in ihrem Zimmer war. Ihre blutbefleckte Unterwäsche wusch sie immer selbst. Sie bat ihre Mutter, nicht zum Einkaufen zu gehen oder sie mitkommen zu lassen, aber sie bettelte nicht darum, aus Angst, ihr Stiefvater würde es mitbekommen und sie dann, wie er es einmal angedroht hatte, umbringen. Als sie ihre Periode bekam, ersann sie eine in ihren Augen erwachsene Lösung. Ihr Stiefvater hatte sie nie vaginal vergewaltigt. Daher beschloss sie, zumindest zu versuchen, ihn davon abzuhalten, es jemals zu tun. Und sie sagte sich auch, sie sei jetzt zu alt für das, was er mit ihr gemacht hatte.

Während er eines Abends im Wohnzimmer Jazz hörte und ihre Mutter im Bett in der Bibel las, erledigte Caroline den Abwasch und legte sich ihre Worte zurecht. Sie überlegte hin und her, ob sie das Wort »Vergewaltigung« benutzen solle. Sie lief im Flur auf und ab, von der Küche zur Schlafzimmertür ihrer Eltern und wieder zurück, unfähig, irgendetwas zu sagen. Endlich trat sie neben das Bett und erklärte ihrer Mutter: »Daddy hatte Sex mit mir.« Als ihre Mutter fragte, ob sie wisse, was sie da sage, berührte Caroline erst ihren Mund, dann ihren Po.

Ihr Stiefvater wurde von der für das Sozialwohnungsviertel zuständigen Polizei festgenommen und in Hörweite geschlagen. Ein Staatsanwalt warnte sie, vor Gericht stünde ihre Aussage gegen seine, beklagte schon im Vorhinein das Ergebnis eines Prozesses und redete ihr und ihrer Mutter eine Anklage aus. »Ich hätte nie gedacht«, erzählte Caroline mir, »dass ich – wie viele Jahre später? Jetzt bin ich fast vierzig – immer noch daran denken würde. Nie hätte ich gedacht, dass das so lange anhalten würde.«

Sie hatte inzwischen drei eigene Kinder: einen Sohn auf dem College und zwei jüngere Zwillingstöchter in einem Junior-Highschool-Programm für Begabte. Über sich selbst sagte sie: »Nimm einfach ein paar sehr komplizierte Teile, schüttle alles durcheinander, stell es auf den Kopf und wieder zurück. Ich meine, du hast nicht die Spur einer Ahnung.« Sie erzählte mir, dass sie ihren Stiefvater manchmal noch vermisse, sich von ihm irgendwie abgelehnt fühle. Und sie beschrieb mir ein Leben, das so durchdrungen von einem Gefühl ihrer eigenen Entfremdung ist, dass sie trotz der Erfolge ihrer Kinder ihrem eigenen Urteilsvermögen nicht das Geringste zutraut. »Alle Regeln, die man dich gelehrt hat, werden dir genommen«, erklärte sie die Auswirkung jener vier Jahre. »Alles wird dir fremd.«

Damals hatte ihr Stiefvater auch an ihrer Vagina geleckt, was abgesehen von ihrer Furcht und ihrem Abscheu ein lustvolles Gefühl erzeugt hatte. Das Erbe ihrer Kindheit führte dazu, dass sie sich beim Sex als Erwachsene vorstellte, Vaginalverkehr mit ihm zu haben. Sie stellte sich vor, so wie sie jetzt war, mit ihm zusammen zu sein: »…eine ältere Frau, erfahren, als könnte ich ihm etwas geben.« Nur so war sie fähig zum Orgasmus.

Auf dem Flur von Meredith Chivers – der Psychologin am Rand des Waldes der weiblichen Sexualität – saßen Ray Blanchard und James Cantor, die glaubten, dass die Aufnahmen vom Gehirn, die sie kürzlich gemacht und studiert hatten, praktisch die Dominanz der Natur über die Umwelt, den Primat der Biologie über die Erfahrung bewiesen, was die Ausrichtung des Verlangens betraf. Diese Forschung war beinahe beispiellos. (Ein Vorläufer war eine umstrittene Studie, die 1991 der Sexualforscher Simon LeVay veröffentlichte: Bei den Autopsien von homo- und heterosexuellen Männern wurde korrespondierend zur sexuellen Orientierung ein Unterschied festgestellt, und zwar ein winziger Zellcluster im Hypothalamus.) Blanchard und Cantor triumphierten. Blanchard war ein stämmiger Mann mit gepflegtem grauem Bart. Er sah effizient aus, sprach auch so und legte ziemliche Verachtung an den Tag, wenn er von denen redete, die nicht seiner Ansicht waren.

»Ich begann an der Graduiertenfakultät mit klinischer Psychologie«, sagte er, »und das war eine Abteilung für Hardcore-Verhaltenstherapie. Es wurde gelehrt, Methoden an Menschen anzuwenden, die zuvor im Labor an Ratten und Tauben erforscht worden waren.« Verhaltenskonditionierung war die vorherrschende Theorie seiner Professoren, gegen die er bald rebellierte. »Der Kaiser trägt doch gar keine Kleider«, erinnert er sich an sein damaliges Empfinden. Gründe für seinen frühen Skeptizismus vermochte er nicht zu nennen. Es schien fast so, als würde er seine Einschätzung seinem eigenen überlegenen Instinkt, also der Biologie, zuschreiben.

Noch an der Universität wechselte er vom klinischen ans experimentelle Institut, vom Fokus auf den Menschen zur Laborarbeit mit Tieren.«Und dort stellte ich fest, dass die Tierexperten gar nicht mehr so viel von erlerntem Verhalten sprachen. Instinktives, von der Natur vorgesehenes Verhalten – das waren die angesagten Dinge. Also gab es einerseits die Kliniker, die einen lehrten, man könne einfach diese Lernprinzipien, die zweifelsfrei im Tierlabor etabliert worden waren, anwenden, während die Leute, die an Tieren forschten, sagten: ›Also, eigentlich ist es so nicht.‹« Seit damals folgte Blanchards Karriere dem Pfad der Wissenschaftskultur – den er in bescheidenem Rahmen auch mitprägte – in Richtung medizinischer, physiologischer Erklärungen für menschliches Verhalten. Und jetzt, im unendlich komplexen Bereich des Eros, fühlten er und Cantor sich bestätigt.

In dem Labor an einem Ende ihrer Etage hatte ein technischer Mitarbeiter die 127 Männer, die Blanchard und Cantor damals studierten, an einen Plethysmografen angeschlossen, um zu testen, wie sie von Jugendlichkeit erregt würden.»Ich habe Geist, Körper und Seele studiert«, erklärte der Techniker mir, denn er hatte seinen Master in Psychologie, Heilkunde und Religion.»Und jetzt vermesse ich hier Schwänze.« Er hatte schätzungsweise schon 3200 gesehen, und oft führte er ein informelles Interview, bevor er den Glaskolben befestigte, die Drähte anschloss und den Probanden mit runtergelassener Hose und den Bildern allein ließ. Aus persönlicher Neugier fragte er gern:»Wenn ich ein Video von den Bildern in ihrem Kopf in den letzten zehn Sekunden vor dem Höhepunkt beim Sex hätte, was würde ich dann sehen?« Er staunte darüber, wie wenige Männer, inklusive derer, die am stärksten von erwachsenen Frauen angeturnt wurden, angaben, in diesem Zehn-

Sekunden-Video wäre die Frau zu sehen, mit der sie gerade zusammen sind.

Die gegenwärtigen Probanden waren fast zu gleichen Teilen Pädophile und von Blanchard sogenannte »Teleophile« – »die normalen Typen«, übersetzte er mit einer Spur Ironie. Eine kürzlich von ihm durchgeführte Studie spottete über diesen Begriff von Richard Green. »Normal« bedeutete nicht, an jungen Menschen uninteressiert zu sein. Gemäß dem Plethysmografen wurden teleophile Heterosexuelle am stärksten durch Bilder von erwachsenen Frauen erregt, immer noch deutlich von weiblichen Jugendlichen und weniger, aber durchaus noch merklich von weiblichen Kindern. Die erotische Reaktion gewöhnlicher Männer auf noch sehr junge Mädchen war eindeutig, wenn man die Reaktion auf Mädchen mit der zu vernachlässigenden auf Bilder mit männlichen Models jeglichen Alters verglich oder auf neutrale Abbildungen: Ein Foto von einem See mit kahlen Bäumen im Winter etwa. Teleophile Homosexuelle reagierten analog. Pädophile Homosexuelle ebenso.

Nach den Tests mit dem Plethysmografen unterzogen sich die 127 Männer einer Kernspintomografie, bei der ihr Gehirn untersucht wurde.

Eine violette Katze flimmerte auf dem Bildschirm, der Körper aufrecht, der Bauch exponiert, mit hervorquellenden Augen. Ihre Beine wirkten grotesk kurz, bis auf eine lange Vorderpfote, die in die Luft schlug. Eine amorphe, blaugrüne Kreatur saß hinter der Katze und schien wie ein Diener ihren gebogenen Rücken zu streicheln. Unter der Katze standen zwei schmale Wesen: Zwillinge, einer violett, der andere blaugrün. Als wären die Katze und ihr Diener ein

Liebespaar und dies ihre Kinder. Kleine blaugrüne Amöben waren rund um sie verteilt.

Die farbigen Formen wurden über eine weißlich graue Seitenansicht des menschlichen Gehirns gelegt. Die Katze, der Diener, die Zwillinge und die Amöben stellten Bereiche dar, in denen es Unterschiede zwischen pädophilen und teleophilen Gehirnen gab, wobei die violetten Gebilde Differenzen in der rechten Hemisphäre markierten und die blaugrünen diejenigen in der linken. Die Kernspinaufnahmen der zwei Gruppen waren analysiert und im Hinblick auf die Quantität der weißlichen Masse akribisch verglichen worden. James Cantor erklärte: »Je stärker ein Mensch pädophil ist, desto weniger dicht ist die weißliche Masse.«

Spezialisierte Techniker – »meine beiden Bilder-Geeks«, wie Cantor die junge Frau und den jungen Mann nannte, die ihre Tage damit verbrachten, Bilder zu drehen, zu zerschneiden und einzufärben, während sie die Darstellungen von Gehirnen auf ihren Computern berechneten – hatten die quantitative Analyse in Grafiken verwandelt, die die Vergleiche visuell aufbereiteten. Und das Ergebnis sah aus wie die Vision eines Surrealisten. Die Surrealisten hatten ja dem Unterbewussten Gestalt verliehen, den anarchischen und irreführenden Gelüsten, die sich unterdrücken, aber nie abtöten ließen. Hier auf dem Bildschirm hatte sich die Wissenschaft gewissermaßen von der Lust in Kunst verwandelt.

Außerdem hatte man hier anscheinend den Beweis dafür, dass ein abweichender Trieb seine Ursache in der Hirnanatomie hatte, den Beweis, dass die sexuelle Prägung schon pränatal erfolgt. Blanchard und Cantor gestanden zwar zu, dass physiologische Unterschiede auch irgendwie durch pädophile Erfahrung verursacht sein konnten; sie sahen vorher, dass diejenigen, die sich weigerten, die determinative Macht der Biologie anzuerkennen, dieses Argument vorbringen würden, sobald die Studie veröffentlicht wäre. In ihren Augen war das Argument jedoch überstrapaziert, vor allem wenn man eine Entdeckung berücksichtigte, die sie schon früher gemacht hatten – nämlich, dass pädophile Männer dreimal so häufig Linkshänder sind wie teleophile. Die statistische Verbindung war offenkundig, und Händigkeit ist pränatal festgelegt. In Anbetracht ihrer aktuellen Ergebnisse war es also logisch unbestreitbar, dass Pädophilie – oder zumindest eine starke Prädisposition dafür – ebenfalls pränatal bestimmt wird.

Selbst die Angabe, dass etwa ein Drittel der Missbrauchstäter als Kinder selbst missbraucht worden sind, taten Blanchard und Cantor ab. Diese Daten stützten sich zu sehr auf eigene Aussagen und nicht verifizierte Geschichten, argumentierte Cantor. Und Chivers Ehemann, der Forscher Michael Seto, der Blanchards und Cantors Schlussfolgerungen unterstützte, meinte, dass er an den Zusammenhang von missbraucht werden und missbrauchen glaube und dies der Vorstellung vom pränatalen Ursprung der Pädophilie nicht widerspreche. Die Opfer könnten einen angeborenen ähnlichen Wesenszug aufweisen, der sie psychisch verletzlicher mache oder die Wahrscheinlichkeit von Annäherungen Erwachsener erhöhe. Der Missbrauch könnte aber auch eine Art »Trigger« sein, der später die pränatal vorhandene Neigung ausbrechen lasse.

»Schrecken«, meinte Cantor, als er sich an seine Stimmung erinnerte, während er die ersten Ergebnisse der Hirnbilder erhielt und diese zunächst uneindeutig zu sein schienen. »Mein Herz schlug schneller. Ich dachte, ich werde nie etwas finden. Da gibt es nichts.«

»Gott sei Dank!«, erinnerte sich Blanchard an seine Reaktion, sobald die Muster von Unterschieden in dem Temporal- und Scheitellappen mithilfe der Bilder-Geeks immer deutlicher wurden.

Und dann zeigte Cantor mir und Michael Seto voller Begeisterung die jüngsten computergenerierten Grafiken der Differenzierung. Sein schwarzer Pullunder schien fast zu eng für seinen Überschwang. »Ist das nicht die heißeste Sache der Welt?«, fragte er. Dann wies er einen der Techniker an, langsam durch eine Serie zu klicken: die Unterschiede aus Dutzenden Blickwinkeln, in Rot, Gelb und Grün hervorgehoben. »Cooler geht's ja wohl nicht!«, rief er aus. Dann bat er den Mann, eine der Grafiken rotieren zu lassen; er wollte, dass wir sie von allen Seiten bewunderten. Der Techniker benutzte seine Maus, und schon flog uns ein großer, dreidimensionaler, leberförmiger Klumpen entgegen, hielt an, drehte sich langsam, hielt wieder inne und schien wie ein Model auf dem Laufsteg vor uns zu posieren, jeden herauszufordern, es anzusehen und bloß nicht an der Überlegenheit dessen zu zweifeln, was es zu bieten hatte. »Der Beweis starrt uns direkt ins Gesicht!«, erklärte Cantor.

Poster der drei Sibyllen von Michelangelo, der delphischen, der libyschen und der eritreischen Seherin, hingen über Cantors Schreibtisch. »Ich möchte einfach wissen, wie Sex im Gehirn funktioniert«, sagte er. »Wie tickt das menschliche Gehirn, wenn es um Sex geht? Das ist unser Ding. Ätiologie.« Er machte deutlich, dass es ihm weniger darum ging, einen praktischen Effekt im Bereich des Kindesmissbrauchs zu erzielen, sondern darum herauszufinden, wie wir in erotischer Hinsicht zu den Menschen werden, die wir sind.

Mithilfe der Magnetresonanzabbildungen, mit Unterstützung durch seine Geeks, mit den Fähigkeiten von Ausrüstung und Methoden, die noch nicht erfunden waren, wollte Cantor eine Art Seher werden. Aber wie sehr er auch über die Offenbarungen in Violett und Blaugrün jubelte, er wusste doch, dass er noch längst nicht mit genug Präzision sah. Die riesigen Unterschiede zwischen den pädophilen und teleophilen Gehirnen, die der Kernspin aufdeckte, waren mit an Sicherheit grenzender Wahrscheinlichkeit zu allgemein, zu vage. Die violetten und blaugrünen Bereiche reflektierten nicht nur die unterschiedlichen Triebe, sondern auch die Tatsache, dass die Gehirne von Pädophilen eine unbekannte Menge dazugehöriger Bedingungen, »eine Konstellation von Symptomen« aufwiesen, die wenig bis nichts mit Sex zu tun hatten, vermutete Cantor. Gemäß seinem und Blanchards Denkmodell war im Mutterleib etwas passiert, eine Störung, wie sie es nannten, wahrscheinlich ein chemischer Vorfall – ein zugeführtes Toxin, sei es durch mütterlichen Drogenmissbrauch, eine Infektion oder ein Umweltgift; diese Zuführung musste zeitlich mit einer bestimmten Entwicklungsphase des Fötus zusammenfallen. Das Ergebnis waren eine Reihe von Abnormitäten in der weißlichen Materie. Irgendwo in dem Violett und Blaugrün war die exakte charakteristische Stelle, die zur Pädophilie führte, aber vorläufig kannten Cantor und Blanchard kein Verfahren, um die irrelevanten Regionen zu eliminieren. »Wir sind noch nicht darauf gestoßen«, sagte Cantor und vermutete, dass der präzise relevante Punkt zu winzig war, um von der gegenwärtigen Technologie dargestellt zu werden. »Ein dreidimensionaler Pixel heißt Voxel. Ein Voxel ist etwa ein Kubikmillimeter. Aber natürlich ist eine Faser im Gehirn sehr viel kleiner als das. Wenn es also feinere Unterschiede gibt, sind die vielleicht zu fein, als dass ein Kernspintomograf sie sichtbar machen könnte.«

Wir kamen auf die Männer zu sprechen, deren Gehirne er studierte. Über diejenigen, die Kinder bevorzugten, sagte er: »Ich glaube nicht, dass einer von ihnen besonders glücklich ist. Ich glaube, ich wäre auch nicht sehr glücklich, wenn mir klar würde, dass mir die Sexualpartner, die ich am anziehendsten finde, nicht erlaubt wären, und das wär's; nichts, was ich dagegen tun könnte. Da ist es leicht zu verstehen, warum viele von ihnen um Medikamente bitten, die ihren Sexualtrieb reduzieren. Sie wollen keinen Trieb, den sie für den Rest ihres Lebens unterdrücken müssten, den sie nie ausleben dürften. Da ist es doch leichter, gleich zu versuchen, ganz ohne ihn zu existieren.«

Er sprach über die praktisch nicht vorhandene sexuelle Aberration im Tierreich. Bei Menschen »haben höher entwickelte Teile des Gehirns Dinge übernommen, die bei anderen Spezies niedriger entwickelte verrichten. Und anscheinend ist eines dieser Dinge das Sexualverhalten«. Das Ergebnis, sagte er, sei keine Komplexität, die man feiern müsse. »Da können auch mehr Dinge schiefgehen. Das ist so wie die Tatsache, dass wir nach jeder neuen Version von Windows nur mit noch mehr Problemen dastehen.«

Und die Probleme stehen auch im Zusammenhang mit der Dauer. Die meisten Tiere haben Paarungszeiten; Menschen sind dagegen das ganze Jahr hindurch zum Sex bereit und daher andauernd anfällig für damit einhergehende Pein.

Gab es denn, wollte ich wissen, irgendeine Chance dafür, dass jemand mit einem dominanten Verlangen nach Kindern sich an einen anderen Punkt des Kontinuums bewegt, Hoffnung darauf, dass er diesen Trieb einem anderen unterordnen kann? Gab es irgendeine Möglichkeit für echte Veränderung?

Unter den drei Sibyllen wurde Cantors Stimme monoton. Sie verlor den Schwung, den sie ausgestrahlt hatte, solange er von der Wissenschaft des Eros sprach. Er schien nicht mehr ins Unbekannte zu spähen und auch nicht mehr begeistert von seinen Entdeckungen zu sein. »Nicht, dass ich wüsste«, sagte er. Biologie stand am Anfang, und sie stand am Ende.

»Masturbatorische Rekonditionierung«, schrieb Blanchard später in einer E-Mail als Antwort auf eine Frage, die ich ihm zum Thema Kapazität des Gehirns zur Rekonfiguration, die man Neuroplastizität nennt, geschrieben hatte. Wenn Schlaganfallpatienten durch unermüdliches und gewissenhaftes Training in der Lage sind, ihr Hirn dazu anzuregen, neue neurale Verbindungen sprießen zu lassen, die es ihnen erlaubten, wieder zu gehen und zu sprechen, müsste dann nicht, so fragte ich mich, die Physiologie des Gehirns ebenso formbar sein, wenn es um den Sexualtrieb ging? »Ich erinnere mich nicht mehr genau daran, wann masturbatorische Rekonditionierung erstmals erwähnt wurde«, schrieb er. »Wahrscheinlich schon in den Sechzigerjahren, als eine Reihe von Verfahren der Verhaltenstherapie auf der Grundlage von Experimenten zur Konditionierung von Ratten, Hunden und Tauben erstmals bei Menschen angewendet wurden. Das Basisverfahren bestand darin, dass man einen Patienten mit der Diagnose Pädophilie, Fetischismus oder (damals noch üblich) Homosexualität aufforderte, zu masturbieren, während ein *Playboy*-Heft in Reichweite lag.

Wenn der Patient sich dem Höhepunkt näherte, sollte er nach der Zeitschrift greifen und sich unmittelbar vor und während der Ejakulation auf die Abbildung einer nackten erwachsenen Frau konzentrieren. Das sollte erotisches Interesse an erwachsenen Frauen erzeugen.

»Man könnte erwarten, dass so eine Prozedur, wäre sie erfolgreich gewesen, um die Welt gegangen wäre. Ich glaube, so wäre es gekommen, selbst wenn Masturbation dabei zu einer lästigen Pflicht geworden wäre. Tatsächlich wurde die Methode aber still und leise wieder abgeschafft, wie so viele aus dem Tierlabor stammende therapeutische Erfindungen der Sechzigerjahre (auch wenn es natürlich hier und da noch Winkel geben mag, wo man solche Verfahren weiterhin empfiehlt).«

Wie zuvor Blanchard erzählte Cantor vom Verlauf seiner Karriere als etwas, das er gar nicht unter Kontrolle gehabt hätte. Ihn zu fragen, warum er Sexualforscher geworden sei oder warum er sich als solcher physiologischen Erklärungen für Anziehung verschrieben habe, sei so, »als würde man einen Zweig fragen, wie es dazu kam, dass er flussabwärts schwamm«, meinte er. »Ich bin ein Zweig, ich befinde mich im Wasser, und hier bin ich gelandet.«

Zweihundert Meilen weiter nordöstlich, in Ottawa, sah das anders aus. Paul Fedoroff – wie Berlin und Blanchard einer der bekanntesten Sexualforscher der Welt – erzählte, wie er dazu gekommen sei, ein Heer von Paraphilen zu behandeln. Darunter ein Mann, der Sex mit Pferden hatte, eine Frau, die sich so häufig selbst streichelte, dass ihre Vagina völlig wund war, sowie eine Vielzahl von Pädophilen. Fedoroff glaubte, sie alle könnten sich ändern. Er berichtete, dass er an der medizinischen Hochschule einen Psychologen kennengelernt hatte, einen Wissenschaftler, der auf Sexualität spezialisiert war. »Der erzählte mir von einem Profifootballspieler, der wegen Exhibitionismus verhaftet worden war. Der Mann war ein Quarterback, ein Star. Verheiratet mit einer Miss America oder so was Ähnlichem. Und dieser Psychologe sagte: ›Stellen Sie sich das mal vor. Da ist ein Typ, den praktisch jeder Mann in den Staaten beneidet. Er ist der Quarterback einer siegreichen Footballmannschaft. Jedes Wochenende beobachten im wahrsten Sinn des Wortes Millionen Menschen alles, was er tut. Er ist mit der hübschesten Amerikanerin des Jahres verheiratet. Und trotz alledem geht er aus irgendeinem Grund raus und entblößt sich.‹ Die Football-Liga wusste um das Problem und deckte ihn eine Weile, aber dann passierte es offenbar einmal zu oft. Er verlor seinen Job, sein Riseneinkommen, seine Frau. Und dieser Psychologe sagte: ›Da steckt doch etwas Interessantes dahinter.‹«

Fedoroff hatte rundliche Wangen, eine scharf geschnittene Nase und trotz seiner Körpergröße ein paar Pfunde zu viel um die Mitte. Seine Miene und Statur strahlten eine Mischung aus Weichheit und Überlegenheit aus. Nicht zu vergessen der pure Enthusiasmus seiner Kleidung. Seine Anzüge wiesen ein breites Nadelstreifenmuster auf, wie es gerade angesagt war; sie waren so zeitgemäß, dass er fast schon dandyhaft wirkte. Ein grauer Haarkranz, der teilweise unordentlich über seinen Kopf gekämmt war, karikierte den Dandy jedoch gleichzeitig. Seine Begeisterung und seine Energie waren allerdings unübertroffen: Vom frühen Morgen bis zum späten Abend empfing er Patienten, traf Kollegen und hielt Seminare, ohne zwischendurch auch nur eine Kaffeepause einzulegen.

»Ich habe mit Hunden rumgemacht«, gestand ihm ein Patient eines Nachmittags mit fest zugekniffenen Augen, als wollte er sich gegen die Wahrheit abschotten. »Ich hab sie nicht bestiegen – nur masturbiert. Ich habe auch Beziehungen zu Pferden. Ich weiß nicht, ob ich damit aufhören will. Wenn ich mich entscheiden müsste, würde ich eine Stute einer Frau vorziehen.«

»Warum?«, fragte Fedoroff leise. Er lehnte sich in seinem Schreibtischsessel aus Leder zurück. Dabei verlieh eine bunte Krawatte seinem hochmodischen Anzug noch etwas besonders Frisches. Der Mann ihm gegenüber auf der Couch saß sehr aufrecht in seinem schäbigen T-Shirt und staubigen Khakihosen da. Er war dicklich und trug einen hellbraunen Oberlippenbart.

»Wegen dem Vertrauensfaktor«, sagte er. Dann fügte er noch hinzu, dass er eine Freundin habe.

»Ist das nicht besser?«

»Ich fühle mich Pferden näher.«

Fedoroffs Praxis befand sich in einem kleinen, quadratischen Krankenhausgebäude mit niedrigen Decken und quietschendem Linoleum. Über Fedoroffs Kopf hing ein Poster von Chagall: ein im Kuss vereintes, schwebendes Paar. Die Szene wirkte auf den ersten Blick glückselig, banal. Die Frau hielt einen Blumenstrauß, während ihre Lippen die des Liebsten berührten. Auf den zweiten Blick war das Ganze jedoch schräg.

Der Patient gestand ein, dass es in seinen Beziehungen zu Pferden emotionale Grenzen geben mochte. Er erklärte auch, dass er in der Community der Zoophilen wegen dieses Themas einige Auseinandersetzunge erlebt hatte. »Die sagen, es gebe zwischen Mensch und Tier eine Bindung wie zwischen Ehemann und -frau.« Seine Gefühle gingen nicht ganz so weit. Dennoch kam er immer wieder auf den Vertrauensaspekt zurück.»Ein Tier wird nie versuchen, dir emotional wehzutun. Ein Tier wird sich nie über dich lustig machen.« Er glaubte auch nicht, dass seine sexuelle Orientierung schon immer so gewesen sei. Er hielt sie für das Resultat menschlichen Verrats.

Wenn er sich selbst befriedigte, fantasierte er von Pferden. Wann immer er konnte, hatte er Verkehr mit den Stuten aus einem Stall in seiner Umgebung. In Fedoroffs Praxis war er aus Furcht gekommen: Er wollte sich nicht ändern, aber er wollte nicht ertappt werden; Sex mit Pferden konnte mit mehreren Jahren Gefängnis bestraft werden. Sein Traum war ein Leben jenseits der Grenze, unten in Missouri, und noch dazu in der Vergangenheit.»Missouri«, erklärte er,»ist einer der Staaten, wo es früher legal war.«

Er sah in seinem Liebesakt mit Tieren einen natürlichen Fortschritt.»Menschen trainieren Pferde seit Tausenden von Jahren. Vor langer Zeit trugen Pferde weder Menschen auf ihren Rücken noch ein Trensengebiss im Maul. Jetzt tun sie beides.« Er vollzog einfach den nächsten Schritt. Und er achtete sorgsam darauf, kein Leid zu verursachen, kein Tier auszunutzen und nie ein Jungtier zu besteigen.»Die wissen ja noch nicht wirklich, was Sex ist. Die haben kein Verlangen. Das ist wie bei einem Kind – sie wissen gar nicht, was da eigentlich vor sich geht.« Er drängte sich auch keinem unwilligen erwachsenen Tier auf. Er meinte, merken zu können, wenn Verlangen erwidert würde.»Stuten sind da ziemlich laut.«

Fedoroff nahm all das, ohne zu reagieren, zur Kenntnis. Nur einmal rückte er seine Krawatte zurecht, und hin und wieder merkte er leise an, dass eine Veränderung möglich sei. Der Patient konzentrierte sich jedoch ganz auf seine unmittelbaren Befürchtungen: verhaftet zu werden und Krankheiten zu bekommen. Er fragte Fedoroff, ob Krankheiten zwischen Menschen und Tieren übertragbar seien, daraufhin fragte der Psychiater zurück, ob er Kondome benutze.

»Ich und meine Menschenpartnerin schützen uns. Ich und meine Stuten nicht.«

Fedoroff vereinbarte einen weiteren Termin in ein paar Wochen. Er pflegte seine Patienten individuell ungefähr einmal pro Monat zu sehen, auch wenn viele von ihnen wöchentliche Gruppensitzungen besuchten. Er überwachte sie, verschrieb oft Medikamente und hatte auch die Therapie im Blick, die einige von ihnen anderswo erhielten. Der Zoophile wollte jedoch keinerlei Behandlung. »Wenn er einwilligte«, erklärte Fedoroff mir, nachdem der Mann gegangen war, »würde ich versuchen, ihn stärker in Richtung Menschen zu lenken.« Dann begab er sich ins Wartezimmer, um seinen nächsten Patienten zu begrüßen.

Verlangen, so glaubte Fedoroff, sei vergleichbar mit Sprache. »Menschen kommen ohne Sprache zur Welt«, sagte er, »aber mit Erbgut, das ihnen erlaubt, jede beliebige Sprache, die es auf der Welt gibt, zu erlernen und zu sprechen. Und die Sprache, die sie dann sprechen, wird von denjenigen bestimmt, die sie großziehen. Etwa im Alter von zwei Jahren wird ihre Muttersprache festgelegt, sodass, auch wenn ein Mensch natürlich weitere Sprachen lernen kann, es eine gibt, die grundlegend in ihm verankert ist. Selbst mehrsprachig Aufgewachsene können einem sagen, welche Sprache ihre Muttersprache ist. Und wenn sie behaupten, ›ich spreche diese Sprachen gleich gut‹, und Sie daraufhin fragen, in welcher Sprache sie denn kopfrechnen, dann gibt es darauf nur eine Antwort.« Ähnlich verhalte es sich mit der Sexualität. Unbegrenzte Möglichkeiten werden frühzeitig eingeschränkt. So nimmt das Form an, was Berlins Mentor John Money *lovemap* nannte. Aber damit sei noch nicht alles gelaufen; diese Liebeskarte sei nicht unabänderlich. »Wenn man davon ausgeht, dass sie es ist«, fuhr er fort, »dann tendiert man zur Einstellung der Neurologen: Diagnose und Adios. Das ist ein fatalistischer Ansatz, und im Lauf der Jahre habe ich herausgefunden, dass er nicht stimmt. Weil Menschen eben durchaus in der Lage sind zu lernen und sich zweite Sprachen anzueignen. Ich bin mir nicht sicher, ob man das ursprüngliche Interesse völlig ablegen kann. Aber man kann weniger stark von ihm abhängig sein, indem man neue Triebe entwickelt.«

Fedoroff nahm an, dass Verlangen von allen möglichen Faktoren geformt würde, biologischen und erfahrungsbedingten, die bei verschiedenen Menschen verschieden stark wirkten. Anders als Blanchard und Cantor war er nicht entschlossen, die Überlegenheit der Natur über die Umwelt zu beweisen, auch wenn die Evolution und das Biologische ihn faszinierten. Im Hinblick darauf, warum bestimmte Körperteile und Objekte oft Ziele paraphilen Verlangens sind, meinte er: »Die Leute haben sich genau die gleiche Frage in Bezug darauf gestellt, warum es bestimmte Dinge gibt, die mit größerer Wahrscheinlichkeit Phobien auslösen. Höhe, Dunkelheit, zitternde Objekte – sie erzeugen über alle Kulturgrenzen hinweg Phobien. Eine Antwortet lautet, dass Menschen aufgrund dieser Ängste von der Natur selektiert wurden. Menschen mit Höhenangst kriegen wahrscheinlich eher Kinder als solche ohne. Setzt man diese Analogie für Fetische an, gibt es offenbar Dinge, die wir aufgrund genetischer Disposition mit größerer Wahrscheinlichkeit sexualisieren. Charakteristische Gerüche etwa. Man braucht sich nur Tiere anzusehen, um die Bedeutung von Körpergerüchen für das Fortpflanzungsverhalten zu erkennen. Von dort aus ist es kein großer Schritt zu behaupten, dass Menschen vom Geruch getrieben sexuelle Wege einschlagen; außerdem assoziiert man mit vielen Dingen, die zum Fetisch werden, moschusartige Düfte – Füße, Schuhe, Dessous.« Fetische sind wie Phobien ein Vermächtnis des evolutionären Vorteils, Ausdruck von auf die Spitze getriebenen oder auf ähnliche Ziele umgelenkten erwünschten Eigenschaften.

Manchmal schien Fedoroff vor lauter Theorien fast der Kopf zu bersten. »Ich lehne singuläre Antworten ab, weil sie sich alle als falsch erweisen.« Seine ätiologischen Erklärungen umfassten die Rollen von Scham und Furcht beim Anfeuern zum Orgasmus. Manche Paraphile, meinte er, litten an einem »unbeweglichen Schalter« für ihr parasympathisches und ihr sympathisches Nervensystem, zwei Bereiche des autonomen Schaltkreises, der Puls, Schwitzen, Atmung und Speichelfluss reguliert. Das parasympathische System kontrolliert die Erregung, während das sympathische uns in die Ekstase des Orgasmus schickt. »Der natürliche Prozess beim Sex besteht darin, dass die parasympathischen Nerven loslegen und dann, sobald wir erregt genug sind, ein Schalter umgelegt wird und die sympathischen Nerven übernehmen, bis wir einen Orgasmus haben. Der arme Paraphile dagegen besitzt nur einen unbeweglichen, trägen Schalter und muss etwas Extremes tun, damit der Sympathikus überhaupt in Gang kommt.« Außer beim Orgasmus übernimmt das sympathische Nervensystem auch in Notsituationen die Kontrolle. Fedoroffs Theorie besagt, dass einige Paraphile das Abweichende oder Verbotene nutzen, um Kasteiung oder Gefahr zu spüren – damit sie so den emotionalen Notfall erzeugen, der die sympathischen Nervenbahnen alarmiert und sie zum Höhepunkt bringt.

Er erwähnte eine Patientin, eine heterosexuelle Frau, die sich in seine Behandlung begab, weil sie die Fähigkeit verloren hatte, mit ihrem langjährigen Partner zum Orgasmus zu kommen. Sex mit verschiedenen Männern an einem Abend, Videos von mit Tieren kopulierenden Frauen, Filme von sich selbst beim Masturbieren – all das brachte sie dagegen zum Höhepunkt. Befriedigender Sex mit ihrem Partner schien hingegen ein hoffnungsloses Unterfangen zu sein, »bis«, wie Fedoroff in einem Artikel schrieb, »festgestellt wurde, dass sie große Mengen L-Tryptophan nahm, das in Läden für gesunde Ernährung frei verkauft wurde, um besser schlafen zu können. Diese Substanz wird zu Serotonin verstoffwechselt, das wiederum bekannt dafür ist, Orgasmusprobleme zu verursachen. Also riet man ihr, das L-Tryptophan abzusetzen. Schon bald war sie wieder in der Lage, beim Verkehr mit ihrem Partner einen Höhepunkt zu erreichen, gleichzeitig verschwand ihr paraphiles Interesse an Gruppensex, Exhibitionismus und Zoophilie.«

Nach dem Mann, der Pferde bestieg, war Fedoroffs nächste Patientin ein Mädchen, vielleicht knapp zwanzig. Ihr blau gefärbtes Haar sah aus wie stacheliger Federschmuck. Sie besaß ein rundliches, blasses Gesicht. Zu schweren, schwarzen Stiefeln trug sie einen beigefarbenen Fleecepulli, den vorne ein aufgestickter Löwenkopf zierte. Die Stickerei war eher unauffällig. Gesicht und Mähne des Löwen wirkten ätherisch, wie der Schemen von etwas Aggressivem, Unbezähmbarem, das in ihr lebte. Früher hatte sie so zwanghaft masturbiert, dass sie sich aufrieb, bis ihre Genitalien von Wunden entstellt waren. Sie hatte sich selbst mit Besenstielen bearbeitet und Hunde befummelt. Als sie in einer Wohngruppe lebte, hatte ihr Stöhnen bei der Selbstbefriedigung die Betreuer irritiert; man hatte sie verdächtigt, jüngere Mitbewohner sexuell zu belästigen. Jetzt, unter Fedoroffs Obhut, zügelte ein Antiandrogen ihre erotischen Triebe. Aber er hielt ihre Probleme nicht für einen dauerhaften Zustand und meinte daher, die medikamentöse Dämpfung würde nicht immer nötig sein. Er vermutete, dass sie an einer unbekannten genetischen Störung litt, da ihre spezielle Ansammlung von Symptomen auf ein fehlendes Chromosom hindeute. Als sie ihm so auf der Couch gegenübersaß, beugte er sich aus seinem Sessel zu ihr vor und zeichnete eine Grafik mit einer gezackten Linie, die jedoch tendenziell nach oben führte – ein tröstliches Zeichen; die Zacken nach unten symbolisierten Rückschläge, der Anstieg die zwangsläufige grundsätzliche Besserung. »Ich weiß, dass Sie ein normales Leben führen wollen«, erklärte er. »Es wird auf dem Weg dorthin einige Stolperschwellen geben, aber ich denke, sie werden es schaffen.« Es war nicht ganz klar, wie genau Normalität erreicht und bewahrt werden sollte, nachdem das Medikament abgesetzt wäre, aber das Mädchen hörte ihm zu, ohne Fragen zu stellen, und wirkte zumindest ein wenig beruhigt.

Ihr Fall erinnerte ihn an einen anderen, und nachdem er sie mit noch ein paar sanften, aufmunternden Worten hinausbegleitet hatte, schilderte er mir einen Patienten mit einem noch selteneren genetischen Defekt, dem Lesch-Nyhan-Syndrom. Der davon betroffene junge Mann musste an einen Stuhl gefesselt leben, denn ungefesselt hätte er sich die eigenen Finger abgebissen und den Penis abgerissen. Der Zwang, die eigenen Extremitäten zu verstümmeln, wurde durch den Mangel eines einzigen Enzyms verursacht. »Erstaunlich, dass es nur ein einziges Enzym ist, das uns davon abhält, solche Dinge zu tun«, sagte er. Ein weiteres Symptom bei seinem Patienten sei, dass Veränderung – jegliche Veränderung – ihm eine schier unerträgliche Qual bereite. Allerdings hatten die Eltern, bei denen der Patient lebte, gelernt, sich darauf einzustellen. Deshalb verrückten sie jeden Abend mehrere Möbelstücke, damit diese Veränderung zur beruhigenden Konstante wurde. Und da ihnen klar war, dass ihr Sohn auch irgendeine Form von Sexualleben brauchte, konstruierten sie ihm einen speziellen Apparat, der es ihm zwar erlaubte zu masturbieren, ihm aber keine Möglichkeit gab, sich zu verstümmeln.

Fedoroff bewunderte den Einfallsreichtum der Eltern, der seinen Glauben an Lösungen nährte. Sein Vertrauen in die Möglichkeit, Dinge in Ordnung zu bringen, reichte zurück zu einem Lkw-Fahrer und Transvestiten, dem er Jahrzehnte zuvor begegnet war. Fedoroff arbeitete damals als Assistenzarzt und musste über einen vorgeschriebenen Zeitraum hinweg eine psychoanalytische Ausbildung absolvieren. Nachdem mehr als ein Jahr Gesprächstherapie dem Cross-Dresser nicht geholfen hatten, empfahl ihm ein Mentor, den Fokus von der Behandlung der Paraphilie auf die Ängste des Patienten zu richten. Fedoroff beschloss, ein neues Medikament namens Buspiron auszuprobieren.

»Bald danach bekam ich einen Anruf von der Ehefrau. Dabei hatte ich vorher noch nie von dieser Frau gehört. Sie sagte: ›Was für eine Medizin haben Sie meinem Mann da verschrieben?‹ Ich sagte: ›Also, das ist dieses neue Medikament gegen Angststörungen. Ist er jetzt weniger ängstlich?‹ Sie darauf: ›Nein, er ist so ängstlich wie immer, aber setzen sie es trotzdem nie wieder ab.‹ ›Warum das denn?‹ Da sagte sie: ›Weil wir jetzt den besten Sex unseres Lebens haben.‹ Daraufhin bestellte ich den Lkw-Fahrer ein. Das war zwar ein absoluter Machotyp, aber beim Sex musste er Damenunterwäsche tragen oder sich das zumindest in intensiven Fantasien vorstellen. Seine Frau war hinter diese Fantasien gekommen und schilderte ihn dabei als total abwesend. Nun sagte er mir: ›Ich weiß zwar nicht, warum, aber ich muss das nicht mehr machen. Ich kann mit meiner Frau Sex haben und muss überhaupt nicht mehr an Dessous denken. Das ist in meinem ganzen Leben noch nie vorgekommen.‹

Wir setzten das Medikament ab, und sechs Wochen später funktionierte es mit dem Sex nur noch dann, wenn er an Lingerie dachte. Er kehrte zu dem Medikament zurück, und das Problem verschwand wieder. Eine ganze Weile danach rief ich ihn einmal an und fragte: ›Nehmen Sie es noch?‹ Er verneinte. Aber er habe noch eine Packung davon im Schrank, nur für alle Fälle. Aber er brauchte es nicht. Ich bin ziemlich überzeugt davon, dass eine massive Änderung in seiner *lovemap*, seiner Liebeskarte, stattgefunden hatte.«

Fedoroffs Theorie zufolge hatte das Buspiron den »unbeweglichen Schalter«, der beim Sex das sympathische Nervensystem aktiviert, leichtgängiger gemacht. Nachdem der Schalter wieder einwandfrei funktionierte, wurde das normale Liebesleben mit seiner Frau zum reinen Vergnügen. Es war ihm quasi gelungen, eine zweite Sprache zu erlernen und darin vollständig zu funktionieren; dadurch war das Medikament am Ende nicht mehr nötig.

Auch Pädophile können vielleicht lernen, ohne ihre Muttersprache zurechtzukommen. Fedoroff sprach davon, sie eine Art zweite Pubertät durchlaufen zu lassen. Sein Plan basierte auf der Vorstellung, dass jeder zunächst pädophil gewesen ist. Als Kinder waren wir bei unseren ersten Schwärmereien in andere Kinder verliebt. Bei den meisten von uns wurden die Objekte unserer Begierde mit der Zeit genauso älter wie wir selbst, zumindest während der Pubertät und in den ersten darauffolgenden Jahren. Nach Fedoroffs These ist bei den Pädophilen jedoch um diese pubertäre Prägung herum etwas schiefgegangen – deshalb sah seine Methode es vor, den Patienten wieder in einen präpubertären Zustand zurückzuversetzen. Das ließ sich, zumindest was den Sexualtrieb anging, mit Antiandrogenen bewirken. Wenn das Verlangen nach Kindern beseitigt war, bekamen emotional romantische Beziehungen zu Erwachsenen eine neue zweite Chance. Wenn man dann die Dosis der Antiandrogene schrittweise senkte, erlaubte das der Sexualität, sich parallel zu den romantischen Gefühlen zu entwickeln.

Diese Theorie ähnelte der, die Berlin als zentrales Element von Moneys Denkweise geschildert hatte – und sie war genauso unbewiesen. Woher Fedoroff das Vertrauen nahm, dass die Anziehung von Erwachsenen schrittweise die Sehnsucht nach Kindern verdrängen würde, war nicht ganz nachvollziehbar. Er hatte seine Idee auch noch nicht erprobt, beabsichtigte jedoch, dies bald zu tun. Seine Zuversicht schien auf einer anderen Analogie zu beruhen – und zwar nicht auf sprachlicher, sondern auf ernährungsmäßiger. »Ich erzähle meinen Jungs: ›Was ihr bisher gemacht habt, das ist wie Essen in Fastfood-Lokalen. Aber eure Fastfood-Zeiten sind vorbei. Jetzt stehen Erfahrungen mit Gourmetspeisen an. Wenn alles, was ihr bisher kennt, Sex mit Kindern ist, dann habt ihr doch keine Vorstellung davon, wie es ist, mit jemand Sex zu haben, der wirklich etwas erwidern kann und auf Augenhöhe mit euch ist. Wenn ihr das einmal hattet, wenn ihr einmal auf Gourmetniveau gegessen habt, dann werdet ihr nicht mehr zurückwollen.‹«

Diese Metaphern schienen für ihn alle Zweifel auszugleichen. In seiner Umgebung kam man sich vor, als würde man über der Dunkelheit schweben. Trieb musste nicht mit Bedrohung und Leid verbunden sein. »Falls Sie es noch nicht bemerkt haben«, erklärte er mir eines Abends bei einer Essenseinladung in seinem Haus, »ich habe eine sehr positive Einstellung zum Sex.« Das Haus verkörperte eine Mischung aus Intellekt und Sinnlichkeit. In einem Bad hing ein Relief von drei nackten Hinterteilen. Eine große Bibliothek mit eingebauten Regalen vom Boden bis zur Decke öffnete sich zu einem kleinen Schwimmbad hin. Im Stockwerk darüber konnte man von einer Galerie aus auf das Wasser und damit auf jeden schauen, der dort schwamm oder sich treiben ließ. Direkt hinter dem Haus, das nur zehn Autominuten von der Innenstadt entfernt lag, floss ein Zufluss des Rideau Canal vorbei. Fedoroff konnte also von seiner rückwärtigen Terrasse aus Karpfen angeln. Und die Kraft des Wassers, das man von den Fenstern aus sah, schien die gelehrten und erotischen Elemente des Hauses untrennbar miteinander zu verknüpfen.

Am anderen Ende des Esstischs saß Fedoroffs Frau, die uns indische Gerichte aus einem nahe gelegenen Restaurant serviert hatte, und scherzte über ein Kocherlebnis mit einem seiner Praktikanten. »Er muss mit meiner Experimentierlust klarkommen.«

Weil er es nur mit halbem Ohr mitbekommen hatte, rief

Fedoroff über den Tisch hinweg: »Redest du von unserem Sexleben?«

Jemand fragte, ob seine Patienten ihm schon jemals irgendwelche seltsamen Sexspielzeuge geschenkt hätten, ob er eine entsprechende Sammlung besäße.

»Ich bin sein Sexspielzeug«, rief da seine Frau dazwischen. Sie hatte eine lange Mähne aus blond gefärbten Haaren mit dramatisch dunklem Ansatz. Ihre schwarze Hose brachte ihre schmalen Hüften zu Geltung, während das Tanktop Arme und Brüste betonte. Kennengelernt hatten sich die beiden auf einer Psychiatriestation, wo sie Schwester war und er die Visite machte. Ihren Gästen erzählte sie eine Anekdote darüber, wie sie gelernt hatte, widerspenstige Patienten niederzuringen. Sie erzählte auch von einer Pornografie-Convention, die sie und Fedoroff wegen einer seiner Recherchen besucht hatten. Dabei hatte sie sich auf dem Schoß von Larry Flynt in seinem Rollstuhl fotografieren lassen. Candida Royalle, ein, wie sie sagte, »für ihren Arsch berühmter« Pornostar, habe ihr auf den Hintern gehauen, was sie, wie sie sich ironisch grinsend erinnerte, als besonderes Kompliment aufgefasst habe.

In Anbetracht ihres perfekten Körpers, der verruchten Mähne und ihrer unverfrorenen Art zu kommunizieren, dachte ich bei mir: Kein Wunder, dass er eine so optimistische Vision von Erotik hat. In seinem Haus ist alles leicht – die Realität eine Fantasie. Doch dann sagte seine Frau mitten in das Gelächter über ihre Geschichte von Candida Royalle hinein: »Ich war immer verlegen wegen meiner Titten«, und sie erklärte freimütig, dass sie deutlich kleiner gewesen waren, bevor sie Brustkrebs hatte und sich diese Prothesen machen ließ. Das Gelächter wurde noch lauter, ihres war sogar das lauteste. Da hatten sie also auch ihren Anteil Dunkelheit abbekommen, dachte ich mir. Auch sie hatten zu kämpfen gehabt.

Fedoroff leugnete nicht, dass sein metaphorischer Ansatz Schwächen hatte und seine Analogien ihm auch schaden konnten. Ein Mensch mag eine zweite Sprache zwar fließend lernen und jahrelang fern von der Heimat leben, doch die Sehnsucht, nach Hause zurückzukehren und seine Muttersprache zu sprechen, bleibt. Ein anderer mag die Haute Cuisine entdecken, seinen Gaumen schulen und sich an der Komplexität von Speisen erfreuen, trotzdem kann er Lust auf McDonald's kriegen. Dennoch glaubte Fedoroff, hartnäckige Triebe im Bereich der Pädophilie ließen sich in den Griff bekommen – teilweise durch Pornografie. Er und Patrick Liddle vertraten jeweils einen gegensätzlichen Standpunkt. Liddle wollte, dass seine Männer nicht einmal in die Nähe von Pornos kämen, selbst wenn dort Erwachsene zu sehen waren. Er wollte, dass Lust umschrieben, eingeschränkt und in mancherlei Hinsicht auch negiert wurde, aus Angst, sie könne außer Kontrolle geraten. Für Fedoroff hatte Verlangen nichts Bedrohliches. Er führte Gruppen wie Liddles, versammelte Kinderschänder in Stuhlkreisen um sich, gab ihnen einen Ort, um sich in Selbstkontrolle zu üben. Doch er fürchtete nicht, dass sie nur einen Schritt davon entfernt wären, erneut zu missbrauchen. Auf der erwähnten Abendeinladung behauptete er, das Betrachten von Kinderpornografie könne Männern helfen; damit könnten sie masturbieren, ihre Bedürfnisse befriedigen, die Sehnsucht, in ihrer Muttersprache zu sprechen oder Fastfood zu essen. Er erwähnte auch eine Studie, die belegte, dass in einer Phase, als

Kinderpornografie in Dänemark leichter zugänglich war, die Zahl der sexuellen Übergriffe an Kindern zurückgegangen war. Zu der gleichen Erkenntnis war man in Japan gelangt. Fedoroff ermutigte seine Kinderschänder zu fantasieren. Denn die Fantasie verletze niemand. Sich selbst zu befriedigen, verletze niemand. Und wenn diese Gier gestillt sei, könne der Patient seine Aufmerksamkeit wieder darauf richten, eine zweite Sprache zu lernen, Gefallen am Geschmack von Feinkost zu finden.

Eines Abends leitete Fedoroff eine Gruppe aus verschiedenen Tätern, die sich sexuell an Kindern, Erwachsenen und Tieren vergangen hatten. Ein Patient, der eine Frau vergewaltigt hatte, gestand, dass er sich im Internet Pornografie angeschaut habe. Ein Muslim aus der Runde, ebenfalls ein Patient, hatte das verurteilt: »Unsere Gelehrten sagen uns, dass das Ansehen zum Anfassen führt und daher zerstörerisch wirkt.« Er trug einen dicken schwarzen Bart und weiße Converse-Schuhe aus Leder. Er hätte ein Parteigänger von Liddle sein können. Fedoroff erwiderte: »Milliarden von Menschen empfinden Pornografie als Vergnügen. Das ist in Ordnung. Im Koran steht nichts über den *Playboy*. Im Koran steht nichts über nicht jugendfreie Videos.«

»Nichts Spezifisches.« Der Muslim versuchte, Fedoroff mit seinem Blick einzuschüchtern.

Aber der war unerschütterlich. Eines Morgens nahm ein Patient anlässlich seines üblichen Kontrolltermins auf Fedoroffs Couch Platz. Der Mann mit dem gepflegten Kurzhaarschnitt in dem blauen Pulli mit Rundhalsausschnitt erzählte, dass er gerade über das Datingportal Lavalife eine Freundin gefunden habe.

»Haben Sie dort ein Profil?«, fragte Fedoroff ausdruckslos.

»Mhm.«

»Was erzählen Sie darin von sich?«

»Es sind nur ein paar Zeilen.«

»Nun, Sie haben ja ein paar besondere sexuelle Vorlieben – erwähnen Sie darin irgendwelche davon?«

»Nee.«

Zu den besonderen sexuellen Vorlieben gehörte, Frauen in einer bestimmten Position zu fesseln, mit den Armen hinter dem Oberkörper, damit ihre Brüste betont wurden. Zweimal hatte der Mann bereits Frauen von Parkplätzen entführt, war mit ihnen in eine unbewohnte Gegend gefahren, hatte sie gezwungen, aus dem Auto zu steigen, ihre Füße und Arme mit großen Schraubzwingen gefesselt und ihre Kleidung mit einem Messer aufgeschlitzt. Bei einem dieser Übergriffe hatte der Anblick der Frau in seiner Lieblingsposition ihm genügt, damit er kam, ohne sie weiter anzufassen. Das andere Mal hatte er sein Opfer gerade vergewaltigen wollen und mit einem Eispickel bedroht, ließ es aber bleiben, als dieses ihn anflehte aufzuhören. Er hatte einige Jahre im Gefängnis gesessen. Vor wenigen Monaten war er wieder verhaftet worden, weil er eine Prostituierte genötigt hatte. Während des Gesprächs mit seinem Patienten wandte Fedoroff sich an mich und erklärte, dass in Ottawa Prostitution zwar legal, Nötigung einer Prostituierten jedoch verboten sei. Dieser Widerspruch amüsierte ihn. Die gesellschaftliche Schizophrenie, die sich darin widerspiegelte, beschäftigte ihn. Die Tatsache, dass sein Patient versucht hatte, die Prostituierte auf die von ihm bevorzugte Weise zu fesseln, schien ihn nicht zu beunruhigen. Genauso wenig wie der Umstand, dass der Mann jetzt auf freiem Fuß war und auf Lavalife nach Frauen suchte. Es versetzte ihn auch nicht in Panik, dass die Medikamentendosis des Mannes offenbar nicht ausreichte, um ein Verlangen zu dämpfen, das sich nach Aussage des Patienten manchmal anfühlte »wie die Vorfreude auf eine Dosis Heroin«. Fedoroff erklärte mir später, der Versuch, eine Prostituierte dafür zu gewinnen, sich fesseln zu lassen, sei ein Zeichen für einen deutlichen Fortschritt – ein Schritt weg von gewalttätigem Zwang hin zur Einvernehmlichkeit. Er betrachtete das jedenfalls nicht als Hinweis darauf, dass der Mann vielleicht bald wieder einen Eispickel schwingen würde.

Der Patient ging seiner Wege, aus Fedoroffs Praxis in die Welt hinaus. Der Psychiater erwähnte mir gegenüber, dass effiziente phallometrische Untersuchungen, um die Neigung zu gewalttätigem, erzwungenem Sex festzustellen, sehr schwierig seien. Für alle Männer seien Bild- und Tonaufnahmen von sexueller Gewalt »allgemein zu erregend«.

Bei der Abendeinladung hatte er laut darüber nachgedacht, Sexualstraftätern Viagra zu geben. Ein analoger Ansatz hatte bei Aids-Patienten funktioniert. »Die Leute sagen dann: ›Männer mit Aids auf Viagra?‹ Sie finden das unglaublich. Aber Männer mit Aids bekommen Erektionsprobleme, insbesondere wenn sie all die Medikamente nehmen. Dann hören sie auf, Kondome zu verwenden. Verschreibt man ihnen Viagra, haben sie wieder Safer Sex.«

Bei Sexualstraftätern mit Erektionsschwierigkeiten »im normalen Kontext«, fuhr er fort, könne Viagra helfen, eine zweite Sprache zu erlernen. Er malte sich aus, Rezepte für Pädophile auszustellen. Dann fiel ihm noch eine weitere Metapher anstatt der Sprache und Ernährung ein: Sein Plan, den Sexualtrieb mit Antiandrogenen zu unterbinden, sei vergleichbar mit »einem orthopädischen Chirurgen, der einen Arm absichtlich bricht, damit er wieder zu einer gesunden Extremität zusammenwächst«.

Diese Metaphern waren reizvoll. Jede schien unbestreitbar und die vorangegangene zu bestätigen. Konnten wir denn nicht tatsächlich auch Fremdsprachen fließend erlernen? War ein Vier-Sterne-Menü nicht verlockender als ein Big Mac? Nahmen Ärzte nicht manchmal genau so einen Eingriff vor, wie Fedoroff ihn beschrieb, um einen deformierten Arm oder ein deformiertes Bein zu behandeln? Fedoroff schien ein Visionär zu sein. »Manche Typen verbringen ihre Zeit im Labor«, meinte er beim Dessert, »das sind diejenigen, die den Nobelpreis gewinnen. Aber ich – na schön, jetzt bin ich schon betrunken –, ich will die Welt verändern. Vielleicht gelingt es mir nicht. Aber vorgenommen habe ich es mir.«

Er sehnte sich danach zu beweisen, dass das sexuelle Verlangen fundamental neue Wege nehmen konnte. Wenn das mit Pädophilen gelänge, würde es die Aufmerksamkeit von jedermann auf sich ziehen. Vorherrschend war jedoch die Ansicht von Cantor, wonach bei solchen Männern eine Veränderung unmöglich sei: weder durch Therapie noch durch Konditionierung. Die einzige Hoffnung bestehe darin, den Eros mit Medikamenten auszulöschen oder Methoden der Selbstkontrolle zu vermitteln, wie Liddle das tat, und anschließend zu beten, dass das genüge.

Sie sind wirklich betrunken, antwortete ich Fedoroff im Stillen an jenem Abend. Dann fiel mir allerdings ein Stamm ein, der zehntausend Meilen entfernt im Dschungelhochland von Papua-Neuguinea lebt. Der Anthropologe Gilbert

Herdt hatte sich in den Siebzigerjahren dort aufgehalten und entdeckt, dass das erotische Leben der Jungen und Männer Stadien durchlief, die ebenso veränderlich waren wie die Neuausrichtungen, die Fedoroff sich vorstellte. Die Sambia – so nannte Herdt den Stamm in seinem Bericht, um die Menschen durch ein Pseudonym vor einem Ansturm westlicher Aufmerksamkeit zu schützen.

Die Jungen der Sambia begannen etwa mit sieben Jahren, Fellatio an den männlichen Teenagern ihres Clans zu verrichten. Man betrachtete diesen Akt als notwendig, um die Körper der Kleinen mit Samen zu füllen. Der, so glaubte man, würde sich vermehren, aber um eine Menge zu erzeugen, die ein Leben lang genügte, mussten die Jungen viele Blowjobs ausführen. Auf diese Weise leisteten sowohl die Jungen, die schluckten, als auch diejenigen, die ejakulierten, einen Dienst am Fortbestand ihres Stammes. Sobald die Teenager zu Männern geworden waren, ließen sie die Homosexualität hinter sich, nahmen sich Frauen und schwängerten diese. Aber zusätzlich zur Vorbereitung auf die Fortpflanzung bereiteten diese homosexuellen Riten, wie Herdt beobachtete, nicht nur den Teenagern Lust, sondern gefielen auch den kleinen Jungen, die ihre bevorzugten Partner hatten. Die erwachsenen Männer der Sambia schienen nahtlos von homosexuellen Spendern von Oralsex zu homosexuellen Empfängern und schließlich zu Heterosexuellen zu werden.

Trotz der großen räumlichen Distanz und den seither vergangenen Jahrzehnten belegte Herdts Forschung klar und deutlich, dass die Zielrichtung sexueller Lust sich ändern konnte – mühelos. Sie konnte sich gemäß einem von der Gesellschaft errichteten System ändern. Das Erlernte schien weit wirkungsmächtiger als das Angeborene oder Pränatale. Das hatte ich auch oft gespürt, wenn ich Zeit mit Paraphilen verbrachte.

Eines Abends, auf dem Weg zu einer Lesung der Baroness vor einer Gesellschaft von Sadisten und Masochisten, schaute ich durch das Fenster meines Taxis auf eine Plakatwand am Times Square. Das Gesicht des Models darauf erfüllte mich mit einem so heftigen Verlangen, dass ich mich geradezu beraubt fühlte. Dann stieg ich eine graue Eisentreppe hinab und trat in einen grell erleuchteten Kellerraum, in dem die Baroness sprach. Die Dominas im Publikum waren dick bis fettleibig, ihre Gesichter reizlos. Dennoch wirkte der Raum wie aufgeladen mit Sehnsucht, Hingabe und Liebe der Untergebenen, die ihre Herrinnen umgaben. Drei Stunden später fuhr ich in einem anderen Taxi wieder über den Times Square. Dabei erkannte ich die Frau auf der Plakatwand fast nicht wieder. Ihr Aussehen hatte praktisch keine Wirkung mehr auf mich. Dabei hatte ich nicht die Sichtweise übernommen, die die Kellerluft durchdrungen hatte, aber ich hatte sie absorbiert. Zwar hatte ich mich nicht in die fetten, reizlosen Dominas verliebt, aber mein Blick hatte sich verändert. Er würde sich wieder zurückverändern. Das würde nicht lange dauern. Der Ansturm konventioneller Kultur, der mich von den übrigen riesigen, bunten Werbeplakaten der Gegend traf, würde genügen, um mich zurückzuverwandeln.

Wenn die Männer der Sambia sich so radikal ändern konnten, sollte es dann Michael Thayer nicht auch gelingen? Der blond gelockte Mann mit der Angewohnheit, den Blick seines Gegenübers festzuhalten, besuchte eine von Fedoroffs wöchentlichen Gruppen. Er hatte die Genitalien seiner kleinen Tochter geleckt und an ihnen gesaugt, daraufhin war er zur Behandlung verurteilt worden. Fedoroff hatte ihm eine hohe Dosis Lupron verschrieben. Zuvor hatte es schon gereicht, wenn er ein Buch las, in dem ein Kind vorkam. Er sprach davon, wie er einen Roman gelesen hatte, in dem ein Junge ermordet wurde. »Ich trauerte um dieses Kind. Ich reagierte, als wäre ich verliebt gewesen. Und so war das schon mein Leben lang. Im Gespräch, beim Lernen, im Sexuellen – so wie Sie sich in einen Erwachsenen verlieben, verliebte ich mich in ein Kind.«

Das Lupron stellte ihn »völlig ruhig«. Er verlor nicht nur jegliches Interesse an Sex, sondern fast jeden Antrieb, unter Menschen zu gehen. Er arbeitete als Hausmeister für die Außenanlagen eines staatlichen Anwesens, jätete Unkraut in den Blumenbeeten und entfernte Graffiti. »Ständig waren da Leute um mich herum, die mich nach dem Weg fragten. Auch Kinder«, erinnerte er sich in einer E-Mail an mich. »Wenn sich Kinder in meiner Umgebung aufhielten, war ich ein wenig nervös, aber mehr nicht. Mit dem, was mich anzog, war alles in Ordnung.« Dann wachte er quasi auf, obwohl sich an seiner Dosierung nichts geändert hatte. Das passierte am Canada Day, als auf dem ganzen Gelände großes Gedränge herrschte. »Es kam mir vor, als würde jedes Kind der Stadt genau dort spielen und herumlaufen. Ich musste durch Gruppen von ihnen hindurch, um an die verschiedenen Einsatzorte für meine Arbeit zu gelangen. Das war in den ersten paar Stunden noch okay, aber irgendwann brach meine Abwehr zusammen, und ich verlor die Nerven. Die Gedanken waren so massiv, dass ich nach Hause floh. Ich verbrachte die nächsten zwei Tage allein in meiner Wohnung, in Tränen aufgelöst. Diese Gedanken hatten mich zwei Wochen lang fest im Griff. Das war so schlimm, dass ich fast meine Bewährungshelferin kontaktiert und sie darum gebeten hätte, die Polizei zu verständigen und mich in Gewahrsam zu nehmen.«

Aber als Nächstes passierte etwas noch Seltsameres. In der dritten Woche, so berichtete er, ließ das quälende Verlangen nach Kindern nach, in der vierten war es verschwunden, ersetzt durch ein Interesse an erwachsenen Frauen. Diese Substitution erfolgte viel schneller, als Fedoroff sich das je hätte vorstellen können. Michael erinnerte sich, dass der Psychiater ungläubig reagierte, als er ihm erzählte, was passiert sei. Fedoroff konnte nicht fassen, dass sein Patient trotz Lupron »aufgewacht« war (allerdings war er auch nicht so wach geworden, dass es für eine Erektion reichte) und dass seine Fantasien so plötzlich von Erwachsenen handelten.

Nach sechs Monaten entschied Fedoroff, Michaels Luprondosis zu halbieren. Das verstärkte sein »Erwachen«; kurzzeitige Erektionen wurden wieder möglich. Die Fantasien blieben auf erwachsene Frauen gerichtet. Er begann sich zu verabreden. Jegliche Gedanken an Kinder waren nur noch Spuren, die er leicht hinter sich lassen konnte. Er erzählte mir, dass er kürzlich mit seinen kleinen Nichten auf dem Fußboden gespielt habe. »Und kein einziges Mal hatte ich einen abnormen Gedanken.«

Er meinte, ganz ohne Lupron auskommen zu können. Fedoroff war zu diesem Schritt noch nicht bereit. Aber er vertraute Michaels Berichten; er glaubte nicht, dass er sie sich nur ausdachte, um dem Medikament und seiner, Fedoroffs, Kontrolle zu entkommen und wieder Kindern nachzustellen. Fedoroff sah in ihm einen möglichen Beweis seiner Theorie.

Er wollte, dass Michael eine erwachsene Partnerin fand und eine stabile Beziehung aufbaute. So sollte die zweite Sprache Zeit haben, sich zu entwickeln. Dann konnte man Lupron weglassen und diesem Mann die ganze Kraft seines Eros zurückgeben. Einem Mann, der mit inbrünstiger Liebe seine Zunge zwischen die Beine seiner Tochter gesteckt hatte.

In einer Aussage, die Faith gegenüber der Polizei gemacht und die ich erst am Ende meiner Zeit mit Roy entdeckt hatte, las ich, dass das Anfassen durch die Kleidung schon anfing, als sie erst in die zweite Klasse ging. Roy beharrte weiter darauf, dass es, bis sie elf war und bis nach jenem Tag am Strand, nicht einmal eine Andeutung von Verlangen gegeben hatte. Als ich Faiths Vater auf diese Aussage ansprach, schien er ebenfalls unsicher, als er den Beginn von Roys Vergehen angeben sollte. Also fragte ich auch mich selbst das Offensichtliche: Hatte der Makel der jüngsten Ereignisse Faiths Blick auf die Vergangenheit getrübt? Hatten Roys Drängen und Gefummel befleckt, was eigentlich unschuldig gewesen war? Gleichzeitig fragte ich mich aber auch, ob ich ihm überhaupt irgendetwas glauben konnte. Hatte er mich durch einen Schleier leidvoller Selbstbeobachtung angelogen? Waren Kinderschänder nicht oft die geschicktesten und subtilsten Manipulierer? Oder stellte ich überhaupt die falsche Frage? Konnte die Art von Berührung, die sie beschrieb – eine Hand auf dem behosten Po einer Siebenjährigen –, jemals unschuldig sein?

Äußerst zurückhaltend kämpfte Liddle darum, Kontrolle aufzuerlegen. Nach einer gewissen Zeit im hohen Gras und nach ihren Selbstdarstellungen nahmen die Männer auf seine Anweisung hin Ordner zur Hand, die sie neben ihre

Stühle auf den Boden gelegt hatten. Der blauäugige Dichter, der seinen Bruder und die eigene Tochter in ein Motel gebracht hatte, und der weißhaarige Rentner, der seine Großnichte angefasst hatte, besaßen Ordner, deren lederne Einbände mit einem Reißverschluss versehen waren. Das ließ einen Ordner wie eine Aktenmappe aussehen und verlieh ihrem Hiersein irgendwie mehr Bedeutung.

In den Ordnern befanden sich die Hausaufgaben, die die Männer erledigt, und die Unterlagen, die sie bekommen hatten: »Gefühlstagebücher« und Anleitungen für Techniken wie »Gedankensendung«. »Wenn ihr einen abnormen Gedanken habt, stellt euch vor, dass er aus eurem Kopf über ein Lautsprechersystem gesendet wird.«

Es gab auch das »Bestrafungsszenario«: »Wenn dir ein abnormer Gedanke kommt, stell dir vor, du könntest auf schnelles Vorspulen umstellen, bis zu der Stelle, wo du für deine Taten zur Verantwortung gezogen wirst.«

Und das »Aversionsszenario«: »Wenn du abnorme Gedanken hast, denk sofort an etwas, das du widerwärtig findest, zum Beispiel Rosenkohl. Oder denk an ein Erlebnis, das dir zuwider ist, beispielsweise ein Zahnarztbesuch.«

Damals in den Siebzigerjahren, erzählte mir Liddles Chef, als die Behandlung von Kinderschändern gerade erst anfing, war die vorherrschende Strategie Psychodynamik: tiefe Einsichten in die ausgegrabene Vergangenheit sollten abnormes Verlangen eliminieren. Meist funktionierte das nicht, und etwa ab Anfang der Achtzigerjahre verlegte man sich therapeutisch eher auf Verhaltensmodifikation. Täter sollten während ihrer unerlaubten Fantasien widerliche Gerüche einatmen. Das funktionierte zwar, der Erfolg war jedoch nicht von Dauer. Rasch fielen die Männer in alte Triebraster zurück. Als Nächstes setzte man auf kognitiv-verhaltensbezogene Methoden, wie Liddle sie anwendete. Seine Sitzungen hatten mehr Ähnlichkeit mit Unterricht in Bewältigungsstrategien als mit echter Behandlung. Pragmatik und Trivialität hatten Durchdringendes und Tiefschürfendes verdrängt: an Rosenkohl denken, um tiefgründiges Verlangen zu dämpfen. Es gab allerdings Studien, die nahelegten, dass das Praktische durchaus das Finstere ersetzen konnte, dass Trivialität irgendwie doch tiefgreifend war und dass diese Methode Rückfälle – die grundsätzlich nicht so häufig sind, wie man sich das tendenziell vorstellt – um mehr als ein Drittel reduziert.

Liddle bat seine Gruppenteilnehmer, in ihren Ordnern die Anweisung zum Thema »Dynamische Risikofaktoren« aufzuschlagen. Dann forderte er den weißhaarigen Mann auf, laut vorzulesen. Der Rentner, der sich gerne daran erinnerte, dass in seiner Kindheit das Gebäude der Bewährungsbehörde noch eine Eisfabrik gewesen war, leierte die Definitionen von neun Faktoren herunter. Von »negative gesellschaftliche Gruppen« bis zu »deformierte Ansichten« und »Opferzugang« – diese Dinge galt es zu erkennen und zu meiden. »Intimitätsdefizite« waren ein anderer Faktor, der Beachtung, Vorsicht, Beseitigung erforderte. Dieser Punkt war natürlich besonders komplex: Wenn Einsamkeit Unsicherheit bedeutete, dann hatten sexuelle Übergriffe mit der Suche nach Liebe zu tun.

Roy saß da mit dem Ordner auf dem Schoß. Seiner war der dickste von allen in der Runde. Er versuchte, sich die Stunden als »normales Collegeseminar« vorzustellen, um sich einzureden, mit genügend Eifer würde er auch garantiert bestehen. Er besaß nicht nur den Jumbo-Ordner mit

Reißverschluss und beschrifteten Trennblättern, sondern führte zu Hause auch noch einen zweiten. Er warf nichts weg. Jede Seite hob er auf zum Beweis, dass er alle Aufgaben Liddles erfüllte.

Auf den Seiten gab es Notizen zu »positiven Selbstgesprächen« – eine Methode, mit der die Männer vor dem Eindruck bewahrt werden sollen, sie hätten nichts mehr zu verlieren. Roy hatte in dieser Hinsicht Glück. Schließlich hatte er wenigstens noch seinen Job. Sein Chef erzählte mir, wie seine Frau Roy gegenüber empfand: Ihre Kinder waren schon erwachsen, aber sie hätte ihn in ihrem Haus selbst dann willkommen geheißen, wenn zufällig Kinder zugegen gewesen wären. »So viel Vertrauen vermittelt er einem«, erklärte der Chef. Roy hatte viel zu verlieren, aber wenn er über eine Brücke fuhr, fantasierte er trotzdem darüber, das Lenkrad rumzureißen und gegen das Geländer zu fahren. 35 Jahre Bewährung. Er stellte sich vor, wie er durch die Luft fliegen würde, den Aufprall aufs Wasser, die Endgültigkeit. Die meisten anderen hatten nur den wöchentlichen Termin im Stuhlkreis und sonst nicht mehr viel.

Seine Seiten waren auch mit Notizen zu »maladaptiven« und »adaptiven Bewältigungsstrategien« bedeckt. Wenn die Männer mitten in der Nacht aus einem abnormen Traum erwachten, sollten sie niemals einfach liegen bleiben und sich selbst befriedigen. Stattdessen sollten sie aufstehen und sich ein Glas Milch holen. Es war, als sollten sie Reinheit schlucken, bevor sie sich zurück in die Gefahr des Schlafs begaben.

Roy machte sich in Liddles Augen gut. Als Liddle nach der Definition und einem Beispiel für »SUE« – »scheinbar unwichtige Entscheidung« – fragte, antwortete Roy perfekt. So war es bei allem. Seine »Aktionspläne« – also die Ansuchen, etwas tun zu dürfen, was die Bewährungsauflagen nicht zuließen – waren ausführlich und sorgfältig getippt. Als seine Schwester ein Kind zur Welt brachte, suchte er darum an, sie jenseits der Staatengrenze besuchen zu dürfen. Sehr gründlich hatte er mögliche Probleme durchdacht. »Was, wenn Freunde meines Schwagers mit ihren Kindern auftauchen?«, schrieb er. »Oder wenn der Bruder meines Schwagers mit seinen zwei Töchtern zu Besuch kommt und diese von Zimmer zu Zimmer laufen? Dann würde ich mich verabschieden und gehen.« Seinem Ansuchen wurde stattgegeben.

Er bewarb sich um mehr und mehr Freiheiten, und sie wurden ihm immer häufiger gewährt. Er durfte mit seiner Verlobten zum Bowling, ins Kino, zum Drachensteigenlassen an den Stadtstrand. Er bat darum, in einer örtlichen Bar musizieren zu dürfen, was Liddle mit Sorge erfüllte. In der Bar verkehrten zwar keine minderjährigen Mädchen, aber der Therapeut stellte sich Fans vor und die damit verbundene Versuchung: Roy würde vielleicht eine fremde Frau abschleppen, was ihn – aufgrund des entfesselten Eros – aus der Bahn werfen und rückfällig werden lassen konnte. Liddle lehnte diesen Antrag ab, stellte jedoch in Aussicht, dass Roy, sofern er weiterhin Selbstkontrolle bewies, vielleicht bald dort auftreten würde.

Roy beantragte auch, nach seiner Hochzeit mit der Buchhalterin einen Empfang veranstalten und für die Flitterwochen in den Süden reisen zu dürfen. Das Problem mit der Feier war, dass in dem geplanten Lokal mehr als ein Event stattfand und bei anderen Feiern auch Kinder anwesend sein konnten. »Und wenn wir draußen sind, um Fotos zu machen, und ich dann rein muss, um die Toilette aufzusuchen?

Da mein Bruder zugleich mein Trauzeuge ist, würde ich ihn bitten, mich zu begleiten, damit ich nicht allein zurück in das Gebäude muss.«

Roys neue Ehefrau trug weiße Socken, keine Schuhe, eine blaue Jeans und ein blaues Sweatshirt. Es war Freitagabend und die beiden hatten gerade ihr für diesen Wochentag übliches Abendessen beendet: Pizza und Auberginensandwiches. Jetzt saßen sie dicht nebeneinander auf ihrer neuen Couch. Sie hatte die Füße untergeschlagen. Die Läden vor den Fenstern waren mit hübschen Schnitzereien verziert. Das Haus, sein Haus, in das sie mit eingezogen war, wirkte makellos. Die Holzböden schimmerten, die Beistelltischchen waren poliert und leer. Alles kam einem tadellos und irgendwie flüchtig vor.

Sie war ein paar Jahre älter als Roy, sah aber jung aus und war schlank. Sie hatte eine braune Ponyfrisur und ein Lächeln mit einem liebenswerten winzigen Überbiss. Bei ihrer ersten Verabredung – drei Monate nach seiner Verhaftung, aber vor seinem Urteil, als die Bewährungsauflagen ihn noch nicht in seinem Verhalten einschränkten – hatten die beiden einen violetten und blauen Lenkdrachen steigen lassen. Sie lachten auf der Couch, als sie sich daran erinnerten, wie das Ding sie über den Strand gezerrt hatte. Außer Drachensteigen, Kino und Bowling hatten sie lange Spaziergänge unternommen, und er hatte ihr sein Vergehen gestanden. »Ich habe mit ihr über alles gesprochen«, sagte er, während ich bei ihnen saß. »Ich habe ihr meine Gedanken verraten, als ich es tat. Ich habe ihr erklärt: ›Wenn du dich unwohl fühlst, sag es mir. Wenn du dich nicht mehr mit mir treffen willst, kannst du mir das sagen. Aber ich muss ehrlich zu dir sein, ich muss es einfach.‹«

»In meinem Herzen«, sagte sie, »glaube ich nicht, dass er dieses Monster war, als das man ihn in der Zeitung hingestellt hat.« Sie dachte dabei an die Artikel, die in der kleinen Zeitung seines Vororts erschienen waren, nachdem man ihn verhaftet hatte. »Ich wusste nicht, was ich glauben sollte. Ich konnte die Vorwürfe nicht glauben.«

Sie beschrieb die Plakette, die er als wertvollster Mitarbeiter des Jahres erhalten hatte. »Wer ist Roy?«, fragte sie und beantwortete die Frage gleich selbst. »Er ist sehr verantwortungsvoll. Er ist sehr freundlich. Sehr wie ein kleiner Junge. Sehr verspielt. Sehr aufrichtig.«

Am Abend des 4. Juli waren sie in den Küstenpark, nicht weit von seinem Haus entfernt, gegangen und hatten dort einen riesigen Drachen steigen lassen: den, den er mit Stroboskoplichtern bestückt hatte. Hoch aus der Dunkelheit hatte er orangefarbene, grüne und indigofarbene Strahlen durch die schwarzblaue Nacht geworfen und den Sand bunt gefärbt.

Sie rückten auf der Couch noch enger zusammen. Sie erinnerte sich: »Eine der nettesten Sachen, die er je zu mir gesagt hat, war, dass, als er mich kennenlernte, Gott ihm eine zweite Chance gegeben hat.«

Ihm fiel ein, dass sie einmal zu ihm gesagt hatte: »Wenn wir zum Drachensteigen rausgehen, ist das immer wie ein ganz neuer Tag.«

Ihre Stimme, als sie miteinander sprachen, war zärtlich, aber niemals ganz emotionsfrei. Zeitweise klang sie völlig nüchtern und fast managerhaft, als hätte sie jeden Aspekt der Vergangenheit und der Zukunft verbucht und geplant. Doch kurz vor ihrer Hochzeit hatte Roy in seiner Therapiegruppe von ihrer Begegnung mit dem Priester der Familie gesprochen, der sie auch trauen sollte. Sie hatten ihm von Roys Vergehen erzählt. Der Priester fragte sie daraufhin, ob sie wirklich bereit für ein Leben mit einem verurteilten Kinderschänder sei, der fünfunddreißig Jahre Bewährung vor sich habe. »Und plötzlich weinte sie schrecklich.«

»Ich denke«, sagte sie nun auf der Couch, »ich kenne Roy gut genug, um mir sicher zu sein, dass er so etwas nie wieder tun wird. Ich denke, die Dinge sind einfach außer Kontrolle geraten.« Sie wollte einen speziellen Kurs absolvieren, der sie zu einer zusätzlichen Bewährungsaufsicht für ihren Mann machte. Das würde für sie beide etwas mehr Freiheit bedeuten. Sie meinte auch, das würde ihre Wachsamkeit schulen, um ihn vor sich selbst zu bewahren. »Ich möchte in der Lage sein, die Zeichen zu erkennen, um zu wissen, worauf ich achten muss«, sagte sie. »Menschen können strucheln.«

Dann wurde ihre Stimme auf einmal schneidend streng: »Bis heute kann ich nicht verstehen, wie er einen solchen Mist an ein kleines Mädchen schreiben konnte. Das sage ich ihm andauernd.«

»Das tut sie«, murmelte er und sah aus, als hätte man ihn geschlagen.

Seine Fantasien kamen bei einem Lügendetektortest ans Licht. Die Männer unterzogen sich dem Test üblicherweise zweimal pro Jahr. Der einschneidende Moment ergab sich manchmal nicht dann, wenn das Gerät lief, sondern vorher, wenn die Furcht unerträglich wurde und der Proband noch einen langen Fragebogen auszufüllen hatte. In dieser Phase gestand Roy, an Faith zu denken.

Das Gleiche hatte er auch mir mehr als einmal gesagt.

»Wie stellt man das ab? Wie stellt man diese Gedanken ab, die einen in solche Schwierigkeiten gebracht haben? Diese Unterhaltungen mit ihrer Freundin, die sind in meinem Kopf immer noch lebendig. Ich würde Sie anlügen, wenn ich behaupten würde, ich wäre nicht sexuell erregt. Selbst zu diesem Zeitpunkt.« Und die Gedanken, die ihn beschäftigten, »brannten« sich durch die Gruppensitzungen in sein Gedächtnis. Dadurch, dass er jede Woche gezwungen war, durch die labyrinthischen Flure in den fensterlosen Raum zu gehen und sich in den Stuhlkreis zu setzen.

Für Roy bedeuteten die Sitzungen keine Erleichterung. Nach den Gesprächen über dynamische Risikofaktoren und SUEs fragte Liddle die Männer oft, welche abnormen Gedanken sie in der vergangenen Woche beschäftigt hätten. Nach über einem Jahr in der Gruppe hatte er die Männer nicht ein einziges Mal mehr als ein paar Worte über das Verlangen nach jungen Menschen sagen hören. »Wenn wir dort erzählen würden, was uns wirklich durch den Kopf geht«, gestand der Poet mir einmal, »würden wir alle Fußfesseln tragen.« Und Liddle drängte sie nicht. Als Reaktion auf die wenigen ausgesprochenen Worte wiederholte er rasch noch mal die »Gedankensendung«. Roy meinte dazu: »Liddle fragt nach abnormen Fantasien, will sie aber nicht wirklich hören.«

Der Therapeut sprach mit mir darüber, wie man Offenheit hervorrief – allerdings eine sorgsam kalibrierte, sorgsam abgestimmte Offenheit. Quälende Geständnisse konnten seiner Ansicht nach die Beherrschung zerstören, die er den Männern anerziehen wollte. Zu große Ehrlichkeit konnte unerlaubte Fantasien schüren. Den Männern war es auch verboten, außerhalb der Treffen miteinander zu sprechen. Liddle wünschte sich, dass sie »ein eigenes Gefühl für Anstand entwickeln«, und lehrte sie, an ihre eigene Fähigkeit zur Selbstbeschränkung zu glauben. In dem fensterlosen Raum gestattete er nichts, das die Atmosphäre von Kontrolle gestört hätte.

Roy hatte der Gruppe nicht das geringste Detail aus der Unterhaltung von Faith und ihrer Freundin berichtet. Er hatte seine Geschichte nie richtig erzählt. Anzudeuten, dass sie eine noch so kleine Rolle in dem, was vorgefallen war, gespielt hätte, war verboten. Jegliche Aufmerksamkeit auf die Tatsache zu lenken, dass sie an seinen Computer gegangen war, als er sie aufgefordert hatte, sich anzusehen, was er zu tun wünschte – das wäre die schlimmste Verfehlung gewesen. In dem abgelegenen Zimmer gab es nur Kinder als Opfer und Erwachsene als Täter. Nicht die geringste Nuance war gestattet, aus Angst, dass die Männer dann ihre Taten vor sich selbst rechtfertigen würden. Die Männer waren darauf eingeschworen, sich gegenseitig zur Rede zu stellen, sobald es auch nur das geringste Anzeichen dafür gab, dass sie Verantwortung von sich wiesen. Roy behielt also seine Erinnerungen für sich.

Bald nach dem Lügendetektortest und nachdem seine Frau sich um die Ausbildung zur unterstützenden Bewährungsaufsicht beworben hatte, kam – indirekt, durch ein Gespräch in der Gruppe – heraus, dass sie und Roy ihren Eltern nichts von seinem Vergehen gesagt hatten. Liddle machte sich Sorgen: Denn wenn sie die Ausbildung absolvierte, ohne dass er aufflog, konnten sie bei einer beliebigen Familienfeier ihre Eltern treffen, und falls dann junge Mädchen anwesend waren, würde sie sich vielleicht eher darum kümmern, Roys Geheimnis zu wahren, als ihren Eltern zu erklären, dass sie gehen mussten. Trotz ihrer Funktion als seine Aufsicht würde sie ihm vielleicht erlauben zu bleiben.

Aber die Täuschung an sich war noch schlimmer. Liddle sah in ihm einen Mann, der leugnete, einen Mann, der die fundamentalen Anforderungen des Programms an Ehrlichkeit und Auseinandersetzung mit sich selbst nicht erfüllte. Einen Mann, der in der Gruppe seine Fantasien auf schlichte, undetaillierte Weise hätte zugeben und die Situation mit seinen Schwiegereltern von Anfang an hätte klären müssen. In seiner Flucht vor der Aufrichtigkeit vermeinte Liddle drohende Anarchie zu spüren.

Seine Furcht verschlimmerte sich noch durch die Antwort in einem anderen Fragebogen: Roy hatte mit seiner Frau mehrmals pro Woche Sex. Liddle schien das ein Zeichen für einen exzessiven Trieb zu sein. Roy sagte mir, er sei sexuell befriedigt und seine Frau erfülle alle seine Bedürfnisse. Liddle erwähnte mir gegenüber, dass er überlege zu versuchen, Roy zur medikamentösen Reduzierung, wenn auch nicht Eliminierung seines Sexualtriebs zu überreden. Es gebe keine gesetzliche Vorschrift, dass Roy dem zustimme. Aber Liddles Einfluss darauf, was er für den Rest seines Lebens tun dürfe und was nicht, würde ihn vielleicht überzeugen.

Der Therapeut verzichtete auf die Medikation. Er beschränkte sich darauf, Roy Privilegien zu streichen – die Besuche bei seiner Familie, das Bowling, die Kinobesuche, das Drachensteigen. Die Aussicht auf öffentliche Musikauftritte stand inzwischen außer Frage. Abgesehen von der Arbeit würde Roy zu Hause bleiben. Der Eros bliebe mit eingesperrt.

Eines Abends, kurz bevor er seine Privilegien verlor, hatten Roy und seine Frau am Stadtstrand einen riesigen, leuchtend goldenen und roten Drachen steigen lassen. Normalerweise war der Strand nach Einbruch der Dämmerung leer. Doch eine Gruppe Kinder – ihm kamen sie vor wie eine »Meute« – rannte plötzlich auf sie zu. Mädchen und Jungen zwischen etwa vier und zwölf Jahren. Nach Absprache mit Liddle und der Bewährungsbehörde sollte er Kindern in so einem Fall einfach sagen, sie müssten auf Abstand bleiben, um sich nicht in den schweren Leinen zu verheddern. Die bloße Anwesenheit der Minderjährigen bedeutete nicht, dass er das Ufer verlassen musste. Aber schließlich hatte auch alles an einem Strand begonnen. Die Worte von Faiths Mutter kamen mit dem Geräusch der Brandung zurück. Nun geriet er in Panik. Er drückte seiner Frau die schwer zu bändigenden Leinen in die Hand und rannte davon. Entweder aus Furcht vor einem imaginären Verstoß gegen die Bewährungsauflagen oder entsetzt von etwas in seinem Inneren.

Er stürmte auf den hüfthohen Zaun zu, der den Strand vom Parkplatz trennte. Aber es gelang ihm nicht, seinen Körper mit der bärenhaften Statur hinüberzuwuchten. Er blieb stecken, hing in dem Draht, verbog ihn und blieb gefangen zwischen Strand und Asphalt. Er vermochte sich nicht zu befreien.

IV.

Torso

Als sie noch ein Mädchen war, ritt Laura mit ihren Freundinnen durchs ländliche Pennsylvania, sie ritten auf ihren Pferden mit Westernsattel oder ganz ohne Sattel durch Wälder und Maisfelder. Die Wälder schienen niemand zu gehören. Die Maisfelder wogten wie windgepeitschte Seen. Sie galoppierten Nachmittage lang, bis es Zeit zum Abendessen war. Ihr Vater war ein Lkw-Fahrer. Die Familie lebte mit fünf Kindern auf einem Stück Land mit einem Teich, ein paar Kühen und baute etwas Mais an.

Laura hatte einen unwahrscheinlichen Traum. Es war etwas, das sie für sich behielt. Sie wollte Psychiaterin werden. Davon träumte sie, sogar noch bevor sie auf die Highschool kam. »Meine Güte«, erinnerte sie sich Jahrzehnte später, »ich fand die Art und Weise, wie wir denken und uns benehmen, so faszinierend. So komplex. Ich dachte, wie großartig es wäre, wenn ich in der Lage wäre, mehr darüber herauszufinden. Jedes Kind, das heutzutage aufwächst, weiß, was ein Arzt und ein Rechtsanwalt ist, aber ich hatte eher das Gefühl, wer will schon Ärztin oder Anwältin werden? Ich möchte Psychiaterin sein – wäre das nicht aufregend?! An der Highschool ging ich in die Bibliothek und las. Ein bisschen Freud. Viele Ratgeber. Ein bisschen Jung.«

Niemand aus ihrer Familie war aufs College gegangen.

Und nur wenige der Mädchen, mit denen sie ihre Zeit verbrachte, hatten es vor. Sie wusste, dass ihre Familie sich das nicht leisten konnte. Und sie hielt sich sowieso nicht für schlau genug. In ihrem Schreibmaschinenkurs war sie schnell, schnell und exakt; also überlegte sie, dass sie Sekretärin werden könnte. Nach der Psychiatrie war ihr zweiter Traum eine Karriere als Model. Einige Leute trauten ihr das zu. Sie besaß eine lange blonde Mähne, volle Lippen und kristallklare, blaue Augen. Doch sie wusste, dass sie zu klein war. Also überlegte sie sich: Ich werde heiraten und in einem Büro arbeiten, denn das ist realistisch.

In ihrem Junior Year an der Highschool begann sie mit einem gut aussehenden Oberstufenschüler, der Gras rauchte, auf Partys zu gehen. Er hatte sie in ihrem gemeinsamen Hauswirtschaftskurs vom anderen Ende des langen Tischs aus angestarrt. Sie heirateten, sobald sie mit der Schule fertig war. Er ging zur Air Force, sie wurde schwanger. Sie folgte ihm, wo auch immer er stationiert wurde, von Delaware nach England, nach Texas, kümmerte sich um ihren Sohn, manchmal verdiente sie sich etwas als Babysitterin dazu, gelegentlich arbeitete sie in dem Laden für Armeeangehörige auf der Militärbasis. In San Antonio fand sie eine Stelle als Sekretärin für ein Unternehmen, das Brillengläser herstellte. Zum College und der Psychiatrie hatte sie nach wie vor dieselbe Einstellung wie früher: »Das ist was für andere Leute. Das ist der Traum von jemand anderem.«

An einem regnerischen Freitagmorgen ging ihrem Mustang das Benzin aus, als sie auf einem Umgehungshighway auf der Fahrt zur Arbeit in die Stadt war. Der Asphalt war rutschig, und der Verkehr staute sich.

Mehr als tausend Meilen entfernt zeichnete Ron in Manhattan gerade Szenen, die Alkohol verkaufen sollten: sich verliebende Paare, Partys am Strand, Freunde in einem Loft, Ausflüge mit einer Jacht. Er arbeitete in der Werbung, als Artdirector. Er gestaltete Plakatwände und Poster. Er entwarf Konzepte und castete zusammen mit einem Fotografen die Models. Er suchte nach jungen Frauen, die zu seinem Bilderbogen aus Liebe, guter Laune, Raffinesse passten, Frauen, die bei jedem Betrachter Sehnsucht und Neid weckten.

Er war in Queens aufgewachsen. In einer Gegend mit kleinen Wohnblocks und Einfamilienhäusern aus Holz mit Gauben und Stufen am Aufgang. In den betonierten Hinterhöfen und auf der Straße hatten er und seine Freunde sich mit Wasserpistolen beschossen, Stickball und Rollerblades-Hockey gespielt. Sie zeichneten riesige Kreidekästchen mit Ziffern, um Skully zu spielen – dann knieten sie auf dem Asphalt und schnippten Milchflaschendeckel, bis ihre Mütter sich aus den Fenstern lehnten und sie zum Abendessen riefen. Der Flughafen LaGuardia war ganz nah. Tore und Rollfelder waren noch unbewacht, und so veranstalteten sie Kriegsspiele in den Terminals und auf den Start- und Landebahnen.

Doch eines Nachmittags fuhr er mit seinem Rad heimlich durch die von Bäumen gesäumten Straßen. Er schoss um die Ecken mit dem Gefühl, dass jeder Erwachsene und alle Gleichaltrigen in seinen Hinterkopf schauen und sehen konnten, was er sich vorstellte. Bei der Bibliothek knallte er sein rotes Rad ohne Gangschaltung in den Ständer, ging mit abgewandtem Blick an der Bibliothekarin vorbei und schlängelte sich zwischen den Tischen aus dunklem Holz hindurch.

201

Laura schilderte ihre Version dieses Freitagmorgens: »Ich verabschiedete mich von meinem Mann, während er noch schlafend im Bett lag. Ich verließ das Haus und ging zu meinem Wagen. Ich war spät dran, und die Tankanzeige war nicht sehr genau. Also dachte ich mir, es würde noch reichen, um zur Arbeit zu kommen, in der Mittagspause würde ich dann tanken. Auf dem Freeway war Stau. Mein Motor starb ab, ich fluchte und brachte ihn gerade lange genug wieder zum Laufen, um an den Rand zu lenken. Ich stieg aus, und diese reiche, elegante Dame blieb in ihrem Lincoln stehen. Sie erklärte sich bereit, mich zur nächsten Tankstelle mitzunehmen, die gleich hinter der nächsten Ausfahrt lag. Der Mann dort hieß mich drei Dollar Pfand für den Kanister dazulassen.

Die Dame war ausgesprochen freundlich. Sie fuhr mich sogar zurück, ließ mich aussteigen, und ich bedankte mich und ging um mein Auto herum auf die Seite, wo sich der Tank befand. Der Verkehr floss jetzt wieder, und mir wurde klar, dass mein Vorhaben zu gefährlich war, weil mein Wagen ein Stück in die Fahrspur hineinragte. Ich zögerte. Einerseits wusste ich, dass es so zu gefährlich war, andererseits wusste ich nicht, was ich sonst tun sollte. Eine Sekunde lang zögerte ich noch und überlegte, dann erfasste mich ein Auto.

Ich erinnere mich nur noch daran, dass ich durch die Luft geschleudert wurde. Und als ich wieder aufwachte, waren all diese Leute um mich herum. Ich lag neben der Straße und versuchte aufzustehen. Alle sagten: ›Schon gut, ist schon gut‹, und ich dachte, meine Beine wären gebrochen, denn in meiner Vorstellung waren sie gebrochen. Ich griff nach der Jacke einer Frau und flehte: ›Bitte, helfen sie mir.‹

Sie sagte mir, ein Krankenwagen sei schon unterwegs. Ich

wusste wirklich nicht, was passiert war. Sie legten mir einen von diesen aufblasbaren Druckverbänden an, damit man nicht verblutet. Und dann war ich in der Notaufnahme, und die Ärzte kamen angerannt und berührten und bewegten meine Beine. Da sagte ich noch zu mir, ich sei getroffen worden und meine Beine wären gebrochen. Sie zogen und bogen weiter an ihnen herum. Das schien ewig zu dauern. O mein Gott, ich hatte solche Schmerzen. Warum taten sie das? Es dauerte und dauerte, und ich blickte nie nach unten. Dann beugte sich ein Arzt über mich und erklärte: ›Ich muss Ihnen sagen, dass Ihre Beine schwer zerschmettert wurden und Sie sofort operiert werden müssen.‹

Sie setzten mir eine Maske auf und forderten mich auf, dreimal tief Luft zu holen. Das war's, bis ich wieder aufwachte. Auch dann schaute ich nicht nach unten. Die Ärzte sagten, ich wäre fast gestorben. Sie sagten, noch nie hätten sie erlebt, dass ein Blutdruck so tief gefallen sei und derjenige immer noch weiterlebe. Es sei ein Wunder, dass ich noch da sei, und wenn es nur ein wenig länger gedauert hätte, wäre ich verblutet. Ich konnte nicht mal etwas sehen. Alles war wie in einem Nebel. Ich bekam so starke Medikamente, dass ich immer wieder das Bewusstsein verlor. Ich erinnere mich, dass irgendwer sagte: ›Ich kann nicht glauben, dass sie sonst keine Verletzungen und kein körperliches Trauma erlitten hat.‹ Ich musste nur mit ein paar Stichen am Kopf genäht werden und hatte einen schwarz-blauen Bluterguss unter dem Auge. Sonst fehlte mir nichts. Sie machten alle verfügbaren Tests und fanden nichts.

Ich habe nie hingesehen, wenn man mich umzog. Sie sagten: ›Sie müssen lernen, das selbst zu machen‹, aber ich achtete nicht darauf. Sie machten das zweimal täglich, und ich schloss die Augen oder richtete den Blick auf irgendwas anderes im Zimmer. Sie hatten es mir gleich nach der OP gesagt, aber so was kann man nicht fassen. Man kann doch nicht am einen Tag noch laufen und am nächsten – man kann das einfach nicht akzeptieren. Man kann sich dem nicht stellen. Man weiß es zwar verstandesmäßig, blendet es aber aus. Zwei Wochen lang schaute ich kein einziges Mal an mir herunter.

Sie berichteten mir, dass sie sie nicht hatten retten können. Das erste Mal, dass ich es zur Kenntnis nahm, war, als man mich zum Rehatraining schickte, weil ich dafür aus dem Bett musste. Aber selbst da und obwohl ich wusste, dass es stimmte, war ich so mit Medikamenten zugeknallt, dass es sich wie ein Traum anfühlte.

Und ich erinnere mich auch daran, dass Scott – das ist mein Sohn – fragte: ›Werden Mommys Beine nachwachsen?‹ Und meine Mom antwortete: ›Nein, Süßer, das werden sie nicht.‹ Er sagte nichts darauf. Und ich erinnere mich an die vielen Leute dort. Den Typen, der den Krankenwagen fuhr, und jemand, der den Unfall gesehen hatte und mich jetzt besuchen kam, um zu erfahren, wie es mir gehe. Ich erinnere mich auch an den Gesichtsausdruck meines Mannes. Und ich erinnere mich an all die Blumen, so viele Blumen, dass das ganze Zimmer voll war. Ich wünschte mir, gestorben zu sein. Ich dachte: Warum haben sie mich nicht einfach sterben lassen? Weil ich doch morgens noch laufen konnte, und als ich das nächste Mal an mir runterschaute, waren meine Beine weg.«

Später würde Ron sich fragen, ob er, ohne es zu wissen, Proband eines geheimen Experiments der Army geworden war.

Er ermahnte sich, nicht paranoid zu sein, dann wieder fragte er sich, ob er nicht völlig rational dachte, wenn man überlegte, wozu die Armee und die Regierung imstande waren. Er betrachtete sich auch als Opfer des von ihm sogenannten »Godzilla-Syndroms« – für den Fall, dass Strahlung von Atomtests seine Psyche geschädigt hatte.

Aber an jenem Nachmittag in seiner Kindheit, als er schnell an der Bibliothekarin vorbeigehuscht war, hatte er schlichtweg Panik gehabt. Er holte sich mehrere Bände des Lexikons und stapelte sie auf einen Tisch.

Das erste Mal verliebt war er Jahre vorher gewesen, mit fünf. Die Frau führte zusammen mit ihrer Schwester und ein paar Blocks von seinem Zuhause entfernt ein Modegeschäft. Wenn er mit seiner Mutter unterwegs war, zog und zerrte er sie täglich in diese Richtung. Wann immer es ihm gelang, spähte er durchs Schaufenster zwischen den Kleidern und Büstenhaltern hindurch, um einen Blick auf seine erste Liebe zu erhaschen. Sie hatte schwarzes Haar und trug klobige schwarze Schuhe – wie eine Nonne, dachte er. Einer der Schuhe hatte einen höheren Absatz und eine dickere Sohle, um ihr kürzeres Bein auszugleichen.

Es war genau dieses Bein, die Folge einer Polioerkrankung, das ihn faszinierte. Schon vor seinem Besuch in der Bibliothek hatte Ron begonnen, auf Bildern von Frauen die Extremitäten auszuradieren oder wegzukratzen. In dem Lexikon hoffte er, auf etwas weniger Behelfsmäßiges, weniger Chaotisches, etwas Realeres zu stoßen. Er wählte einen Band, in dem Artikel über Amputation standen. Außerdem suchte er nach Polio und anderen verkrüppelnden Erkrankungen, deren Namen er kannte. Er suchte nach Artikeln über Rehabilitation, weil er hoffte, bei diesem Thema auch auf Fotos oder andere Illustrationen zu stoßen. Aber bis auf die Abbildung einer eisernen Lunge fand er nichts. Die Bilder waren rausgeschnitten. Das war für ihn der erste Hinweis darauf, nicht völlig allein zu sein.

Dieser Hinweis bewirkte jedoch wenig. Als Teenager ging er mit körperlich Gesunden aus, obwohl er sich nach den Versehrten sehnte. Eines der Lieblingswörter seines Vaters schien *gimp* (deutsch: Krüppel, Behinderter, Depp) zu sein; aber seinen Eltern gegenüber erwähnte er nichts. Ein älteres Mädchen mit geschienten Beinen, auch ein Opfer von Kinderlähmung, bewegte sich auf Krücken durch die Nachbarschaft. Er wusste, wann sie normalerweise aus der Schule kam und wo sie wohnte. Also stellte er es so an, dass ihre Wege sich kreuzten und er an ihrem Haus vorbeikam. Allerdings sprach er sie nie an. Ein Mädchen mit zerebraler Kinderlähmung ging auf seine eigene Schule, wo sie jeden Tag gehänselt, Spasti und anderes gerufen wurde. Er versuchte, sie zu verteidigen, aber mehr auch nicht. Zum Ausgehen warb er um die Mädchen, die auch seine Freunde begehrten. An sie gepresst, »schloss ich die Augen und stellte mir vor, ihnen würde ein Bein oder ein Arm fehlen«.

Er ging aufs College, fing ein Architekturstudium an, wandte sich dann aber der bildenden Kunst zu. Er heiratete eine Frau, die er in einer Zeichenklasse kennengelernt hatte, fühlte sich ihr zutiefst verbunden, freute sich darüber, dass sie beim Besuch des Louvres beide Gericault da Vinci vorzogen, *Das Floß der Medusa* der *Mona Lisa*, aber er gab ihr die Schuld daran, dass im Bett zwischen ihnen nichts Großes – oder eigentlich fast gar nichts – passierte. Bald ließen sie sich scheiden. Und inzwischen machte er Karriere in der Werbung, feierte die Allerweltsschönheit, die Beschwörung von jedermanns Ideal, das Eruieren der üblichen Sehnsüchte. Er zeichnete, besetzte und produzierte perfekte Szenen mit perfekten Frauen, die in ihm kein Verlangen weckten, deren Schönheit er als abstrakt empfand und die ihm das Gefühl vermittelten, tot zu sein.

Nach dem Wunsch zu sterben, kam die Entschlossenheit. Getrieben wurde Laura von der Liebe zu ihrem fünfjährigen Sohn, »dem niedlichsten blond gelockten Kind, das man sich vorstellen kann«. Und sie wurde vom medizinischen Personal getrieben. Diese Leute schienen nur ein Ziel zu kennen: sie auf Prothesen zu stellen, zum Laufen zu bringen und wieder für ihr Leben fit zu machen. In der Reha-Abteilung des Krankenhauses fixierte man sie an Gewichten, brachte sie dazu, ihren Oberkörper zu stärken, lehrte sie zu verstehen, wozu ihre Beine noch in der Lage waren. Beide waren etwa 25 Zentimeter unterhalb der Hüfte amputiert worden.

Fast die Hälfte ihres Körpers war verschwunden. Sie fühlte sich nicht nur in der Welt allein, die sie draußen erwartete, sondern sogar innerhalb der Klinikmauern. In der Reha-Abteilung war sie umgeben von Patienten, die mindestens doppelt so alt waren wie sie, Menschen nach Schlaganfällen und mit Degenerationskrankheiten. »Ich bin 25 Jahre alt«, erinnerte sie sich an ihre Gedanken damals. »Wie viele Jahre muss ich so leben? Wie viele Jahre bleiben mir noch? Wie soll ich mein Kind großziehen? Wie soll ich laufen? Wie soll ich Sex haben? Wer wird – all das ging mir jeden Tag durch den Kopf, sobald ich die Augen aufschlug. Aber jeden Morgen hörte ich: ›Acht Uhr! Hol dir deine Matte!‹ Innerlich bin ich gebrochen, zerschmettert, und die sagen nur: ›Acht Uhr! Hol dir deine Matte! Acht Uhr! Hol dir deine Matte!‹«

Es gab keine nennenswerte psychologische Betreuung. Sie bekam keine Antworten auf die meisten Fragen, die ihre innere Stimme ihr flüsternd oder kreischend stellte, nichts außer bedeutungslosen Beschwichtigungen von den Menschen, die sie kannten: Sie sei stark, habe immer die richtige Einstellung besessen, sie werde das durchstehen. Durch und wohin? Was bedeutete »durch«? Das war nichts Vorübergehendes. Sie reiste nicht in der Zeit zurück. Oder konnte sie? Würde sie? Wachsen Mommys Beine wieder nach?

Sie gehorchte den Aufforderungen um acht Uhr, fuhr im Rollstuhl in die Reha-Abteilung. Prothesen wurden angefertigt und angepasst. Sie hielt sich am Barren fest. »Heb dein rechtes Bein langsam an«, lautete die Anweisung. Sie hob es und setzte es wieder auf. Ihr Stumpf meldete eine Empfindung. »Heb den Fuß noch mal an.« Und es war, als gäbe es einen Fuß – oder so ähnlich. Die Prothese kommunizierte vage mit dem verbliebenen Rest des Beins. Sie spürte die Fläche darunter, ihre Härte, Flachheit, Zuverlässigkeit.

Aber es war nicht wie in dem Fernsehspot, wo der geschmeidige Basketballspieler auf dem Spielplatz hochsteigt, um mit seinen künstlichen Beinen einen Korbwurf zu landen. Seine Beine waren unterhalb der Knie amputiert. Dass der Körper des Spielers noch vollständiger war als Lauras, erleichterte die Anpassung und Funktionsfähigkeit, Gleichgewicht und Mobilität. Die Prothesen, die sie erhalten hatte, besaßen nichts Magisches, nichts Bionisches, wenig davon, was Menschen sich unter den Errungenschaften der Wissenschaft vorstellten. Dabei hatte sie nichts erhalten, was substandard war. Nur existierte eben nichts Wundersames. Das, was ihre Beine konnten, war einfach begrenzt. Die Techno-logie konnte Muskeln und Nerven nicht ersetzen. Es war möglich, es zu beugen, aber die Komplexität eines Knies ließ sich nicht ersetzen. Mehr als die primitive Kontrolle über das künstliche Gelenk war einfach nicht drin.

»Ich würde alles in der Welt darum geben, meine Beine zurückzubekommen, bis auf meinen Sohn«, schrieb sie in ihr Tagebuch. Auf manchen Seiten hatte sie gezeichnet oder Sprüche notiert. Auf einer Zeichnung wurde eine nackte Göttin, deren Körper an den Knien zu enden schien, von einer Menge hingebungsvoller, nackter Gläubiger getragen. Einer der Aphorismen lautete: »In Wahrheit sprechen wir nur mit uns selbst, aber manchmal tun wir es laut genug, sodass auch andere uns hören.«

Sie sprach nicht laut, nicht, wenn es um die Fragen, die in ihrem Inneren geflüstert und gebrüllt wurden, ging. Sie hielt sich nur zwischen den parallelen Stangen des Barrens aufrecht. Sie hob einen Fuß an und setzte ihn wieder ab, wieder und wieder, dann tat sie das Gleiche mit dem ande-ren. Sie machte einen Schritt. Sie machte zwei. Sie ging bis ans Ende der Stangen. Dort endeten ihre Möglichkeiten, als wäre sie an einer Klippe angelangt. Das Leben selbst schien dort zu enden. Ihr spärliches gegenwärtiges Potenzial war ausgeschöpft.

Sie schaffte es, sich umzudrehen. Ein Schritt und noch einer, ein dritter und vierter. Bis ans Ende, zur Klippe, und wieder zurück. Während sie sich mit den Händen festhielt, um das Gleichgewicht zu halten, um nicht wie ein Brett um-zufallen. Sie hielt sich fest wie ein Baby an Möbelstücken, wenn es Laufen lernt, allerdings ohne die Zukunft eines Ba-bys, dafür mit diesem Körper – war *das* ein Körper? – für den Rest ihres Lebens. Ihr Sohn kam sie manchmal besuchen und beobachtete sie. Wenn sie an diese Zeit zurückdachte, konnte sie sich nicht erinnern, was sie miteinander gesprochen hatten. Es schien, als hätten sie überhaupt nicht miteinander geredet. »Vielleicht gab es nicht viel zu sagen.«

Ein Arzt hatte sich anerkennend über das geäußert, was von ihren Beinen noch übrig war: Die Anpassung von Prothesen würde nicht so schwer sein. Doch die künstlichen Beine schnitten schmerzhaft in ihre Leisten. Sie mussten neu geformt werden. Dann ließ die Schwellung der Stümpfe nach. Neuerliche Anpassung, gefolgt von noch mehr Schmerzen, weitere Runden zur Justierung. Und die ganze Zeit über ging sie trotz Schmerzen vor und zurück, vor und zurück zwischen dem Barren, bis sie so erschöpft war, dass sie abends um sechs Uhr einschlief.

Wenn sie aufwachte, galten dieselben Wahrheiten, die schon den vorherigen Tag dominiert hatten. Da war dieselbe große Leere, wenn sie an sich heruntersah. Dieselbe Leere der vor ihr liegenden Jahre, nachdem man sie nach Hause entlassen hatte. Eine Krankenschwester zeigte ihr, wie sie eine mobile Toilette benutzen konnte, bis sie in der Lage wäre, sich aus eigener Kraft auf eine normale zu setzen. Innerhalb von zwei Wochen lernte sie, in die Badewanne und wieder heraus zu kommen, damit ihr Mann sie nicht mehr heben musste. Nachdem sie die Fortbewegung mit einer Gehhilfe gemeistert hatte, versuchte sie es in der Einfahrt ihres Hauses mit Krücken. Um sie aufrecht zu halten, ging ihr Mann hinter ihr und hatte einen Gurt um ihren Oberkörper geschlungen.

Eines Abends schob er sie im Rollstuhl in eine Bar, wo einer ihrer Freunde auftrat. »Die Band war richtig gut«, notierte sie in ihrem Tagebuch. »Wir aßen Tamales und tranken Bier. Ich sah zu, wie alle zu Rustys Countrymusik tanzten. Und ich hätte alles gegeben, um auch dort oben auf der Tanzfläche zu sein. Es tat weh mitanzusehen, wie alle tanzten. Den ganzen Heimweg lang weinte ich. Es fühlte sich an, als risse mir jemand das Herz heraus.« An einem anderen Abend, am Geburtstag ihres Mannes, konnte sie schon einigermaßen auf ihren Prothesen gehen. Sie besuchten eine andere Bar, um sich eine andere Band anzuhören. Als sie gingen und ziemlich betrunken den Parkplatz überquerten, fiel eines ihrer Beine ab.

»Er spricht nie über meinen Unfall«, notierte sie. »Wir scheinen unfähig zur Kommunikation zu sein. Ich denke, er frisst das alles in sich rein. Ich denke, das ist seine soldatische Einstellung, oder er hat überhaupt keine Gefühle.«

Er war schon immer gern mit seinen Freunden ausgegangen, allein und lange. Das tat er jetzt noch häufiger und blieb dabei noch länger weg. Es gab allerdings auch Abende, an denen er überhaupt nichts für sich behielt. Dann machte er ihr Vorwürfe, weil sie nicht aufgepasst habe, weil ihr das Benzin ausgegangen, weil sie um das Auto herumgegangen sei. Nachdem er sich eines Abends zu Hause betrunken hatte, als ihre Mutter sowie Freunde aus der Zeit seiner Stationierung in England zu Besuch waren, holte er ein Gewehr aus dem Schrank. Er erklärte, er würde jetzt losfahren und die Frau erschießen, die ihr das angetan hatte. Sie verfügten über den Polizeibericht und kannten daher ihren Namen und ihre Adresse. Die Frau hatte sie nie auch nur angerufen oder eine Karte geschickt. Mit der Waffe in der Hand tobte er so lange, bis seine Gäste ihn besänftigen konnte.

Und dann war da der Sex. Sie mied ihn ebenso sehr wie

ihr Ehemann, weil sie es nicht ertrug. Schließlich war sie eine Frau, deren Prothesen manchmal beim Aufstehen Furzgeräusche von sich gaben, wenn Luft aus dem Zwischenraum gepresst wurde. Eine Frau, die in einem Spezialbus voller behinderter Kinder zu ihren Physiotherapiestunden gefahren wurde. Eine Frau, die permanent angestarrt wurde. Eine Frau, der die Nachbarinnen in mitfühlendem Ton auf den Anrufbeantworter sprachen: »Ich weiß nicht, ob ich damit zurechtkommen könnte« – mit Lauras Körper, mit ihrem Leben.

Laura verlangte, ihre Röntgenaufnahmen zu sehen. »Ich will den Beweis«, vertraute sie ihrem Tagebuch an, »dass die Ärzte tun mussten, was sie getan haben. Ich weiß, es wird wirklich wehtun, aber ich will es mit eigenen Augen sehen. Vielleicht wird mir das helfen, es zu akzeptieren.«

Ein Arzt hängte die Bilder auf und knipste das weiße Licht an. »Die Knie waren beide in der Mitte durchgebrochen«, schrieb sie. »Die Knochen alle entzwei. Am rechten Bein gab es eine dunkle Stelle. Er sagte, der Knochen habe gefehlt, als ich eingeliefert wurde. Er muss neben der Straße liegen geblieben sein.

Als ich diese Röntgenaufnahmen betrachtete und mir klar wurde, das waren meine Beine, da überkam mich ein solches Gefühl von Verlust. Der Arzt versicherte mir, auch wenn es seine gewesen wären, hätten sie ab gemusst. Er sagte, man habe noch einen Gefäßchirurgen hinzugezogen, um zu erfahren, ob sie zu retten seien, aber es gab keine Chance. Es waren nicht nur sämtliche Knochen gebrochen, sondern auch das Gewebe, die Muskeln und Knorpel zerstört. Er meinte, er würde mir die Fotos zeigen, aber das lehnte ich ab. Schauen Sie jetzt nicht zurück, sondern bewegen Sie sich vorwärts. Er sagte, Sie sind jung und hübsch und haben noch ein ganzes, erfülltes Leben vor sich.«

Traurig, entschlossen, beschwingt kehrte sie den Röntgenbildern den Rücken. Sie ging und klammerte sich an seine Worte. Aber sie lösten sich auf und verwandelten sich rasch in nichts. Sie waren ein Trick, eine Lüge. »Ich war widerlich. Kein Mann konnte mich jemals wollen«, sagte sie. »Mein ganzes Leben lang hatte ich gehört, wie hübsch ich sei. Und was hatte ich jetzt noch? Jetzt, wo ich das nicht mehr habe, abstoßend bin, was bleibt mir da noch?«

Um sich aufzurichten, verließ sie sich nicht mehr auf die Worte des Arztes, sondern auf eine Patientin, die sie bei der Physiotherapie gesehen hatte. Die Frau war von der Taille abwärts gelähmt. Mit den Beinen in Schienen und von einem Therapeuten gehalten, konnte sie gehen – oder so etwas Ähnliches. Aber das war nur eine Turnübung. Nichts, was sie jemals allein würde tun können. Ihre Beine, dachte Laura mit eisiger Genugtuung, waren absolut nutzlos. Sie würden es auch immer bleiben, während Laura imstande war, allein zu gehen.

Um sich aufzurichten, war das ihr Credo: »Es gibt Leute, die noch schlechter dran sind als ich.«

Ein Jahr nach dem Verlust ihrer Beine nahm sie eine Überdosis Valium und schaffte es fast, sich umzubringen.

In Berlin lebte in den Jahren zwischen den Weltkriegen ein Künstler, der seine Karriere in der Werbung begann. Hans Bellmer entwarf Reklamekampagnen für Haushaltswaren und gab nach der Machtübernahme durch die Nazis jegliche kommerzielle Arbeit auf. Er konzentrierte sich fortan auf den Bau von zwei fast lebensgroßen Puppen aus Pappmaché, Gips, Metall und Holz. Die Gliedmaßen ließen sich biegen und drehen. Die Köpfe konnten nicken und sich drehen. Einer der beiden konnte man sogar an ein zentrales Gelenk ein zweites Paar Beine anmontieren. Auch Extrabrüste, -pobacken und -becken ließen sich hinzufügen. Genauso konnten Körperteile auch entfernt werden.

Er fotografierte seine Puppen in verdrehten Posen und zerlegt. Anschließend gab er die Fotos in Gestalt eines kleinen, selbst verlegten Buches seiner wunderschönen siebzehn Jahre alten Cousine. Die hatte ihn durch ihr Auftauchen in seinem Leben – nicht als Geliebte, die er anfasste, sondern als Verkörperung des Verlangens – zur Erfindung der Figuren, zu ihrem Arrangement, ihrem Zerlegen und erneuten Zusammensetzen inspiriert. Die Cousine reichte die Bilder an den surrealistischen französischen Dichter André Breton weiter, der sie wiederum in seiner Zeitschrift *Minotaure* veröffentlichte.

Das war der Beginn einer Karriere, die Bellmer dazu brachte, nach Paris zu gehen, wo er Zugang zu den Kreisen von Man Ray, Max Ernst und Marcel Duchamp fand. Seine Arbeitsmethode war obsessiv. Seine Ergebnisse waren minimal; er lebte verarmt. Er zeichnete, fertigte Collagen an, und dreißig Jahre später, kurz vor seinem eigenen Tod, arbeitete er immer noch mit einer seiner zwei Puppen: Er fand neue Wege, um den von ihm geschaffenen Körper zu verändern. Neben den anderen Künstlern seines Zirkels blieb er unbekannt, fast unsichtbar. Doch diejenigen, die ihn entdeckten, mussten sich quälen: Er nahm sie mit in ein entsetzlicheres Unterbewusstsein, als die anderen Surrealisten bereit schienen, es ihren Betrachtern zuzumuten.

Ein nacktes Mädchen, noch kindlich, aber zugleich schon

voll entwickelt, liegt ausgestreckt am Fuß einer Holztreppe. Es ist eine von Bellmers Puppen, mit einer rosa Schleife im Haar und hohen, vorragenden Brüsten. Auf dem Foto sieht sie aus, als hätte man sie die Treppe hinabgestoßen; ein Bein fehlt ab der Hüfte. Und sie sieht auch aus, als hätte man ihr zuvor Gewalt angetan, denn ihr verbliebenes Knie scheint schon einmal gebrochen gewesen zu sein: grob zusammen-geknotetes Seil stabilisiert es. Ein Arm ist ebenfalls abge-schlagen. Ihre Haut ist von Schatten übersät, und der letzte Pfosten des Treppengeländers verdeckt ihr halbes Gesicht. Die Finger der verbliebenen Hand schauen hinter dem Ge-länder hervor – einerseits scheint sie sich damit festhalten zu wollen, andererseits zu winken, als wollte sie dem Betrach-ter der Fotografie, der meint, im sich vertiefenden Schatten im Vordergrund des Bildes zu stehen, ein Zeichen geben. Über ihre Stirn fallen ihr Ponyfransen. Sie ist unschuldig. Das Kinn ruht zwischen ihren Brüsten, der Mund ist leicht geöffnet: Sie wirkt verführerisch. Auf einmal macht sie den Eindruck, als hätte sie das Bewusstsein verloren und als würde sie schlafen, gesättigt. Und sie wirkt erregt, wollend. Ihr Bauch wölbt sich, und der nach vorn geneigte Schlitz ih-rer Vagina dominiert die Bildmitte.

»Stecke Gelenk in Gelenk, probiere die Kugelgelenke aus, indem du sie in eine kindliche Pose maximal verdrehst«, schrieb er in einem Essay zu seinem ersten Buch mit Foto-grafien. Dabei nahmen seine Worte manchmal die Form von Anweisungen an ihn selbst an – wie eine Gebrauchsanlei-tung zum Her- und Entstellen einer Puppe. »Folge behutsam den Höhlungen, taste die Vergnügen der Kurven ab, verliere dich in der Muschel des Ohrs, Schönheit zu erschaffen und auch das Salz der Deformation zu verstreuen, das ist ein bisschen rachsüchtig.« Sein Werk war angespornt von dem Wunsch, seine eigene Sehnsucht – und auch die des Betrachters – zu erforschen, aber auch vom Ehrgeiz, die Sehnsüchte des Mädchens auszustellen. »Schreck nicht vor dem Inneren zurück«, wies er sich selbst an. »Leg unterdrückte mädchenhafte Gedanken frei.« Seine Bilder sollten den gewalttätigen Kampf »zwischen Verlangen und dessen Verboten« im Inneren der Figur offenbaren.

Ein anderes Foto ist von hinten aufgenommen. Ein ärmelloses, zartes Unterhemd bedeckt, von nur einem Träger gehalten, teilweise den Rücken des Mädchens. Ihr Kopf ist so verdreht, dass ihr Kinn sich hinter ihrer rechten Schulter versteckt. Die Lippen streifen fast den Träger. Sie blickt in die Kamera. Ihr Hinterkopf fehlt, abgeschnitten. Üppige Locken wachsen auf ihrem offenen Schädel und fallen verschwenderisch über ihren Nacken bis zur Wirbelsäule. Bis auf das Unterhemd, das nur bis zur Taille reicht, ist ihr Körper nackt. Aber viel Körper ist nicht mehr da. Sie besitzt keine Arme. Die Höhle einer Schulter ist ausgefranst. Das Fleisch eines Beins wurde in Streifen abgerissen. Das andere Bein ersetzt ein dürrer Mechanismus mit Gelenk auf Kniehöhe, der wie eine minimalistische Prothese aussieht. Die prallen Pobacken oberhalb dieser Beine wirken verführerisch. Ein paar Stellen ihrer Papierhaut sind rissig und löchrig, was sie nur noch sinnlicher, obszöner und provozierender wirken lässt. Auch die Oberfläche ihres Gesichts zeigt Sprünge und Kratzer. Ein Bluterguss schmückt einen Augenwinkel, und sie blickt einen exakt aus diesem Winkel an, furchtsam, einladend, ahnend, dass der Betrachter sich ihr nähern, ihr Gewalt antun, sie von hinten nehmen wird. Ihr Schatten fällt schwarz auf eine Wand. Die Wände rundherum sind eng. Sie ist in eine Ecke des Raums gedrängt. Selbst wenn sie fliehen wollte, gäbe es kein Entkommen.

Manche sehen in Bellmers Kunst eine Reaktion auf den Nazismus, deuten seine Porträts des weiblichen Körpers als Protest gegen die Verherrlichung körperlicher Vollkommenheit. Doch er lehnte alle politischen und moralischen Ziele ab. »Schundautoren, Zauberer und Zuckerbäcker hatten dieses geheime Etwas, diese wunderbare Süße, die man Nonsens nannte und die Freude bringt«, schrieb er und ordnete seine Ästhetik in dieselbe Kategorie ein. »Sie verzichteten auf das Unglück, das man meiner Erfahrung nach mit nützlichen Absichten assoziiert, und zeigten die Mysterien kaum beschrittener Wege auf.« Für Bellmer waren das Süße und das Grauenvolle der – untrennbare – Weg zur Offenbarung.

Die rehäugige Puppe lehnt mit dem Rücken an der Wand und scheint nicht zu merken, dass die Haut über ihrem Bauch aufgerissen ist und eine innere Leere zeigt, als hätte man sie ausgeweidet. Beide Arme sind an den Schulteransätzen abgerissen. Ein Bein ist verloren. Die Rehaugen schauen ein wenig nach oben, nicht beunruhigt, empfänglich. Die Nase hat einen niedlichen Schwung.

Auf einem anderen Bild ist die Puppe auf Kopf und Brust reduziert, darunter nichts mehr, und sie ruht auf einem heruntergekommenen Waschtisch. Statt der Rehaugen gibt es nur noch nackte Augäpfel, anstelle der Stirnfransen nur noch feine Stacheln. Die Kopfhaut fast kahl. Aus dem oberen Torso ragen jedoch vier perfekt halbkugelige Brüste: zwei aus den Schultern, eine in der Brustmitte und eine seitlich auf den Rippen. Die Aufforderung, der Schrecken, die Unschuld, die die Gesichter auf den anderen Fotos belebten, fehlen. Nicht nur die Augen sind leer, sondern das ganze Gesicht. Das Mädchen ist verwüstet, tot, robust wirkt nur noch die Sexualität in der aggressiven Präsentation der vier Brüste. Wie ihr Halbtorso am Rand der abgeschlagenen Waschschüssel balanciert, scheint sie noch stärker geschändet und preisgegeben.

Dennoch durchdringt Schönheit das Bild genau wie all die anderen: die Schönheit von Schonungslosigkeit, das Zusammenspiel von Textur der Wände und Textur des Fleischs, die Schönheit von Dingen, die man in all ihrer stummen Befremdlichkeit erblickt, die Schönheit von Verblüffung, die nie erklärt, aber stets illuminiert wird. Eine Puppe, kopflos, mit zwei Paar Beinen und Hüftbeugen, so auf eine Matratze gebreitet, als hätte sie soeben sich selbst geliebt; eine Puppe, kopflos, mit zwei Paar Beinen und Hüftbeugen, auf trockenem Gras hingebreitet, als wäre sie gerade vergewaltigt worden; eine Puppe ohne Arme und mit einem nur halben Bein, hoch in einem Baum hängend, aber von unten fotografiert, sodass sie ätherisch in einem bleichen Himmel schwebt; eine auf mehrere deformierte Pobacken reduzierte Puppe, sonst nichts, aber in Gold getaucht – sie alle sind erfüllt vom Licht von Bellmers glühender Konzentration, seiner Hörigkeit, seiner Liebe.

In mittleren Jahren begann Bellmer eine Affäre mit einer 14 Jahre jüngeren Zeichnerin und Schriftstellerin: Unica Zürn. Sie wurde sein Modell und seine Muse, eine lebende Puppe. Auf einer doppelseitigen Zeichnung, ausgeführt mit feinsten weißen Linien auf schwarzem Papier, steht Zürn in einem Kostüm da, dessen züchtiger Rock unterhalb des Knies endet, und hat die Hände schüchtern vor dem Schoß gefaltet. Diese Darstellung befindet sich auf einer Seite des Papiers. Auf der anderen sieht man sie auf allen vieren in kurzem Faltenrock. Sie trägt gestreifte Strümpfe und Mary Janes – die mädchenhaften Spangenschuhe, die er seinen Puppen oft anzog, wenn er sie posieren ließ. Die Zeichnung weist ein einziges Collagenelement auf, nämlich eine rosafarbene Haarspange. Ihr zur Seite gedrehtes Gesicht streift fast den Boden, während sie eine Glasmurmel anstarrt. Die Finger sind erhoben, als wollte sie danach greifen. Die Murmel war für ihn ein Symbol: »Ein Blick in ihr Inneres erlaubte, die erstarrte Ekstase ihrer Spiralen zu betrachten.« Auf Händen und Knien, animalisch und kindlich zugleich, starrt Zürn in die Spiralen ihres eigenen erotischen Daseins, wie gelähmt und doch versucht, darüber hinaus zu gehen.

Für ein Foto fesselte er ihren Torso und ihre Pobacken asymmetrisch und fest mit Unmengen Schnur. Sie kauert dabei so auf einem Bett, dass von hinten weder Kopf noch Arme, noch Beine zu sehen sind. Der Kamera bleibt nur das zwischen den Verschnürungen auf unheimliche und anarchische Weise hervortretende Fleisch. Verrückt blühendes Fleisch. Eine abstrakte Skulptur aus dem symbolischsten aller Objekte, dem menschlichen Körper. Ein Versuch, unter das Bewusste bis ans Unbenennbare zu rühren.

Doch Zürn besaß auch eine eigene Stimme, während sie ihm Modell und Muse war. Ihre Novelle *Dunkler Frühling* war nach eigener Aussage »das erotische Leben eines kleinen Mädchens, basierend auf meiner eigenen Kindheit«. Das Mädchen ist zehn, elf und zwölf Jahre alt, während die Geschichte ihren Lauf nimmt, und fantasiert von Entführern, die sie erbittert fesseln und mit einem Messer vergewaltigen, mit der Klinge in sie eindringen. Von allem, was sie tun, ist sie »geehrt«.

»Szenen von Irrsinn, Folter, Ekstase wurden von Bellmer mit der Empfindsamkeit eines Musikers, der Präzision eines Ingenieurs, der Schroffheit eines Chirurgen gezeichnet«, erklärte Zürn. »Wenn wir ihm bei der Arbeit zusehen, wirken seine Hände schwerelos. Man möchte erfahren, ob es Spannung auf dem Papier oder ob diese gefällige Linie ein Stück Zauberei aus der Leere ist… Wer auch immer von ihm gezeichnet wird, teilt mit ihm den Abscheu vor dem Selbst. Mir ist es unmöglich, ihm größeres Lob auszusprechen.«

Das Mädchen und ihre Gewaltfantasien, die Erwachsene und ihr Drang, durch die Kunst ihres Geliebten ausgelöscht zu werden – Zürn war der Beweis aus Fleisch und Blut und Hirn für Bellmers Vision von Eros. Aber weder die literarische Figur noch die Autorin vermochten das Verlangen zu überleben, das sie in sich selbst geweckt hatten. Am Ende der Novelle bringt sich das Mädchen um, und bald nach Veröffentlichung des Buchs begeht Zürn auf genau dieselbe Weise Selbstmord: Sie stürzt sich aus einem Fenster, zerschlägt ihren Körper auf dem Boden darunter, und was zurückbleibt ist gebrochen wie eine von Bellmers Puppen.

In seiner Mittagspause, zwischen dem Entwerfen von Szenen zum Verkauf alkoholischer Getränke und dem Engagieren konventionell hübscher Frauen, die in diesen mitspielen sollten, spazierte Ron mit seiner Kamera durch die Stadt. Manhattan wirkte wie eine von der Vertikalen dominierte Traumlandschaft: Nicht nur die Gebäude, sondern auch die Fußgängermassen bildeten eine Welt, die unerbittlich senkrecht nach oben und unten ausgerichtet war. »Ein behinderter Mensch«, sagte er, »ist ein Bruch dieser strengen Vertikalität, eine Diagonale in dieser Masse.«

Er suchte die Diagonalen, um sie zu fotografieren. Zunächst tat er das insgeheim und richtete seine Linse immer schnell wieder auf die Straße. Auf einem Bild strebt eine Frau auf einem Gehsteig in einem Strom von Einkaufenden vorwärts. Sie benutzt dazu einerseits ihre Beine, die in Schienen stecken, andererseits Krücken. Ihre nackten muskulösen Arme kommen durch ein ärmelloses Kleid zur Geltung. Die nach innen verdrehten Füße stecken in eleganten Schuhen. Ihre schmalen Hüften werden bei den schrägen Schritten auswärts gedreht, ihre Brust neigt sich weit vor ihre Beine, und durch die Geradheit der Krücken werden die schiefen Winkel ihrer Körperteile noch betont. Insgesamt wirkt sie wie eine expressiv gebogene Schauspielerin oder Tänzerin, nur dass diese Figur stärker gebeugt und ausdrucksstärker ist, als ein gesunder Körper es je sein könnte. Sie ist eine Skulptur: verzerrt, lebendig, metaphorisch, faszinierend.

Auf einem anderen Bild hat er eine verkrüppelte Frau nicht aus seinem eigenen Blickwinkel aufgenommen. Sein schnelles Fokussieren und Abdrücken sollte eigentlich nur dokumentieren, wie die Frau sich auf Krücken von einem Bürgersteig heruntermanövriert. Doch unabsichtlich kam noch eine Betrachterin mit aufs Bild, die hinter seiner Zielperson stand. Rons Kamera fokussiert ehrerbietig in eine Richtung, nämlich auf die Frau, die vom Gehsteig heruntertritt, während die Frau daneben in die andere Richtung schaut. Ihre Augen blicken nach unten auf die Unterschenkel der Zielperson. Auf die Deformation oder ihr Fehlen. Diese Stelle ist allerdings abgeschnitten, der Fotograf zeigt sie nicht. Doch der Blick der Beobachterin ist alles andere als ehrerbietig. Entsetzt berühren ihre Finger die Lippen.

Seiner ersten Liebe nach seiner Hochzeit begegnete er durch seine Kamera. Er sprach Elise in einem Crosstown Bus an, fragte, ob sie sich vorstellen könne, ihm Modell zu sein. Als Kind war sie als eine der Letzten in ihrer Heimatstadt an Kinderlähmung erkrankt. Weil sie sich nicht wohlgefühlt hatte, fehlte sie am Tag der Schluckimpfung in der Schule. Und ihre Eltern hatten sich danach nicht darum gekümmert, sie impfen zu lassen. Jetzt studierte sie und strebte einen Master in Sozialarbeit an. Zierlich, mit hohen Wangenknochen, einem Kinn mit Grübchen, einem kleinen, vollen Mund und langem, üppigem Haar trug sie an beiden nutzlosen Beinen Stahlschienen.

Innerhalb eines knappen Jahres fotografierte er sie nur einmal. Sie verbrachten ihre Zeit stattdessen ineinander verschlungen. Sie fühlte sich in ihrem Körper wohl, weil seiner so leidenschaftlich war, außerdem debattierten sie die Verdienste seines Mainstreamjobs im Unterschied zu ihrem, denn sie hatte vor, nach ihrem Abschluss Strafgefangenen bei der Resozialisierung zu helfen. Sie wohnte im East Village, in der Wohnung ihrer Schwester. Die gehörte zu einem Block, der ein Treffpunkt von Hell's Angels war. Gleich zu Anfang umringten ihn einmal ein paar von denen, packten ihn am Kragen und wollten wissen, ob er was mit Elise hätte. »Wenn du sie fertigmachst, bringen wir dich um«, warnte ihn einer. Ron fotografierte sie auch deshalb nur einmal, weil ihr Gesicht fast immer Verletzungen aufwies, manchmal ein blaues Auge. Ihr Ehemann schlug sie.

Obwohl sie bei ihrer Schwester lebte, war sie noch immer auch mit ihrem Mann zusammen. Ron traf sich mit ihr, wenn er auf Reisen war. Der Mann kam nie hinter ihre Affäre. Und die Misshandlungen hatten nichts mit Ron zu tun. Er erfuhr nie, was der Grund dafür war, sondern nur, dass Elise sie ertrug, ja erlaubte. Er meinte, dass sie glaubte, nichts Besseres verdient zu haben und froh sein zu können, überhaupt einen Ehemann zu besitzen. Aber er versuchte auch nie, sie zur Scheidung zu überreden, damit sie mit ihm zusammen wäre. Später, nachdem sie sich aus den Augen verloren hatten, versuchte er verzweifelt, sie wiederzufinden, um sie zu treffen und dazu zu überreden. Er rief an, aber der Anschluss existierte nicht mehr. Er fuhr zu der Wohnung, doch die Hell's Angels erzählten ihm, die Schwester sei weggezogen. Er vermutete, dass Elise nach wie vor verheiratet war, aber er suchte trotzdem weiter. Er versuchte, ihre Schwester ausfindig zu machen. Er rief die Gefängnisverwaltungen in dem Bundesstaat an, aus dem Elise ursprünglich gekommen war, weil er vermutete, sie könne dorthin zurückgegangen sein, und bat um eine Liste der Sozialarbeiter. Dann engagierte er sogar einen Privatdetektiv.

Während sie zusammen waren, sagte er, habe er sich auf eine Weise in sie verliebt, die »weit über meine Faszination hinausging«. Der Begriff »Faszination« wird manchmal von Männern wie Ron benutzt, die sich zu Behinderten hingezogen fühlen. »Die Anziehung«, erinnerte er sich, »wurde zu dieser wundervollen Überlagerung dessen, was wir schon hatten.« Sie hatten sich einander geöffnet. Sie war erlöst durch die unwahrscheinliche Zielrichtung seines Verlangens, und er, indem er eine Gestalt aus seinen Träumen im Arm hielt und leidenschaftlich von ihr gehalten wurde. Doch er war noch nicht bereit gewesen, und sein Traum war verschwunden. Nicht einmal der Privatdetektiv konnte sie wiederfinden. Er war noch überhaupt nicht bereit gewesen, auf Dauer und in aller Öffentlichkeit mit einer Frau zusammen zu sein, die aussah wie sie. Er war ja kaum willens, sich selbst einzugestehen, was er wollte. Heimlich und verschämt schien seine Ambivalenz ihre Scham noch verstärkt zu haben, das Gefühl, ihr Ehemann sei das, was ihr gebühre. Mit ihren Schienen, ihrer Schönheit, ihren schwarzen Augen blieb sie verschwunden.

Er ging zu zwei Psychologen und mied in ihren Praxen das Thema, den elementaren Aspekt seiner Persönlichkeit, der ihn doch dazu gebracht hatte, ihre Hilfe zu suchen. Beim Ersten füllte er die Termine mit den Berichten über die Verfehlungen seiner Exfrau. Doch der Zweite schien intuitiv zu spüren, dass er Ausflüchte suchte. Er fragte nach der Kamera, die Ron immer bei sich trug, und wollte wissen, was er damit fotografiere. »Und?«, bohrte der Therapeut behutsam weiter. »Und? Und?«

Er insistierte, bis Ron ihm alles anvertraute. Danach fragte er Ron, ob er damit jemand verletze, ob er sich selbst verletze. Dann gebe es doch, meinte der Psychologe, keinen Grund, sich selbst Vorwürfe zu machen oder zu hassen. Doch so einfach war es nicht. Dennoch nahm die Logik des Therapeuten ihm eine gewisse Last ab, während er weiter fotografierte und mit Frauen schlief, die er in der Stadt kennenlernte.

Katherine hatte Haken anstelle von Händen und eine Beinprothese – eine pornografische Fantasie, doch im Bett passierte zwischen ihnen beiden nicht viel. »Sie wollte nie ihr Nachthemd ausziehen. Sie war in Bezug auf ihren Körper viel gehemmter als Elise.« Dafür begeisterte ihn ihre Entschlossenheit. Sie wollte Ergotherapeutin werden, aber um dafür offiziell zugelassen zu werden, musste sie Unmögliches leisten. Also zog sie vor Gericht und bewies dort, dass die Anforderungen unnötig und diskriminierend waren, bekam ihre Zulassung und begann mit ihrer Karriere. Er erinnerte sich auch daran, wie sie Oliven mit Kernen aß, wenn sie ihr bevorzugtes griechisches Restaurant besuchten. »Das ist ja für niemand eine leichte Sache, wenn es anmutig aussehen soll«, meinte er lachend, »aber irgendwie schaffte sie es.«

Melinda lernte er kennen, als er nach dem Mittagessen auf der Straße spazieren ging. Sie war mit einer Freundin unterwegs, die vermutete, dass Ron, nachdem er sich ihnen vorgestellt und erklärt hatte, dass er eine Porträtaufnahme machen wolle, eigentlich an ihr interessiert war. Denn schließlich war Melinda nur eine Querschnittsgelähmte in einem Rollstuhl. Die Freundin erzählte von sich aus, dass sie schon immer hatte modeln wollen und wie großartig es wäre, wenn er ein paar Porträts machen könnte. Er machte eine Fotosession mit beiden, gab der Hübschen mit den Modelambitionen ihre Bilder und stellte dann sein Objektiv auf die Frau scharf, die ihn faszinierte.

Sylvia war Südamerikanerin. Eine Buchhalterin mit heiterem, ovalem Gesicht, einem schüchternen Lächeln und üppiger, schwarzer Haarmähne. Nachdem sie und Ron sich das erste Mal geliebt hatten, schluchzte sie hemmungslos. Ihre durch Krankheit geschädigten Beine konnte sie nur mithilfe einer Konstruktion aus Metallstangen und Lederriemen aufrecht halten. Sie lebte allein in einem Hotel, erwähnte niemals Familie oder Freunde, und wenn sie Ron in seiner Wohnung besuchte, stellte sie das Radio immer auf einen Sender mit Oldies ein. Sie liebte alte Lovesongs, die Doo-Wop-Serenaden. Als er sie eines Abends anrief, sagte die Dame an der Hotelrezeption, die normalerweise seine Nachrichten in Empfang nahm, er solle vorbeikommen. Als er eintraf, sagte sie ihm, dass seine Freundin sich umgebracht habe.

Elizabeth war die Jahrgangsbeste ihrer Ivy-League-Hochschule, und zufällig hörte Ron ihre Abschlussrede. »Sie kam meinem Ideal einer Frau ungefähr so nah, wie ich es realistischerweise erwarten durfte«, erinnerte er sich. »Sie war klug, süß und hatte keine Beine.« Am Abend nach der Zeugnisvergabe telefonierte er die Studentenheime ab und erreichte schließlich jemand, der sie kannte und ihn wissen ließ, dass sie schon in die Sommerferien abgereist war. Aber er erfuhr auch, dass sie im Herbst wiederkäme, um die juristische Fakultät zu besuchen. Er rief sie dann an, lobte ihre Rede und überredete sie zu einem Date. Sie trafen sich am Tor zum Campus, wo drei Spieler der Footballmannschaft neben ihrem Rollstuhl standen.

Der Campus war nicht rollstuhlgerecht, daher hatte ein Team aus Athleten die Aufgabe, sie über Schwellen und Treppen zu tragen. In diesem Fall waren die jungen Männer allerdings zu ihrem Schutz mitgekommen. Denn was für ein Fiesling oder Irrer würde sich schon mit einer Frau ohne Beine verabreden wollen? Nachdem sie ihn gesehen hatte, wirkte er ungefährlich und vernünftig genug auf sie, sodass sie den Sportlern erklärte, sie könnten gehen. Dann schob er sie durchs Tor.

Sie war in Kleinstädten im Süden aufgewachsen, mit einer Krankheit, die ihre Beine verkürzt und ihre Gelenke an Knöcheln, Knien und Hüften hatte steif werden lassen. Mit 13 hatte sie schon über zwanzig Operationen hinter sich – Chirurgen hatten Knochen gebrochen, Sehnen durchtrennt, Bänder neu verbunden – aber ihre Beine blieben unbeweglich. Dann schlug ein Arzt die Amputation vor. Ihre eigenen Beine würden ihr nie von Nutzen sein, aber mit Prothesen würde sie möglicherweise gehen können. Sie unterzog sich einer weiteren Operation, wachte ohne Beine auf und brachte es nie fertig, mit ihren künstlichen Gliedmaßen gut laufen zu können. Sie erzählte Ron, dass sie die Amputation trotzdem nicht bedauere. Sie sagte sogar, wann immer sie Querschnittgelähmte mit ihren Beinen sehe, denke sie nur an deren Unvernunft – weil sie sich mit so viel nutzlosem Gewicht belasten.

Intellektuell, fordernd und selbstständig, nahm sie ihn gefangen, sodass er nach ein paar gemeinsamen Monaten versuchte, was er noch bei keiner Freundin getan hatte. Er konnte sich inzwischen zu einem gewissen Grad selbst akzeptieren. Der Psychologe hatte ihm dabei ebenso geholfen wie das Auftun einer Gruppe ähnlicher Männer, die sich selbst »Devotees«, also Verehrer oder Liebhaber, nannten. Sie trafen sich wie eine Art Selbsthilfegruppe zu Hause bei einem ehemaligen Piloten aus dem Koreakrieg, der sich vor Kurzem mit einer Veteranin aus dem algerischen Widerstand angefreundet hatte. Sie hatte sich selbst die Beine weggeschossen, als sie versuchte, ein französisches Gebäude in die Luft zu sprengen.

Er versuchte, Elizabeth sein Verlangen nach Behinderten und besonders nach Amputierten zu erklären. Sie wollte es zunächst nicht glauben, dann war sie entzückt, dankbar und befreit. Sie posierte für ihn auf eine Weise, die auf die erotische Macht anspielte, die sie soeben entdeckt hatte. Auf einem Bild ist ihr verkürzter Körper sitzend in roten Stoff gehüllt. Ihre Beinstümpfe in durchsichtigen schwarzen Nylonstrümpfen liegen teilweise im Schatten, sodass man sie übersehen könnte. Auf den zweiten Blick fallen sie jedoch ins Auge, als zwei Geheimnisse, halb verborgene Körperteile, Objekte der Schande, Verführung und Faszination.

Sie heirateten, nachdem er sie drei Jahre lang die drei Treppen bis zu seiner Wohnung hinaufgetragen hatte. »Meine Freunde benahmen sich wie der Chor in einer griechischen Tragödie. Charlie Crane, mit dem ich zwei Jahre zusammengewohnt hatte und seit 15 Jahren zusammenarbeitete, mit dem ich ständig verreist war, benahm sich regelrecht fanatisch. Er sagte unumwunden: ›Warum willst du jemand ohne Beine? Ich kann dann nicht mehr mit dir ausgehen. Ich will mich damit nicht auseinandersetzen. Ich kann damit nicht umgehen. Das ist hässlich.‹

Charlies Freundinnen hatten zwar nichts im Kopf, waren aber alle groß und dünn. Sie hatten lange Beine, große Brüste und blonde Haare.«

Andere gingen stillschweigend auf Distanz und blieben schließlich ganz weg. »Sie wollten schlichtweg nicht mit ihr gesehen werden. Es passte nicht zu dem Image, das sie anstrebten.« Elizabeth war Expertin darin, ihnen Unbehagen zu bereiten. Sie bestand darauf, Miniröcke zu tragen, und benutzte nie Prothesen. Als sie bei einer Weihnachtsparty auf der Couch saß, sodass ihre Stümpfe nach vorne ragten, bat jemand sie, sich doch mit einer Decke zu verhüllen. Am Strand zog sie immer Bikinis an und nie etwas, das auch nur der Versuch gewesen wäre, etwas zu kaschieren. Sie liebte es, wenn Ron sie durch den Sand bis ans Wasser trug und dort absetzte, wo die Brandung begann. Nachdem viel getrunken worden war, brachte sie einmal seine Freunde zum Erschauern, als sie wie irgendein Tier, das von Baum zu Baum springt, von der Rückbank nach vorne schnellte.

»Man muss sich das gleiche dicke Fell wachsen lassen wie

sie«, erklärte er über sein Zusammensein mit Elizabeth und den Freundinnen vor ihr. »Die Gesellschaft betrachtet dich wie jemand, der mit einer Schrottkarre rumfährt. Eine Frau mit Behinderung ist genauso. Alle glotzen. Und alle würden dich am liebsten fragen: ›Warum bist du mit jemand Beschädigtem zusammen?‹«

»Wenn Leute hören, dass wir uns getrennt haben, denken sie, erst ist dir das passiert, und dann hat dich dein Mann verlassen. Dabei war ich diejenige, die die Scheidung eingereicht hat«, sagte Laura. »Er hat mich vielleicht emotional verlassen, aber ich war diejenige, die die Scheidung wollte. Und das hat eine Menge Mut gekostet. Ich musste einen Sohn großziehen, hatte keine Beine, keine Ausbildung, bis auf meinen Highschool-Abschluss, und keinen Partner. Ich war allein, und so würde es bleiben. Es war vorbei.«

Sie kehrte nach Pennsylvania zurück und fand bei der Regierung einen Job als Verwaltungsassistentin. Abends holte sie sich Bestätigung bei Männern, die sie in Bars kennenlernte, und ekelte sich dabei vor sich selbst. Das waren Männer, von denen sie meinte, die würden sie nehmen: »Loser – ohne Job, ohne Auto, Süchtige, Typen ohne Geld.« Und sie suchte online, in allen freien Stunden, die ihr Bürojob ihr ließ, auf allen Seiten, die aufgingen, wenn sie »Behinderung« eingab. Da tauchten Wohltätigkeitsorganisationen auf, die Rechtsbeistand anboten, Firmen, die Hilfsmittel verkaufen wollten, Liegen für Behindertensport, Spendensammlungen für Amputierte in der Dritten Welt, Kampagnen gegen Landminen, wie die, für die Lady Di sich eingesetzt hatte. Sie las fast jeden Satz, als ob irgendwo zwischen den Links, die sie anklickte, in der ungefilterten Flut der

Wörter ein weiser Satz oder ein wissenschaftlicher Durchbruch versteckt sein müsse, der das Unabänderliche doch noch zu ändern vermochte.

Dann entdeckte sie auf einer Seite der Produktionsgesellschaft Carol Davis eine Annonce für Models. »Da erfuhr ich erstmals davon. Das war, wow, einfach bizarr. Ein paar Jahre früher hätte ich vielleicht gedacht, das ist doch pervers, eklig. Aber das war es nicht. Ich war gefesselt. Ich verstand es zunächst nicht. Ich meine, fühlten sich Leute wirklich von amputierten Frauen angezogen? Und warum hatte mir noch keiner davon erzählt? Keiner der Physiotherapeuten. Kein Arzt. Kein Prothesenspezialist. Das kam mir so seltsam vor, diese Männer, aber mir ging gleich eine Million Dinge durch den Kopf. Irgendwie war ich glücklich, aufgeregt. Vielleicht würde ich nicht allein bleiben müssen. Ich begann mir andere Seiten dazu anzusehen. Was war der psychologische Hintergrund? Ist das eine Vorliebe wie große Brüste oder blonde Haare? Ist das das Gleiche? Wie wird ein Mensch so? Und warum? Muss da etwas in der Kindheit vorfallen? Und gleichzeitig war ich wütend. Ich war richtig angepisst. Wie konnte es sein, dass ich nicht davon gewusst hatte? Jeder, mit dem ich aufgrund seines Berufs in Kontakt gekommen war, hatte es mir verschwiegen.«

Sie schickte Carol Davis, die selbst ein Bein verloren hatte, eine Nachricht, und dann gingen ein paar Mails hin und her. Bald wurde Laura fotografiert und gefilmt: beim Rollstuhl-Basketball, beim Schwimmen, beim Steuern ihres Autos, das sie ausschließlich mit den Händen bediente, beim Schnorcheln, beim Gleitschirmfliegen, bei dem Versuch, Monoski zu fahren. Sie flog quer durchs Land für diese Shootings und verdiente sechzigtausend Dollar.

Auf keinem der Bilder trug sie weniger als einen Badeanzug. Das Pornografische auf Seiten wie der von Davis konnte züchtig oder sogar bieder aussehen – doch für ihre Kundschaft war das, wonach sie sich sehnte, oft vollständig zu sehen. Dennoch gab es natürlich einen deutlichen Unterschied zwischen diesen Bildern und konventionellen Pornos. In manchen der Videos waren die Models vollständig bekleidet, ihre Amputationen bedeckt. Dann sah man sie nur irgendeine Herausforderung bewältigen. Das war die Attraktion: Laura, wie sie Bälle warf oder sich im Skifahren versuchte.

Sie erwähnte einigen Freunden gegenüber, dass sie modelte.

»Was für eine Art Modeln?«

»Modeln als behinderte Frau«, antwortete sie.

»Wofür?«

»Also, um zu zeigen, dass wir wie alle anderen sind, dass man uns so akzeptieren kann, wie wir sind.«

»Das ist gut.«

»Dass man uns nicht nur als Behinderte akzeptieren soll.«

»Das ist großartig.«

»Dass wir auch sexy sein können.«

»Oh.«

Sie fragten, für wen die Videos gedacht seien, und sie erklärte, dass man sie für die Ausbildung in verschiedenen Berufen des Gesundheitssektors verwendete. »Aber«, zwang sie sich hinzuzufügen, »es gibt auch Leute, hauptsächlich Männer, die Frauen mit Behinderung, vor allem Amputationen, mögen.«

»Du meinst...?«

»Die sich zu ihnen hingezogen fühlen.«

Ihre Freunde nahmen kein Blatt vor den Mund: Das sei abartig, krank. Sie sagten ihr, sie machten sich Sorgen um Lauras Selbstwertgefühl, fürchteten, sie lasse sich ausnutzen. Eines Tages hatte Lauras Bruder, der als UPS-Fahrer arbeitete, ein aufgerissenes Paket in seiner Fuhre. Darin befanden sich Hefte für einen Devotee. Es waren keine Bilder von Laura dabei, und er behielt seine Entdeckung dieses Phänomens für sich, bis seine Schwester eines Tages all ihren Mut zusammennahm und ihn betont beiläufig fragte, ob er schon mal von solchen Männern gehört hätte. Ihre Familie war bis dahin nicht eingeweiht; keinem hatte sie von ihrer Tätigkeit als Model erzählt. Sie hielt ihren Bruder für den Aufgewecktesten unter ihren Geschwistern und erwartete von ihm am ehesten Verständnis. Da erzählte er ihr von dem Paket. Er sagte, das sei widerlich gewesen. Das war das letzte Mal, dass sie das Thema gegenüber jemand aus ihrer Familie ansprach.

Online, in Chatrooms für Amputierte, warnten manche Frauen, Devotees seien Stalker und Raubtiere. Sie erfuhr auch, wie speziell deren Vorlieben sein konnten. So suchten manche SAEs (Single Arm Amputees), also Frauen mit einer Armamputation oberhalb des Ellbogens; andere hofften auf eine Frau wie Laura: DAK (Double Above Knee), beidseitige Beinamputation, oberhalb der Knie. Manche bevorzugten Stümpfe am linken Bein, wieder andere träumten von perfekten Narben.

In manchen Fällen stimmte sie ihren Freunden und ihrem Bruder zu. Das war krank. Und furchterregend. Und es machte wütend, wenn man sich vorstellte, dass Männer sich ihre Lieblingsbehinderung suchten, indem sie unter den Katastrophen wählten, die das Leben dieser Frauen zerstört hatten. Aber war die Vorliebe für einen einzelnen Arm wirklich so viel anders als die Präferenz einer bestimmten Haar- oder Hautfarbe, Gesichtsform oder Statur? Und gab es nicht unter allen möglichen Männern Widerlinge? »In einer langen Phase meines Lebens wollte ich eigentlich Model sein. Aber ich war nicht groß genug und so weiter. Wie seltsam hat es sich dann ergeben: Ich verlor meine Beine, und auf einmal war ich es. Mir hat es insofern gutgetan, als es mir zu einer positiven Einstellung zu mir selbst verhalf.«

Abgesehen von seltsamen Vorstellungen von geheimen Regierungsstudien und nuklearem Fallout fragte Ron sich nach wissenschaftlichen Gründen. Es gab nur wenige Studien, und deren Wissenschaftlichkeit war zweifelhaft. Man konnte wohl sicher sagen, dass die meisten Devotees sich seit ihrer Kindheit zu Behinderten hingezogen fühlten, noch bevor sie diese Anziehung als spürbar sexuell empfanden, dass die meisten männlichen Geschlechts waren und dass es unter ihnen sowohl Schwule als auch Heteros gab. Man konnte auch mit Gewissheit sagen, dass einige von der Vorstellung erregt wurden, selbst amputiert zu sein, aber dieses Verlangen stellte wahrscheinlich eine spezielle Paraphilie dar, die einige wenige Männer derart verlockte oder peinigte, dass sie sich diesen Wunsch erfüllten und sich die Beine mit Kettensägen abtrennten oder Vereinbarungen mit Chirurgen abschlossen, die die Operation ausführten. So sollte es etwa einen bekannten Arzt in Schottland geben, der dazu bereit war. Aber offensichtlich waren die meisten Devotees wie auch Ron froh, ihre Arme und Beine zu besitzen. Viele von ihnen, wie auch er, fühlten sich zu Frauen mit fehlenden Extremitäten sowohl wegen der Lust hingezogen, die ihnen ihr Anblick bereitete, als auch emotional aufgrund der Bewunderung dafür, wie diese Frauen ihr Leben meisterten. Es war klar, dass niemand auch nur eine Ahnung davon hatte, woher diese Lust kam.

War eine verirrte Kastrationsfantasie im Spiel? Oder der nicht besonders sublime Wunsch, Frauen Gewalt anzutun, sie zu schneiden, zu zerstückeln, zu zerstören? War da die Sehnsucht, den Retter zu geben? Ein Bedürfnis nach Kontrolle? Ron hatte seine eigene, halb scherzhaft gemeinte Theorie, die auf Überlegungen zur Evolution, zur Anpassung unserer Vorfahren beruhte: Demnach ging sein Verlangen auf die prähistorische Savanne zurück, wo Raubtiere gelernt hatten, dass verkrüppelte Beute am einfachsten zu fangen und zu erlegen ist.»Bin ich also der Löwe, der der lahmenden Antilope nachstellt? Wie primitiv ist das denn? Aber in der Natur unseres Sexualverhaltens ist so viel Archaisches. Wenn allerdings Leute zu mir sagen: ›Du umwirbst behinderte Frauen, weil sie leicht zu haben sind‹, dann muss ich ihnen erklären: ›Sie sind nicht leicht zu haben. Glaubt mir. Sie sind viel zurückhaltender und sehr viel widerständiger. Sie haben das so verinnerlicht: Wozu willst du mich haben? Und sie besitzen diese Unabhängigkeit, die sie sich erkämpfen mussten.«

Letztlich glaubte Ron nicht an diese Begründung. Und anstatt über Gründe zu spekulieren, zitierte er lieber Michel de Montaigne, den berühmten Philosophen des 16. Jahrhunderts:»Ein in Italien verbreitetes Sprichwort lautet, dass Venus' perfekte Süße nicht kennt, wer nie mit einem Krüppel geschlafen.« Die Beine der Lahmen oder Amputierten, schrieb Montaigne, erforderten weniger körperliche »Nahrung«, sodass die Genitalien besser versorgt würden. Die Vagina sei bei verkrüppelten Frauen daher »kräftiger«.

Der Psychiater Richard von Krafft-Ebing hatte eine einfachere Begründung. Nachdem er einen dreißigjährigen Beamten, der sich nach Frauen mit amputiertem linkem Bein sehnte, weil diese Deformation ihn an ein Mädchen erinnerte, mit dem er als Siebenjähriger gespielt hatte, untersucht und dessen Geschichte festgehalten hatte, schrieb der Arzt: »Ich klärte den Patienten über das Thema auf und sagte ihm, es sei für die medizinische Wissenschaft schwer, wenn ihr nicht sogar gänzlich unmöglich, einen Fetischismus zu beseitigen, der aufgrund alter Assoziationen so tief verwurzelt sei. Aber ich drückte die Hoffnung aus, dass auch er sein Glück finden könne, wenn er ein hinkendes Mädchen durch den Ehestand beglücke.«

Aber für Ron waren die Worte aus früheren Jahrhunderten nicht sehr viel befriedigender als die Suche nach Erklärungen. Und was ihm ohnehin weit wichtiger war als die Psychologie oder Geschichte, das war die Offenbarung in der Kunst, also ein Weg, um seine erotische Vision in Bildern auszudrücken. Dann stieß er in einem Museum in Manhattan erneut auf Bellmer, dessen Werk ihn im College verstört hatte. Er war konfrontiert mit dem, was der Surrealist seine »plastischen Anagramme« genannt hatte, die Fotografien seiner verstümmelten Puppen. Ron stand vor der zerbrochenen Puppe am Fuß der Treppe, der Puppe mit den zwei Paar Beinen und Leisten im Nachspiel von Leidenschaft und im Nachspiel von Vergewaltigung. Bellmer war von Anagrammen, also den in Worten enthaltenen Bezügen und Bedeutungen, fasziniert gewesen. Da wurde aus *Beil lieb*, wie er in einem seiner Essays schrieb. Und *lieb* verwandelte sich wiederum in *Leib*. Er spürte das Rätselhafte in solchen Umstellungen, Wahrheiten der menschlichen Seele, die gut sichtbar schlummernd darauf warteten, entdeckt zu werden. Er spürte, dass er mithilfe seiner Puppen das Gleiche mit dem Körper vermochte. Die Köperteile waren die Buchstaben, und ihre gewaltsame Neuordnung würde die Körpersprache neu erfinden, ihre Botschaften demaskieren und zu einer schamanischen Weisheit führen.

Ron fragte sich, ob er das Gleiche ohne Puppen konnte. Bis er vor Bellmers Fotografien stand, waren seine eigenen Arbeiten ziemlich standardmäßige Porträts von Frauen mit Behinderungen gewesen – schmeichelhaft, sentimental. Die Schienen, Haken und Stümpfe gaben den Bildern eine beunruhigende Note, aber die Abnormitäten wurden diskret abgehandelt und am emotionalen Rand belassen. Doch nun erfasste ihn ein schamloser Impuls. »Ich griff das Gefühl von Disartikulation bei den Puppen auf, die Idee plastischer Anagramme. Wenn ich Bellmer heute treffen könnte, würde ich ihn fragen, warum er Puppen benutzt hat. Vielleicht wäre die Antwort, dass er nicht mit einem menschlichen Wesen umgehen konnte. Er erforschte Elemente der Sexualität, die Leute nicht normal handhaben können. Die Puppen waren symbolisch. Und indem er Puppen benutzte, konnte er es sich erlauben, sie jung zu machen, also in eine Zeit fast ungebändigter Sexualität zu versetzen.«

Bellmer schien auf seiner Reise zu etwas Primitivem weit gekommen zu sein, und bei Ron riefen die Fotografien ein kaum in Worte zu fassendes erotisches Verständnis sowie neue künstlerische Ambition hervor. »Der elementare Körper« war der Begriff, der ihm einfiel. »Es hat etwas, eine Frau ohne Beine zu lieben – da ist nichts im Weg. Das ist ein klarer Weg, für mich ist das sehr ursprünglich.« Er meinte, durch die Körper, die eine solche Macht über ihn hatten, eine gewisse künstlerische Tiefe erreichen zu können.

Der erste Körper, den er dafür nutzte, gehörte einer Prostituierten, die sich Johnny Bardot nannte. Bevor jemand sie vor eine U-Bahn stieß, war sie Puffmutter in einem hochpreisigen Bordell an der Upper East Side gewesen. Jetzt schaffte sie vom Rollstuhl aus an, und zwar auf den Straßen westlich vom Times Square. Ein Freund von Ron brachte sie zu ihm.

Dieser Freund, den Ron über Männer wie den Piloten aus dem Koreakrieg kennengelernt hatte, war ein Devotee von der Sorte, wie sie manche Amputierte und ihre Anwälte zu Warnungen und Wutanfällen animierten. Er reiste auf der Suche nach amputierten Frauen durch die Welt und sprach fast jede an, die ihm begegnete. Seine Annäherungen waren nicht unhöflich, und Ron dachte sich, wenn er sie an Frauen gerichtet hätte, die noch all ihre Gliedmaßen besaßen, dann hätte er als harmlos gegolten. Doch so erschien er fast kriminell, weil er auf Bahnhöfen oder Prothesenmessen Gespräche anfing. Eines Abends entdeckte er Johnny Bardot von seinem Auto aus. Er wusste sofort, dass Ron sie würde fotografieren wollen, und vereinbarte ein Treffen.

Ron bezahlte ihr die Zeit. Dann verkaufte er die Bilder an eine Devotee-Website und gab den Gewinn, einige tausend Dollar, an sie weiter. Im Gegenzug erhielt er dafür eine lebendige Version von Bellmers Puppen.

Die Fotografien sind visionär und politisch zugleich. Auf einer – wahrscheinlich die konventionell pornografischste der Serie – sitzt Bardot auf einem makellos glatten grauen Boden. Sie trägt ein weißes, auf dem Rücken geschnürtes Korsett. Die Stäbchen schmiegen sich an ihren Rumpf, den sie mit einem fanatischen Training aus modifizierten Liegestützen und Crunches in Form hält. Sie schaut über eine

Schulter in die Kamera, wobei das Gesicht von ihrem Haar eingerahmt und beschattet wird. Die offenen hellbraunen und blonden Locken umgeben Wangenknochen und Kinn und fallen ihr bis über die Schultern. Eine weiße Schleife sitzt, als Tribut an Bellmer, leicht schräg auf ihrem Kopf und scheint im nächsten Moment von den glänzenden Wellen zu rutschen. Sie lächelt ein klein wenig, verführerisch. Ihr Unterkörper, die nah an den Hüften amputierten Beine, stecken in weißen Strümpfen. Der Rücken ist durchgebogen, und der breite, runde Po reckt sich dem Betrachter entgegen, während er auf der makellosen, grauen Fläche sitzt. Alles ist vollkommen, bis auf das Fehlen der Beine. Doch innerhalb der Sichtweise, die das Bild diktiert, innerhalb der Ästhetik, die das Grau erzeugt, das nicht nur den Boden bildet, sondern auch den Hintergrund, sodass Bardot quasi in ihrer eigenen ätherischen Welt zu posieren scheint – innerhalb dieses Fotos ist das Fehlen der Beine überhaupt kein Makel.

Am Ende leicht geschwungen und in Weiß gehüllt, erinnert der rechte Stumpf – und nur ihn kann man wegen des Kamerawinkels sehen – in Form und Perfektion an ein Ei. Der Stumpf ist für sich genommen schön. Doch die Abwesenheit von Beinen akzentuiert auch das Sexuelle. Bardots Haltung – der durchgebogene Rücken, der hingestreckte Po – provoziert die Vorstellung, dass sie auf dem Schoß eines Mannes sitzt, und das ist keine befremdliche Vorstellung. Der Gedanke ist nicht im Geringsten abstoßend. Man kann sich ausmalen, dass die Erfahrung, sie so zu nehmen, weitaus primitiver, purer, machtvoller wäre, als eine typische Frau rittlings auf sich sitzen zu haben.

Auf einem anderen Foto ist ihre Dekonstruktion so zart wie brutal. Sie sitzt auf einem antiken Stuhl, dessen Beine elegant geschwungen sind, und trägt dabei altmodische weiße Unterkleider. Das Mieder ist eng, der bis zum Oberschenkel reichende Unterrock bauscht sich so üppig wie ein Reifrock. Sie blickt in die Kamera, wobei ihre Gesichtszüge fast völlig im Schatten verschwinden, nur ein schmaler Streifen ihrer Nase und der halbe Mund sind so beleuchtet, dass es traurig und ausgesprochen verletzlich wirkt, aber zugleich auch so, als sehnte sie sich nach der Berührung eines auserlesenen, zärtlichen Geliebten.

Offenbar hat sie ihn gefunden. Sie trägt eine Beinprothese, die sie dem Betrachter hinstreckt: der Berührung, dem Geliebten entgegen. Ein breites Strumpfband aus Spitze schmückt den künstlichen Oberschenkel. Das bietet sie dem behutsamen, zärtlichen Mann an, der ihre Verletzlichkeit jeden Moment als Kostbarkeit auffassen wird. Stumm scheint sie ihn zu bitten, das Strumpfband abzustreifen.

Sie will auch, dass er das Bein selbst entfernt. Die andere Prothese liegt bereits auf dem Boden unter dem Stuhl. Er hat sie in seine Hände genommen, losgemacht und beiseite gelegt. Er hat das genauso getan, wie er eines ihrer Kleidungsstücke aufschnüren oder aufknöpfen und von ihrer Haut entfernen würde. Das Abnehmen der ersten Prothese ist wie der Beginn einer besonderen Entkleidung. Die andere zu entfernen, wird diesen Akt komplettierten. Sie sitzt in der Wolke ihres Unterkleids, ein Bein ist schon fort, das andere wartet. Sie bittet ihn, so weit zu gehen, weil er es so behutsam tut.

Dennoch reißt er sie entzwei, reißt eine Extremität nach der anderen ab. Das ist der Impuls, der hinter seiner Sanftheit lauert, und das Ergebnis, egal, wie langsam und sanft er vorgeht, ist, dass ein Bein schon abgerissen ist und das zweite gleich folgen wird. Das ist ihrer beider Begehr: sein Zerstörungswerk, ihr Zerstörtwerden, das Zerlegen, das Annehmen einer urtümlicheren Gestalt. Das ist ihre unerbittliche Mission, während sie sich lieben.

Aber anders als Bellmers Bilder haben die Porträts von Bardot einen politischen Zweck, eine »Nützlichkeit«, wie Bellmer das verächtlich nannte, die die künstlerische Vision begleitet. Sie sind gleichzeitig Statements eines vorurteilsfreien Aufschreis und Beschwörungen der Finsternis. Sie sagen: Schau diese Frau an. Sie ist eine Amputierte, jemand, von dem du den Blick abwenden würdest, aber sie ist schön, komplex und ganz genauso menschlich wie jedermann, den du kennst. *Schau. Starr sie an. Nimm sie in dich auf. Erlaube ihr einzutreten. Gestatte ihr zu sein.*

Und in manchen Bildern ist die Botschaft sogar noch heftiger. Da wird nicht darum gebeten, gesehen, erkannt und als Mensch zugelassen zu werden. Da sieht man Übermut und Selbstdarstellung: *Ich bin nach jeglichem Maßstab prachtvoll, und du wirst schauen, starren, wollen.* Bei aller Offenheit für Dekonstruktion proklamieren die Fotos eine Befreiung, die Weigerung, sich reduzieren zu lassen, eine überragende Stärke.

Johnny Bardot, die eigentlich Janet hieß, kaufte sich von dem Geld, das Ron ihr gab, Heroin. Sie hatte schon immer welches genommen. Aber jetzt wurde die Abhängigkeit schlimmer, die Sucht hatte sie im Griff, und manchmal konnte sie nicht fotografiert werden, wenn sie sich eigentlich zum Arbeiten verabredet hatten. Sie nickte ein. Immer hatte sie jede Pose eingenommen, die er ihr beschrieb. Nie hatte sie protestiert. Körper und Geist waren biegsam gewesen. Jetzt verfiel sie so sehr, dass sie das nicht mehr konnte.

Aus Bereitschaft wurde Leere. Das Objektiv konnte kein Leben mehr in ihr entdecken. Und schließlich verschwand sie. Aber bis dahin war sie viel mehr als nur ein Model gewesen. Sie war eine Schauspielerin, die fähig war, all die Schichten und Widersprüche zu verkörpern, die er wiederzugeben hoffte. Auf einem Bild posiert sie mit dunklen Krücken aus Holz. Sie trägt antike Prothesen, die den Oberschenkel hinauf geschnürt sind. Eines der Bänder ist locker, und am anderen Bein fehlt ein Stück vom Knie. Offensichtlich können diese Hilfsmittel nicht funktionieren, aber das Leder und die Bänder sind hübsch, und sie ist entschlossen, sie zu benutzen. Sie lehnt sich vor und versucht, aus einem Stuhl aufzustehen, sich mit ihren kräftig muskulösen Armen auf die Krücken zu hieven. Dabei neigt sie den Kopf fast kokett und ihr braungoldenes Haar fällt mit zur Seite, doch ihre Anstrengung hat nichts Kokettes. Sie ist zerbrechlich und dickköpfig, hilflos und selbstsicher, zerbrochen und komplett. Sie ist hübsch, und es fällt einem schwer, sich nicht in sie zu verlieben.

Der Jazzclub befand sich am Fuß einer Reihe steiler Treppen, mit einem Rollstuhl unerreichbar. Der Chefkellner hatte ihm gesagt, wo er hin solle, also schob er Laura um den Block. Manchmal benutzte sie ihre Prothesen nicht, obwohl sie sich damit geschickt bewegte – aber sie waren ihr unbequem und anstrengend. Er rollte sie um die Ecke und in ein Wohnhaus hinein. Sie nahmen den Aufzug bis in den Keller, suchten sich einen Weg durch Kellerflure und gelangten durch die Hintertür in die Küche des Clubs. Er schob sie zwischen den Gasherden und Riesenkühlschränken durch, wo geschnippelt und gebraten wurde, durch die Drehtüren und ins Lokal. Wenn man im Rollstuhl saß, war das der einzige Weg.

Nach 19 Jahren ging die Ehe zwischen Ron und Elizabeth gerade in die Brüche. »Aber nicht, weil wir ein Devotee und eine Amputierte«, erklärte er, »sondern weil wir ein Mann und eine Frau waren. Unsere Ehe ist aus den gleichen Gründen gescheitert wie die Hälfte aller anderen Ehen auch.« Er hatte Bilder von Laura auf der Website von Carol Davis gesehen, und Davis hatte seine Anfrage, ob sie für ihn modeln wolle, weitergegeben. Zu Beginn war sie für ihn einfach ein Ersatz für Johnny Bardot gewesen. Und er für sie jemand, mit dem sie sich nicht verabreden würde. Sie war zwar fasziniert davon, was Devotees antrieb, und offen für ihr Verlangen, trotzdem hatte sie entschieden, sich mit ihm nur zu unterhalten, nicht mehr. Sie wollte nur von der Linse eines Fotografen berührt werden. Wie sie sich erinnerte, brach sie mit diesem Vorsatz, »weil Ron ein erfolgreicher Großstadtmensch war, intelligent und gebildet«. Stunden vor dem Abend im Jazzclub hatten sie ein ganztägiges Shooting absolviert, eine Session mit einem Tänzer. Den Versuch, die zarten Linien von Degas nachzuempfinden, mit Modern Dance und der Plumpheit der Stümpfe und dem Gewicht der Prothesen zum Trotz.

An diesem Abend spielte der Bassist Ron Carter. Dessen Freundin wohnte in demselben kleinen Gebäude wie Ron, aber auch sonst hätte der Musiker ihn erkannt – Ron war Stammgast bei seinen Gigs. Carter nickte ihm jetzt zu und stimmte mit seiner Band »Blue Monk« an, während Ron Laura zu ihrem Tisch schob. Er wusste, dass das Rons Lieblingsstück war. Der Bass erklomm die Treppe der Noten, sprang immer höher, verweilte, wie abgelenkt, zwischendurch, um auf ein paar Stufen zu tanzen, bevor er oben ankam.

Bei dem Shooting tagsüber war Ron »dieser neurotische Fotograf gewesen, der mich verrückt machte«, erinnerte Laura sich. »Er marschierte in diesem Loft, das er angemietet hatte, auf und ab und brüllte. Er hasste, was die Stylistin aus meinem Haar machte. Es war ihm zu streng. Vorher hatte er noch nie mit ihr gearbeitet, und dann flippte er aus. ›Was, zum Teufel, treiben Sie da? Was, zum Teufel, treiben Sie da?‹ Immer wieder. Chaos. Die Kostüme saßen nicht richtig. Er rauchte Kette und fluchte. Keiner konnte die Steckdosen finden. Und dann mussten wir auf den Tänzer warten. Eigentlich hatte er jemand vom Dance Theatre of Harlem engagiert, aber der hatte in letzter Minute mit seiner Kompanie nach Washington gemusst, um vor dem Präsidenten aufzutreten, und nun warteten wir auf seinen Ersatz. Es war das reinste Chaos. Ron war außer sich.«

Er fing sich wieder, als Carter auf seinem Bass subtile, beschwingte Akrobatik vollführte. Danach schreckte es sie im Verlauf der Monate, in denen sie telefonierten und E-Mails zwischen New York und Pennsylvania austauschten, immer weniger, dass er ein Devotee war. »Wir begannen dauernd zu reden, und ich dachte mir: Das ist so wunderbar. Er war der erste Mann, dem ich mich wirklich richtig eng verbunden fühlte. Ich musste keinen meiner Träume vor ihm verbergen. Ich dachte, das ist das Tollste der Welt. Ich wusste, er war alles, was ich wollte: ein Freund und Gefährte und jemand, der mich um meiner selbst willen vollkommen akzeptierte.« Sie unterbrach sich selbst, während sie mir das erzählte. »Das bringt mich zum Weinen.«

Mit bebender Stimme saß sie im Wohnzimmer des Hauses, das sie sich ein Jahr zuvor gekauft hatten, fünf Jahre nachdem sie sich kennengelernt hatten. Es lag nur ein paar Autominuten vom Zentrum einer Stadt in Pennsylvania entfernt, in einer Gegend mit ruhigen Straßen und Sackgassen, ordentlich gestutzten Sträuchern und gepflegten Rasenflächen. Das einstöckige Haus hatte eine Steinfassade, und zum Grundstück gehörte ein kleiner Pool, in dem Laura im Sommer schwamm, um ihre Arme und *limblets* zu trainieren – sie hatte sich diesen Begriff selbst ausgedacht, weil ihr *stumps* (Stümpfe) nicht gefiel. Im Haus war alles gepflegt und modern. Sie saß auf einer Couch mit kantiger Lehne, die Prothesen abgeschnallt. Erst kürzlich hatte sie gelernt, mit einem neuen Paar zu laufen. Deren Technik war schon weiterentwickelt, was ihr endlich etwas mehr Beweglichkeit verschaffte. Aber die Gewöhnung hatte ein halbes Jahr gedauert. Sie schwor, dass sie das zum letzten Mal durchgemacht hatte, egal, welche Fortschritte die Wissenschaft noch erzielen würde. Im Moment lehnten ihre Beine an der Wand in ihrem gemeinsamen Schlafzimmer.

Er streichelte ihren Nacken, als ihr die Stimme versagte. »Als ich ihr begegnete, stand sie gerade an der Schwelle.«

»In seinen Augen war ich das, wonach er gesucht hatte. Dabei war er das, was *ich* gesucht hatte. Ich fühlte mich zu der Zeit gerade zunehmend freier. Ich veränderte mich.«

»Das klingt vielleicht ein bisschen albern, aber sie war wie eine Knospe kurz vor dem Erblühen.«

»Das stimmt. Es war perfektes Timing. Ich wollte jemand Verantwortungsvollen und Weltläufigen, jemand zum Reden, jemand, der mich nicht versorgt, aber doch fürsorglich ist. Und bis ich Ron traf, hatte ich so eine Beziehung nie.«

»Sie war allein da draußen.«

»Ich strengte mich an, aber ich hatte keinerlei Unterstützung. Kein Selbstbewusstsein. Irgendwo tief in mir wusste ich, dass mehr in mir steckte, aber ich hatte niemand, der mir half, es rauszuholen.«

Inzwischen hatte sie ihren Collegeabschluss und war dabei, einen Master in Sozialarbeit zu machen. Sie wollte im Behindertencoaching arbeiten. »Jetzt tue ich alles, was ich je wollte. Ich wollte ein Haus wie dieses besitzen. Ich wollte modeln. Ich wollte einen Collegeabschluss. Und ich wollte als Psychologin arbeiten, was ich nun, in gewisser Weise, auch tun werde.«

Im Rahmen ihres Masterstudiums engagierte sie sich bereits in einem staatlichen Zentrum für seelische Gesundheit, das Patienten half, die richtige Betreuungsart zu finden. Das Zentrum war Teil einer Bewegung auf diesem Gebiet, die sich *consumer organization* nennt. Es bedeutete, dass die dort Beschäftigten früher selbst Patienten mit seelischen Problemen waren. Sie wussten, wie es sich anfühlte, so verloren zu sein wie Laura, als sie nach ihrer Valiumüberdosis zehn Tage in der Psychiatrie verbracht hatte.

Alle anderen in dem rechteckigen Bau mit lauter kleinen Büros waren körperlich unversehrt. Trotzdem wirkte Laura bei Weitem wie die Stabilste von allen. Die ungekämmte Chefin sprach ununterbrochen von den großartigen Psychologen, bei denen sie studiert hatte, von den tollen sportlichen Leistungen ihrer erwachsenen Söhne und von ihren eigenen »Rieseneiern«, die sie bewies, wenn sie sich mit praktischen Ärzten anlegte, die sich weigerten, ihren Patienten zuzuhören. Der Sekretär der Einrichtung, ein kantiger Exmarine in gebügeltem Poloshirt, sagte immer wieder mit leiser Stimme: »Ich habe jetzt ein Auto.« Als müsste er sich selbst davon überzeugen, die Trostlosigkeit seiner Erkrankung hinter sich gelassen zu haben. Eine andere Mitarbeiterin trug ihre Haare als Rattenschwanz, der von ihrem mit psychedelischen Mustern tätowierten Schädel herabbaumelte. Ihr fehlten die Zähne im Oberkiefer, und als bekennende Lesbe flirtete sie gern mit Laura. »Ich liebe diese Fotos«, sagte sie. »Meine Frau und ich richten uns neu ein, und ich werde mir eines aufhängen, ein sexy Bild. Ich werde es groß abziehen lassen. Laura, wann machst du deinen Master? Wann feiern wir das? Wann gehen wir Nacktbaden? Ich möchte diese Beine anfassen.«

In ihrem eigenen Büro saß Laura an einem aufgeräumten Schreibtisch aus Glas und nahm Telefonate von Verzweifelten entgegen. An der Pinnwand hinter sich hatte sie ein Poster von Freud aufgehängt, auf dem stand: »Ich habe meine Meinung geändert, erzählen Sie mir nichts über Ihre Mutter… werden Sie gesund!« Mit ihren Patienten hatte sie dennoch unendlich viel Geduld. So hörte sie beispielsweise eineinhalb Stunden lang einem paranoiden Schizophrenen zu, der von einem Nachbarschaftsstreit wegen eines Holzstapels erzählte. Später besuchte sie eine geschlossene Abteilung mit psychotischen Patienten und versuchte, die Ärzte dafür zu gewinnen, bei der Behandlung auch auf die Patienten selbst zu hören. Das war ihre Mission: Betreuende Ärzte, Pflegepersonal und Sozialarbeiter sollten Patienten als gleichberechtigt betrachten. Der Mann mit den Wahnvorstellungen und dem Streit über den Holzstapel wusste vielleicht ziemlich genau, was ihm guttat. Sie brachte alles, was sie selbst durchgemacht hatte, in ihre Arbeit ein. Die vielen Male, bei denen sie als Krüppel von den Menschen übergangen worden war, die eigentlich für ihre Rehabilitation sorgen sollten. Die vielen Male, als sie sich nicht gehört und übersehen gefühlt hatte.

Neben dem Plakat mit Freud hing ein Foto von Laura, auf dem sie in einem roten Minikleid auf einer Küchentheke sitzt. »Ich mag dieses Bild«, erklärte sie. »Es ist so frech.« Zu Hause hatten sie große, gerahmte Porträts hängen: von ihr und von Johnny Bardot. Auf einem sitzt Laura in einem silber- und pinkfarbenen Satinkleid Modell, wobei sie einen Ellbogen auf den Oberschenkel stützt und ihr Kinn auf ihrer Faust liegt. Das angedeutete Lächeln verrät Selbstzufriedenheit und wirkt wie eine Herausforderung. Sie spreizt die Knie ihrer Prothesen und drückt den Satin dazwischen nach unten, sodass er sich bauscht, verbirgt, reizt. Doch ihr Gesichtsausdruck ist aussagekräftiger als ihr Spielen mit dem Stoff. Eros nimmt hier eine andere Form an als auf den Porträts von Bardot. Die Sinnlichkeit hat sich mit der Muse geändert. Laura strahlt Intelligenz aus. Eher Selbstbeherrschung als den Wunsch, genommen zu werden.

Auf einem anderen Bild steht Laura in einer zweiteiligen Robe da, Mieder und Rock nach einer Mode wie vor Jahrhunderten. Der scharlachrote Stoff ist mit Goldbrokat eingefasst. Ab der Taille bauscht sich der Rock so breit wie ein Segel und reicht in einem großen Kreis bis zum Boden. Vorne wird er von einer Reihe kobaltblauer Knöpfe geschlossen, und sie beginnt gerade, sie zuzuknöpfen, doch im Augenblick steht der Rock noch offen: ein vertikaler Spalt, 20 oder 25 Zentimeter breit, von der Taille bis zum Boden. Der Goldbrokat säumt die Öffnung wie eine zeremonielle Dekoration, zur Ehre dessen, was dahinter liegt. Doch dort ist nichts. In dem riesigen Prunkzelt des Rockes herrscht Dunkelheit.

Bei dieser Beleuchtung und in dieser Pose wirkt Lauras Körper, als endete er am Bauch und als hätte sie keine Stümpfe. Die Öffnung lässt pure Leere sehen. Es ist nicht klar, wie sie steht, was sie aufrecht hält. Der Hohlraum unter ihrem Rock ist gerade genug erhellt, um sichtbar zu machen, dass sie ihre Prothesen nicht trägt. Sie steht ohne Beine, schwebend, magisch.

Und diese Magie verleiht ihr, zusammen mit ihrem ins Profil gedrehten, energischen Kinn, eine Aura von Allmacht. Die Öffnung ist ein Universum, eine Gebärmutter. Der vertikale Schlitz erinnert an eine Vagina. In sie zu schlüpfen, mit dem Körper zwischen die scharlachroten Wände des Zelts zu gleiten, da drinnen zu warten, bis sie den Rock geschlossen, einen umschlossen und verschluckt hat, das käme dem Ausleben der urtümlichsten Fantasie gleich; in die Vagina nicht nur mit dem Penis einzudringen, sondern mit allem, vom Kopf bis zu den Zehen. Verborgen sein, verschlungen werden. Der betrachtende Fotograf, nicht sein Modell, riskiert zu zerfallen, sich aufzulösen, in der lichtlosen Welt zu zergehen, nach der er sich sehnte, sich in der Gebärmutter in eine Flüssigkeit zu verwandeln. Laura mit ihrem halben Körper bleibt dagegen mehr als intakt, mehr als ganz.

Sie trug einen schlichten Ring aus Weißgold mit einem gefassten Diamanten. Nach sechs Jahren des Zusammenseins hatten sie sich verlobt, um zu heiraten. Sie planten eine Hochzeitsreise nach Italien, inklusive Venedig, wo er ihr irgendwie helfen würde, die steilen Treppen der Brücken, die schmalen, bröckelnden Stufen, das Kopfsteinpflaster, die vollen Plätze und Wassertaxis zu bewältigen. Irgendwie würde er ihr in eine Gondel helfen, in der sie abends durch die beleuchteten Kanäle gleiten würden.

Ihrer beider Leben waren verschmolzen. Sie war seine Muse, die seine Träume lebendig werden ließ, und er hatte Leben in ihren Alltag gebracht. Sie waren »auf millionenfache Weise vereint, wie das eine Beziehung eben ausmacht«, sagte er in ihrer Küche, wo sie für sich und mich ein Frühstück mit Eiern und Bagels zubereiteten.

»Wir haben diese ganzen normalen Dinge, die auch andere Menschen zusammenschweißen«, fügte sie hinzu, während sie um die Kücheninsel herumrollte, um den Tisch zu decken.

»Und es ist wie die Kirsche auf dem Kuchen, dass sie auch noch beidseitig amputiert ist, was mir so viel Glück und Lust und Vergnügen bereitet.« Er sprach das ganz offen aus, und sie zuckte bei seinen Worten nicht mit der Wimper. Dass er sie anziehend fand, war eine zwischen ihnen akzeptierte Tatsache, die sie gewohnt waren. Und obwohl sie nicht lächelte über sein Lob und seine Dankbarkeit dafür, eine Frau gefunden zu haben, mit der er so verschmelzen konnte und die er derart begehrte, konnte man sich kaum vorstellen, dass sie nicht manchmal über solche Sätze von ihm lächelte. Früher am selben Morgen hatte ich die beiden über den Flur in ihrem Schlafzimmer gehört. Ihrer beider Gelächter hatte mich geweckt.

Sie stellte Butter und Marmelade auf den Tisch, er servierte die Eier, und wir setzten uns zum Frühstück. Sie sprachen darüber, dass manche in der Community der Amputierten diese Anziehung widerlich nannten.

»Wenn das für sie widerlich ist«, fragte Laura, »was sagt das dann über sie selbst aus?«

Sie erwähnte einen Artikel in einer Zeitschrift für Behinderte, den wir alle gelesen hatten. Darin ging es darum, wie Ärzte, Psychologen und Physiotherapeuten oft die Scham der Amputierten noch verschlimmerten, indem sie sie zu Prothesen drängten, nicht um sie unabhängiger zu machen, sondern um allen anderen den Anblick ihrer Entstellung zu ersparen. Die Autorin berichtete über den Aufenthalt einer vierfach Amputierten in einem Rehazentrum, wo man sie geradezu zwang, rein kosmetische Arme und Beine zu tragen und sich nur in lockerer, langärmeliger Kleidung zu zeigen.

Ron schilderte daraufhin die Erleichterung eines Freundes, nachdem Laura in seinem Leben den Platz von Elizabeth eingenommen hatte, die nie Prothesen trug. Laura berichtete von den unterschiedlichen Reaktionen, die sie im Lauf eines Tages auslöste, je nachdem, ob sie ihre künstlichen Beine trug oder nicht. Ihre Worte erinnerten mich an etwas, das sie mir früher einmal gesagt hatte: Dass sie stolz auf ihr Leben sei und Ron liebe, aber dass sie die Frage quäle, ob es ihr auch gelingen werde, einen normalen Mann zu erobern. Sie wusste, dass so eine Überlegung pervers war. Sie wusste, dass sie von Selbsthass zeugte und »normal« ein wertloser Begriff war, der nur die Macht besaß, die sie ihm zugestand. Sie wusste es besser, wusste, dass sie sich von dieser Sehnsucht reinwaschen sollte, aber sie konnte eben nicht anders. Dieses Verlangen wurde sie nicht los.

Trotzdem hatte ich sie über den Flur lachen gehört. Aus einem Schlafzimmer mit Leopardenbettwäsche. Es war das leichte, warme Lachen von jemand gewesen, der geliebt wird. Und dann war sie aufgetaucht, strahlend, in einem weißen Männeroberhemd, um mit ihrem Verlobten Frühstück zu machen.

Nachdem wir gegessen hatten, führten sie mich aus der Küche in die Garage, um mir ein verrücktes Gerät zu zeigen: Zwei an den Seiten miteinander verbundene Fahrräder. Sie war nicht ausreichend in der Lage, das Gleichgewicht zu halten, um allein zu fahren, und ein normales Tandem, bei dem man hintereinander saß, hätte auch nicht genügend Stabilität geboten. In einer alten Behindertenzeitschrift war er auf die Konstruktion von zwei Fahrrädern nebeneinander gestoßen und hatte sich das Verbindungsstück bestellt. Damit war er zum hiesigen Fahrradladen gegangen, um sich bei der Montage helfen zu lassen. Doch das Teil passte an keines der Räder aus dem Laden. Ron wollte schon aufgeben, als ihm die Idee kam, ob altmodische Modelle vielleicht die Lösung sein könnten. Bei eBay kaufte er zwei gleiche und kehrte damit in den Laden zurück. Der Mechaniker, der das Projekt gut fand, weil seine Mutter blind war, machte sich an die Arbeit. Diesmal klappte es. Die Vorrichtung war perfekt.

Auf einmal konnten Ron und Laura nebeneinander in die Pedale treten und durch die Gegend fahren. Jeder in seinem eigenen Fahrtwind, miteinander verbunden, aber trotzdem frei.

Es gab nur ein Problem. Bald rang er keuchend nach Luft. Er war nicht so stark, nicht so fit wie sie. Er musste anhalten und umkehren, als sie noch längst nicht dazu bereit und kaum außer Atem, als sie hocherfreut war. Sie wollte weiter und weiter.

Dank

Dies ist ein Buch, das auf Vertrauen basiert. Daher danke ich all den Menschen, die mich mit ihren Lebensgeschichten etwas gelehrt haben, für ihr Vertrauen und für das, was ich von ihnen lernen durfte. Ich danke den Menschen, von denen auf diesen Seiten die Rede ist, und den vielen anderen, die mich zum Nachdenken gebracht haben. Ich danke auch den Wissenschaftlern und Therapeuten, die mir so großzügig Zeit und Einblick gewährten.

Zu den Quellen meines Lernens zählt die Fotografie von Ron Parisi, dessen Geschichte ich in *Torso* erzähle. Seine Arbeiten sind unter www.ronparisi.com zu finden.

Dies ist auch ein Buch, das sehr viel Glauben erforderte. Dafür und für ihre ganze Orientierung und Leitung habe ich zu meinem großen Glück seit Langem Suzanne Gluck als meine Agentin. Ebensolches Glück sind für mich Sarah Ceglarski, Raffaella De Angelis, Tracy Fisher, Erin Malone und Cathryn Summerhayes von William Morris an meiner Seite.

Dann gibt es da noch Lee Boudreaux. Gleich als wir uns das erste Mal begegneten, dachte ich, sie möchte ich als Lektorin. Mein Instinkt hatte damit nur zur Hälfte recht, denn ich hatte erst zur Hälfte erraten, was für eine wunderbare Lektorin sie sein würde. Dan Halpern hat zusammen mit

Rachel Bressler, Alison Former, Abby Holstein, Van Luu, Michael McKenzie, Greg Mortimer, Allison Saltzman und dem Verkaufsteam (dessen Lektüre, beginnend mit Jeanette Zwart, so überlegt war) Ecco zu einem perfekten Zuhause für mich gemacht.

Ilena Silverman, meine Redakteurin beim *New York Times Magazine*, gab den Anstoß zu diesem Buch und war mir während des Schreibens eine unverzichtbare Freundin.

Für Freundschaft, Zuversicht und Orientierung gebührt auch Samantha Gillison, John Gulla, William Hogeland, Roland Kelts, George Packer, Ayesha Pande und Elissa Wald meine unendliche Dankbarkeit.

Und dann:

KSF, du steckst in jedem Wort.

Nancy, ohne dich gäbe es keine Worte.

Und Natalie und Miles, die mein Leben verändert haben, ohne euch gäbe es nicht viel von überhaupt irgendwas.

Sytze van der Zee

Schmerz

Eine Biographie

Aus dem Niederländischen von Christiane Burkhardt
384 Seiten
ISBN 978-3-442-74971-3

Ausgehend von seiner eigenen Schmerzunempfindlichkeit,
die ihn in eine lebensbedrohliche Situation brachte, spürt der
niederländische Journalist Sytze van der Zee dem Phänomen
Schmerz nach: jener Geißel der Menschheit, die zugleich
auch Überlebens- und Lustfaktor ist. Er beschreibt Schmerz-
patienten, die schon so lange leiden, dass der Schmerz buch-
stäblich jeden Winkel ihres Bewusstseins durchdringt. Er
spricht mit Radrennfahrern und Tänzern über ihre Versuche, die eigene Schmerzgrenze zu senken. Und er schildert
Menschen, die keine Schmerzen kennen oder sich aus Lust
Schmerz zufügen. Diese Erfahrungsberichte ergänzt van der
Zee um die neuesten Erkenntnisse der Schmerzforschung,
die immer mehr darüber herausfindet, wie Geschlecht, Alter,
Veranlagung, Stress oder Wohlbefinden unsere Schmerz-
wahrnehmung beeinflussen. Eine umfassend recherchierte
und spannend zu lesende Bestandsaufnahme zwischen Körper und Seele.

»(…) die enorme Stofffülle bietet viele Anregungen
in alle Richtungen der Schmerzerforschung.«
Sieglinde Geisel, *Neue Zürcher Zeitung am Sonntag*